Programmieren in TypeScript

Programmieren in TypeScript

Skalierbare JavaScript-Applikationen entwickeln

Boris Cherny

Deutsche Übersetzung von
Jørgen W. Lang

Boris Cherny

Lektorat: Ariane Hesse
Übersetzung: Jørgen W. Lang
Korrektorat: Claudia Lötschert, *www.richtiger-text.de*
Satz: III-satz, *www.drei-satz.de*
Herstellung: Stefanie Weidner
Umschlaggestaltung: Michael Oréal, *www.oreal.de*
Druck und Bindung: mediaprint solutions GmbH, 33100 Paderborn

Bibliografische Information der Deutschen Nationalbibliothek
Die Deutsche Nationalbibliothek verzeichnet diese Publikation in der Deutschen Nationalbibliografie; detaillierte bibliografische Daten sind im Internet über *http://dnb.d-nb.de* abrufbar.

ISBN:
Print 978-3-96009-122-6
PDF 978-3-96010-362-2
ePub 978-3-96010-360-8
mobi 978-3-96010-361-5

1. Auflage 2020

Wieblinger Weg 17
69123 Heidelberg

Dieses Buch erscheint in Kooperation mit O'Reilly Media, Inc. unter dem Imprint »O'REILLY«. O'REILLY ist ein Markenzeichen und eine eingetragene Marke von O'Reilly Media, Inc. und wird mit Einwilligung des Eigentümers verwendet.

Hinweis:
Dieses Buch wurde mit mineralölfreien Farben auf PEFC-zertifiziertem Papier aus nachhaltiger Waldwirtschaft gedruckt. Der Umwelt zuliebe verzichten wir zusätzlich auf die Einschweißfolie.
Hergestellt in Deutschland.

Schreiben Sie uns:
Falls Sie Anregungen, Wünsche und Kommentare haben, lassen Sie es uns wissen: kommentar@oreilly.de.

5 4 3 2 1

Für Sasha und Michael, die eines Tages vielleicht auch ihre Begeisterung für Typen entdecken.

Inhalt

Vorwort

Dieses Buch ist für alle möglichen Programmierer gedacht: professionelle JavaScript-Entwickler, C#-Nutzer, Java-Sympathisanten, Python-Liebhaber, Ruby-Experten, Haskell-Nerds. Egal, welche Sprache Sie bevorzugen – solange Sie etwas Programmiererfahrung haben und sich mit den Grundlagen von Funktionen, Variablen, Klassen und Ausnahmen auskennen, ist dieses Buch für Sie geeignet. Erfahrung mit JavaScript und ein Grundwissen zu Document Objekt Model (DOM) und Netzwerk sind hilfreich. Obwohl wir diese Themen nicht bis ins letzte Detail behandeln, halten sie doch einige ausgezeichnete Beispiele bereit. Wenn Sie mit diesen Konzepten jedoch gar nicht vertraut sind, werden die Beispiele für Sie nicht viel Sinn ergeben.

Unabhängig davon, welche Programmiersprache Sie in der Vergangenheit benutzt haben, teilen wir doch die gleichen Erfahrungen. Das Aufspüren von Ausnahmen und das zeilenweise Durchgehen unseres Codes, um die Probleme zu finden und sie zu beheben, kommen in jeder Sprache vor. TypeScript versucht (recht erfolgreich), Ihnen diese unangenehmen Erfahrungen zu ersparen, indem es Ihren Code automatisch untersucht und Sie auf die übersehenen Fehler hinweist.

Es ist kein Problem, wenn Sie noch nie mit einer statisch typisierten Sprache gearbeitet haben. Ich werden Ihnen den Umgang mit Typen beibringen und zeige Ihnen, wie sie effektiv genutzt werden können, um Programmabstürze zu vermeiden, Ihren Code besser zu dokumentieren, und wie Sie Ihre Applikationen für mehr Benutzer, Entwickler und Server skalieren können. Ich versuche, ausschweifende Erklärungen zu vermeiden und Ideen intuitiv, leicht zu merken und praktisch zu vermitteln. Dabei verwende ich viele Beispiele, um die Dinge möglichst konkret zu halten.

Im Gegensatz zu anderen Sprachen ist TypeScript unglaublich praktisch. Es besitzt vollkommen neue Konzepte, mit denen Sie knapp und präzise formulieren können, was Sie wollen. Das sorgt nicht nur für moderne und sichere Applikationen, sondern auch dafür, dass Sie dabei Spaß haben.

Wie dieses Buch aufgebaut ist

Dieses Buch verfolgt zwei Ziele: Es soll Ihnen ein tiefgehendes Verständnis von der Funktionsweise von TypeScript vermitteln (Theorie) und Ihnen gleichzeitig möglichst viele praktische Ratschläge zum Schreiben von Code für Produktionsumgebungen (Praxis) geben.

Und weil TypeScript eine so praktische Sprache ist, liegen Theorie und Praxis meist sehr nah beieinander. Der Großteil dieses Buchs ist daher eine Mischung aus beidem. Dabei geht es in den ersten Kapiteln hauptsächlich um Theorie, während die andere Hälfte sich fast nur mit der Praxis beschäftigt.

Ich beginne mit den Grundlagen zu Compilern, Typecheckern und Typen. Danach gebe ich Ihnen einen groben Überblick über die verschiedenen Typen und Typoperatoren in TypeScript und ihre Verwendung. Das Gelernte verwenden wir dann, um uns mit fortgeschrittenen Themen zu beschäftigen. Dazu gehören beispielsweise die fortschrittlichsten Merkmale von TypeScripts Typsystem, die Fehlerbehandlung und asynchrone Programmierung. Zum Abschluss zeige ich Ihnen, wie Sie TypeScript mit Ihren Lieblings-Frameworks (Frontend und Backend) verwenden können, wie Sie bestehende JavaScript-Projekte zu TypeScript migrieren können und was Sie bei der Ausführung Ihrer TypeScript-Applikationen in einer Produktionsumgebung beachten müssen.

Die meisten Kapitel enthalten am Ende eine Reihe von Übungen. Versuchen Sie, diese Übungen selbst zu lösen. So bekommen Sie ein tieferes Verständnis der behandelten Inhalte, als es reines Lesen ermöglichen kann. Die Lösungen für die Übungen finden Sie online unter *https://github.com/bcherny/programming-typescript-answers*.

Coding-Stil

Ich habe versucht, über das gesamte Buch einen Coding-Stil beizubehalten. Einige Aspekte dieses Stils folgen eher meinen persönlichen Vorlieben. Zum Beispiel:

- Ich verwende Semikola (;) nur bei Bedarf.
- Für Einrückungen verwende ich grundsätzlich zwei Leerzeichen.
- Handelt es sich bei einem Codebeispiel nur um einen kurzen Abschnitt oder ist die Programmstruktur wichtiger als die Details, verwende ich kurze Variablennamen wie `a`, `f` oder `_`.

Dann gibt es aber noch Aspekte des Coding-Stils, die Sie meiner Meinung nach ebenfalls verwenden sollten. Dies sind unter anderem:

- Verwenden Sie die aktuellste JavaScript-Syntax und Sprachmerkmale (die neueste JavaScript-Version wird üblicherweise als *esnext* bezeichnet). Dadurch hält sich Ihr Code an die neuesten Standards, was die Interoperabilität und die Auffindbarkeit in Suchmaschinen erhöht und Ihnen möglicherweise sogar bei der Akquise neuer Aufträge hilft. Außerdem können Sie dadurch die Vorteile mächtiger moderner JavaScript-Features wie Pfeil-Funktionen, Promises und Generatoren nutzen.

- Meistens sollten Sie Ihre Datenstrukturen mithilfe des Spread-Operators (`...`) als immutabel kennzeichnen.[1]
- Stellen Sie sicher, dass alles einen Typ besitzt, der nach Möglichkeit automatisch abgeleitet (inferred) werden kann. Verwenden Sie nicht unnötig explizite Typen. So bleibt Ihr Code klar und knapp. Gleichzeitig erhöht sich die Sicherheit, weil inkorrekte Typen klar erkennbar sind, anders als wenn Sie sie nur behelfsmäßig verarzten.
- Halten Sie Ihren Code wiederverwendbar und allgemein. Polymorphismus ist dabei Ihr bester Freund (siehe »Polymorphismus« auf Seite 66).

Diese Ideen sind natürlich nicht neu. Aber TypeScript funktioniert besonders gut, wenn Sie sich danach richten. Der TypeScript-eigene Downlevel-Compiler (TSC), die Unterstützung für schreibgeschützte Typen, eine mächtige Typableitung, Unterstützung für Polymorphismus und ein vollständig strukturelles Typsystem unterstützen einen guten Coding-Stil. Dabei bleibt die Sprache unglaublich ausdrucksstark und dem zugrunde liegenden JavaScript treu.

Noch ein paar weitere Hinweise, bevor wir anfangen:

JavaScript legt keine Pointer und Referenzen offen. Stattdessen verwendet es Werte- und Referenztypen. Werte sind immutabel. Hierzu gehören beispielsweise Strings, Zahlen und boolesche Werte, während Referenzen auf oftmals mutable Datenstrukturen verweisen, wie Arrays, Objekte und Funktionen. Wenn ich in diesem Buch das Wort »Wert« verwende, ist damit in etwa ein JavaScript-Wert oder eine -Referenz gemeint.

Ein paar Worte zum Abschluss: Manchmal muss Ihr Code mit JavaScript oder nicht korrekt typisierten Drittanbieter-Bibliotheken zusammenarbeiten, oder Sie haben es eilig. Das führt nicht unbedingt zu makellosem TypeScript-Code. Dieses Buch zeigt größtenteils, wie Sie TypeScript schreiben *sollten,* und versucht Ihnen klarzumachen, warum Kompromisse möglichst zu vermeiden sind. In der Praxis entscheiden Sie und Ihr Team jedoch selbst, wie Sie vorgehen.

In diesem Buch verwendete Konventionen

Folgende typografische Konventionen werden in diesem Buch verwendet:

Kursiv
: Bezeichnet neue Begriffe, URLs, E-Mail-Adressen, Dateinamen und Dateiendungen.

---

1 Ein JavaScript-Beispiel: Angenommen, Sie haben ein Objekt `o`, dem die Eigenschaft `k` mit dem Wert `3` hinzugefügt werden soll. Dann können Sie `o` entweder direkt verändern, indem Sie schreiben `o.k = 3`, oder Sie können die Änderungen durch die Erstellung eines *neuen* Objekts durchführen: `let p = {...o, k: 3}`.

`Nichtproportionalschrift`
: Wird verwendet für Codebeispiele sowie innerhalb von Absätzen für Programmelemente wie Variablen- oder Funktionsnamen, Datentypen, Umgebungsvariablen, Anweisungen und Schlüsselwörter.

`Nichtproportionalschrift kursiv`
: Steht für Text, der durch Benutzereingaben ersetzt wird, oder Werte, die durch den Kontext bestimmt werden.

Dieses Element kennzeichnet einen Tipp oder Vorschlag.

Dieses Element bezeichnet einen allgemeinen Hinweis.

Dieses Element kennzeichnet eine Warnung oder einen Gefahrenhinweis.

Codebeispiele in diesem Buch

Zusätzliches Material (Codebeispiele, Übungen etc.) können Sie unter folgender Adresse herunterladen: *https://github.com/bcherny/programming-typescript-answers*.

Dieses Buch soll Ihnen bei Ihrer Arbeit helfen. Grundsätzlich dürfen Sie den Beispielcode aus diesem Buch in Ihren Programmen und Ihrer Dokumentation nutzen. Sie müssen hierfür keine ausdrückliche Genehmigung einholen, es sei denn, es handelt sich um eine größere Menge Code. Wenn Sie beispielsweise ein Programm schreiben, das mehrere Codeabschnitte aus diesem Buch verwendet, ist keine Erlaubnis nötig; für den Verkauf oder Vertrieb einer CD-ROM mit Beispielen aus O'Reilly-Büchern dagegen schon. Das Beantworten einer Frage durch Zitieren von Beispielcode erfordert keine Erlaubnis. Verwenden Sie einen erheblichen Teil der Beispielcodes aus diesem Buch in Ihrer Dokumentation, ist jedoch unsere Erlaubnis nötig.

Eine Quellenangabe ist zwar erwünscht, aber nicht unbedingt notwendig. Hierzu gehört in der Regel die Erwähnung von Titel, Autor, Verlag und ISBN, zum Beispiel: »*Programming TypeScript* von Boris Cherny (O'Reilly). Copyright 2019 Boris Cherny, 978-1-492-03765-1.«

Sollten Sie nicht sicher sein, ob die Nutzung der Codebeispiele außerhalb der hier erteilten Genehmigung liegt, nehmen Sie bitte unter der Adresse *permissions@oreilly.com* Kontakt mit uns auf.

Website zum Buch

Zu diesem Buch gibt es eine Website, auf der Sie Errata, Beispiele und weitere Informationen finden können. Sie finden die Website unter: *https://oreil.ly/programming-typescript*.

Danksagungen

Dieses Buch ist das Ergebnis aus Jahren des Sammelns von Schnipseln und Skizzen, gefolgt von Jahren des Schreibens – frühmorgens, an Wochenenden und bei Nacht.

Vielen Dank an O'Reilly für die Möglichkeit, dieses Buch zu schreiben, und an meine Lektorin Angela Rufino für die Unterstützung während des gesamten Prozesses. Dankeschön auch an Nick Nance für seinen Beitrag über »Typsichere APIs« auf Seite 212 und an Shyam Seshadri für seinen Beitrag zu »Angular 6/7« auf Seite 208. Ein Dankeschön an meine technischen Sachverständigen. Das sind: Daniel Rosenwasser vom TypeScript-Team, der *sehr* viel Zeit damit verbracht hat, dieses Manuskript zu lesen und mich durch die Feinheiten von TypeScripts Typsystem zu leiten. Ein weiteres Dankeschön an Jonathan Creamer, Yakov Fain, Paul Buying und Rachel Head für technische Anpassungen und ihr Feedback. Mein herzlicher Dank gilt auch meiner Familie, Liza und Ilya, Vadim, Roza und Alik, Faina und Yosif, die mich ermutigt haben, dieses Projekt durchzuführen.

Meine größte Dankbarkeit gilt meiner Partnerin Sara Gilford, die mich während des Schreibens unermüdlich unterstützt hat, selbst wenn dadurch unsere Wochenendpläne durchkreuzt wurden oder es spätnächtliches Schreiben und Programmieren und viel zu viele unerwartete Gespräche über die Details von Typsystemen bedeutete. Ohne dich hätte ich das nicht geschafft. Ich werde dir immer dankbar für deine Unterstützung sein.

KAPITEL 1

Einführung

Sie haben sich also entschieden, ein Buch über TypeScript zu kaufen. Warum?

Vielleicht haben Sie einfach die Nase voll von seltsamen JavaScript-Fehlern wie `cannot read property blah of undefined`. Oder Sie haben gehört, dass Applikationen mit TypeScript besser skalierbar sind und wollten einfach mal wissen, ob das wirklich stimmt. Oder Sie programmieren funktional und wollten den nächsten logischen Schritt tun. Oder Ihrem Chef hat es so sehr gestunken, dass Ihr Code in der Produktion immer wieder für Fehler sorgte, dass er Ihnen dieses Buch zu Weihnachten geschenkt hat (sagen Sie Bescheid, wenn es zu sehr wehtut ...).

Egal, was Ihre Gründe sind: Was Sie gehört haben, ist wahr. TypeScript wird die nächste Generation von Web-Applikationen, mobiler Apps, NodeJS-Projekten und »Internet of Things (IoT)«-Geräten antreiben. TypeScript macht Ihre Programme sicherer, indem es auf häufige Fehler überprüft, als Dokumentation für Sie und Ihre Wartungsprogrammierer dient, Refaktorierungen schmerzlos macht und mindestens die Hälfte Ihrer Unit Tests (»Was für Unit Tests?«) unnötig macht. TypeScript wird Ihre Produktivität als Programmierer verdoppeln und garantiert Ihnen eine Verabredung mit dem (oder der) Barista von gegenüber.

Bevor Sie gleich blindlings über die Straße rennen, wollen wir die Dinge zunächst etwas genauer betrachten. Wir beginnen mit der Frage: »Was meine ich eigentlich mit ›sicherer‹?« Ich meine natürlich *Typsicherheit*.

Typsicherheit

Die Verwendung von Typen, um zu verhindern, dass Programme ungültige Aktionen ausführen.[1]

1 Je nachdem, welche statisch typisierte Sprache Sie benutzen, kann »ungültig« eine Reihe von Dingen bedeuten. Das können Programme sein, die bei der Ausführung abstürzen, bis hin zu Situationen, in denen nichts abstürzt, aber trotzdem unsinnige Dinge passieren.

Hier ein paar Beispiele für ungültige Operationen:

- Die Multiplikation einer Zahl mit einer Liste
- Der Aufruf einer Funktion mit einer Liste aus Strings, wenn eigentlich eine Liste mit Objekten gebraucht wird
- Der Aufruf einer nicht vorhandenen Methode an einem Objekt
- Der Import eines Moduls, das kürzlich an einem anderen Ort abgelegt wurde

Manche Sprachen versuchen, solche Fehler, so gut es geht, abzufangen und zu umgehen. Sie versuchen herauszufinden, was Sie beim Auftreten des Fehlers tatsächlich tun wollten. Schließlich tun auch Sie Ihr Bestes, oder? Nehmen Sie beispielsweise dieses JavaScript-Beispiel:

```
3 + []              // Ergibt den String "3"

let obj = {}
obj.foo             // Ergibt undefined

function a(b) {
  return b/2
}
a("z")              // Ergibt NaN
```

Wenn Sie etwas offensichtlich Ungültiges tun, löst JavaScript keine Ausnahme aus. Stattdessen versucht es, das Beste aus der Situation zu machen, und vermeidet Ausnahmen, soweit wie möglich. Ist JavaScript hilfreich? Sicherlich! Hilft es Ihnen, die Fehler schneller zu finden? Wahrscheinlich nicht.

Jetzt stellen Sie sich vor, JavaScript würde mehr Ausnahmen auslösen, anstatt stillschweigend zu versuchen, das Beste aus den Dingen zu machen, die es zur Verfügung hat. Dann würden wir möglicherweise Rückmeldungen wie diese bekommen:

```
3 + []              // Fehler: Wollten Sie wirklich eine Zahl und ein Array addieren?

let obj = {}
obj.foo             // Fehler: Sie haben vergessen, die Eigenschaft "foo" an obj zu
                    // definieren.

function a(b) {
  return b/2
}
a("z")              // Fehler: Die Funktion "a" erwartet eine Zahl,
                    // Sie haben aber einen String übergeben.
```

Verstehen Sie mich nicht falsch: Der Versuch, Ihre Fehler auszubügeln, ist für eine Programmiersprache eine tolle Eigenschaft (es wäre schön, wenn es das nicht nur für Programme gäbe). Für JavaScript trennt dieses Vorgehen jedoch die Verbindung zwischen dem Moment, wenn der Fehler auftritt, und dem, wenn Sie *herausfinden*, dass Ihr Code einen Fehler enthält. Das heißt, oftmals hören Sie erst von jemand anderem, dass Sie einen Fehler gemacht haben.

Die Frage ist also: *Wann genau* teilt Ihnen JavaScript mit, dass Sie einen Fehler gemacht haben?

Richtig. Erst wenn Sie das Programm tatsächlich *ausführen*. Das kann beispielsweise sein, wenn Sie das Programm in einem Browser testen, ein Benutzer Ihre Website besucht oder Sie einen Unit-Test durchführen. Wenn Sie diszipliniert sind und viele Unit- und End-to-end-Tests schreiben, Ihren Code vor der Veröffentlichung einer strengen Überprüfung und internen Tests unterziehen, finden Sie den Fehler hoffentlich, bevor es die Benutzer tun. Was aber, wenn nicht?

Da kommt TypeScript ins Spiel. Noch cooler als die Tatsache, dass TypeScript Ihnen hilfreiche Fehlermeldungen anzeigt, ist, *wann* es das tut: TypeScript zeigt Ihnen die Fehlermeldungen *in Ihrem Codeeditor. Während Sie schreiben.* Sie müssen sich also nicht mehr auf Unit Tests, Smoke Tests oder Ihre Mitarbeiter verlassen, um diese Fehler zu finden: TypeScript findet sie für Sie und warnt Sie bereits beim Schreiben des Programms. Sehen wir mal, was TypeScript zu unseren vorigen Beispielen zu sagen hat:

```
3 + []              // Error TS2365: Operator '+' cannot be applied to types '3'
                    // and 'never[]'.

let obj = {}
obj.foo             // Error TS2339: Property 'foo' does not exist on type '{}'.

function a(b: number) {
  return b / 2
}
a("z")              // Error TS2345: Argument of type '"z"' is not assignable to
                    // parameter of type 'number'.
```

TypeScript hilft aber nicht nur, ganze Klassen von Typ-bezogenen Fehlern zu vermeiden. Es verändert die Art, wie Sie Code schreiben. Sie werden Programme zunächst auf Typebene skizzieren, um sie dann auf Werteebene mit Inhalt zu füllen.[2] Sie werden bereits beim Schreiben des Programms an mögliche Sonderfälle denken, und nicht erst wenn das Programm schon fertig ist. Sie werden lernen, Programme zu entwickeln, die einfacher, schneller, verständlicher und wartbarer sind.

Sind Sie für Ihre Reise bereit? Dann los!

2 Keine Sorge, wenn der Begriff »Typebene« für Sie noch nicht klar ist. Wir werden ihn in späteren Kapiteln genauer erklären.

KAPITEL 2

TypeScript aus der Vogelperspektive

In den folgenden Kapiteln stelle ich Ihnen TypeScript vor, gebe Ihnen einen Überblick über die Funktionsweise des TypeScript-Compilers (TSC) und zeige Ihnen, welche Fähigkeiten TypeScript besitzt und welche Muster Sie damit entwickeln können. Wir beginnen mit dem Compiler.

Der Compiler

Je nachdem, welche Programmiersprache(n) Sie bereits benutzt haben (d.h., bevor Sie dieses Buch gekauft und sich für ein Leben in Sicherheit entschieden haben), haben Sie vermutlich ein anderes Verständnis davon, wie Programme funktionieren. Im Vergleich zu anderen beliebten Sprachen wie JavaScript oder Java funktioniert TypeScript eher ungewöhnlich. Daher ist es sinnvoll, erst einmal auf dem gleichen Stand zu sein, bevor wir weitermachen.

Beginnen wir ganz allgemein: Programme sind Dateien, die von Ihnen – den Programmierern – geschriebenen Text enthalten. Der Text wird von einem speziellen Programm namens *Compiler* untersucht, interpretiert (»geparst«) und in einen *abstrakten Syntaxbaum* (»abstract syntax tree«, AST) umgewandelt. Das ist eine Datenstruktur, die z.B. Leerzeichen, Kommentare und Ihre Meinung zur »Leerzeichen oder Tabs«-Debatte ignoriert. Danach konvertiert der Compiler den AST in eine niedriger angesiedelte (lower level) Form namens *Bytecode*. Diesen Bytecode können Sie dann einem Programm namens *Runtime* (oder Laufzeitumgebung) übergeben, das den Bytecode auswertet und das Ergebnis zurückgibt. Wenn Sie ein Programm ausführen, weisen Sie also tatsächlich die Laufzeitumgebung an, den Bytecode auszuführen, den der Compiler aus dem AST erzeugt hat, nachdem er diesen aus Ihrem Quellcode geparst hat. Die Details können sich unterscheiden, sind aber für die meisten Hochsprachen gleich oder zumindest ähnlich.

Noch einmal, die Schritte sind:

1. Programm (Quellcode) wird in einen AST geparst.
2. AST wird in Bytecode kompiliert.
3. Bytecode wird von der Laufzeitumgebung ausgeführt.

Eine Besonderheit von TypeScript ist, dass es nicht direkt in Bytecode kompiliert wird, sondern nach ... JavaScript-Code! Diesen können Sie dann wie üblich in Ihrem Browser, mit NodeJS oder manuell auf dem Papier ausführen (Letzteres nur für den Fall, dass Sie dies erst nach dem Aufstand der Maschinen lesen).

Sehr wahrscheinlich fragen Sie sich jetzt: »Moment mal! Im vorigen Kapitel haben Sie gesagt, dass TypeScript meinen Code sicherer macht. An welcher Stelle passiert das denn jetzt?«

Gute Frage: Den wichtigen Schritt habe ich übersprungen: Nachdem der TypeScript-Compiler den AST für Ihr Programm erzeugt, aber bevor es den Code ausgibt, führt er einen *Typecheck* (bitte merken Sie sich dieses Wort!) für Ihren Code aus.

Typechecker

Ein spezielles Programm, das sicherstellt, dass Ihr Code typsicher ist.

Das Typechecking ist die wahre Magie hinter TypeScript. So stellt TypeScript sicher, dass Ihr Programm wie erwartet funktioniert und es keine offensichtlichen Fehler gibt und dass der/die hübsche Barista von gegenüber Sie auch wirklich zurückruft. (Haben Sie etwas Geduld. Er/sie ist vermutlich bloß gerade sehr beschäftigt.)

Wenn wir das Typechecking und die Ausgabe von JavaScript mit einbeziehen, sieht die Kompilierung von TypeScript ungefähr so aus wie in Abbildung 2-1:

TS	1. TypeScript-Quellcode ->TypeScript-AST 2. AST wird vom Typechecker überprüft 3. TypeScript-AST -> JavaScript-Quellcode
JS	4. JavaScript-Quellcode -> JavaScript-AST 5. AST -> Bytecode 6. Bytecode wird von der Laufzeitumgebung ausgewertet

Abbildung 2-1: TypeScript kompilieren und ausführen

Die Schritte 1–3 werden von TSC übernommen, die Schritte 4–6 werden von der JavaScript-Runtime ausgeführt, die in Ihrem Browser, NodeJS oder einer anderen von Ihnen verwendeten JavaScript-Engine lebt.

JavaScript-Compiler und -Runtimes werden oft zu einem gemeinsamen Programm namens *Engine* kombiniert. Das ist das Ding, mit dem Sie als Programmierer normalerweise interagieren. So funktionieren beispielsweise V8 (die Engine hinter NodeJS, Chrome und Opera), SpiderMonkey (Firefox), JSCore (Safari) und Chakra (Edge). Sie geben JavaScript das Aussehen einer *interpretierten* Sprache.

In den Schritten 1 und 2 werden dabei die Typen Ihres Programms benutzt, in Schritt 3 jedoch nicht. Das darf man ruhig noch mal wiederholen: *Wenn TSC Ihren Code von TypeScript nach JavaScript kompiliert, erfolgt dies ohne Prüfung der Typen.*

Die Typen in Ihrem Programm haben also keinen Einfluss auf die von Ihrem Programm erzeugten Ausgaben und werden nur für das Typechecking verwendet. Dadurch ist es quasi narrensicher, mit den Typen Ihres Programms herumzuspielen, sie zu aktualisieren und zu verbessern, ohne dass Ihre Applikation dabei versehentlich Schaden nehmen könnte.

Das Typsystem

Alle modernen Sprachen besitzen das eine oder andere *Typsystem*.

> **Typsystem**
>
> Ein Satz von Regeln, die der Typechecker verwendet, um Typen in Ihrem Programm zuzuweisen.

Allgemein gibt es zwei Arten von Typsystemen: solche, in denen Sie dem Compiler in expliziter Syntax mitteilen müssen, welche Typen die Dinge haben, und Typsysteme, die Typen automatisch ableiten. Beide Ansätze haben ihre Vor- und Nachteile.[1]

TypeScript ist von beiden Arten der Typsysteme inspiriert: Sie können Ihre Typen explizit annotieren oder Sie können die meisten Typen automatisch ableiten lassen.

Um TypeScript Ihre Typen explizit mitzuteilen, verwenden Sie *Annotationen*. Diese haben die Form *Wert: Typ* und sagen dem Typechecker: »Der Typ dieses *Werts* lautet *Typ*. Am besten sehen wir uns hierzu ein paar Beispiele an (in den Kommentaren zu jeder Zeile sehen Sie die tatsächlich von TypeScript abgeleiteten Typen):

1 In diesem Bereich gibt es viele verschiedene Sprachen: JavaScript, Python und Ruby leiten die Typen zur Laufzeit ab; Haskell und OCaml überprüfen auf fehlende Typen bzw. leiten die Typen während der Kompilierung ab; Scala und TypeScript benötigen einige explizite Typen. Der Rest wird während der Kompilierung abgeleitet und überprüft. Java und C erfordern explizite Annotationen für fast alles, wobei die Überprüfung während der Kompilierung stattfindet.

```
let a: number = 1                      // a ist eine Zahl
let b: string = 'hello'                // b ist ein String
let c: boolean[] = [true, false]  // c ist ein Array mit booleschen Werten
```

Wollen Sie, dass TypeScript die Typen für Sie ableitet, können Sie die Annotationen weglassen und TypeScript die Arbeit erledigen lassen:

```
let a = 1                              // a ist eine Zahl
let b = 'hello'                        // b ist ein String
let c = [true, false]                  // c ist ein  Array mit booleschen Werten
```

Man erkennt schnell, wie gut TypeScript Typen für Sie ableiten kann. Auch wenn Sie die Annotationen weglassen, bleiben die Typen gleich! In diesem Buch werden wir Annotationen nur bei Bedarf verwenden. Ansonsten überlassen wir es nach Möglichkeit TypeScript, die Ableitungen für uns vorzunehmen.

Allgemein gilt es als guter Programmierstil, TypeScript so viele Typen wie möglich automatisch ableiten zu lassen und so wenig explizit typisierten Code wie möglich zu verwenden.

TypeScript im Vergleich mit JavaScript

Als Nächstes werfen wir einen genaueren Blick auf das Typsystem von TypeScript und sehen, welche Unterschiede und Gemeinsamkeiten im Vergleich zum Typsystem von JavaScript bestehen. Einen Überblick sehen Sie in Tabelle 2-1. Ein gutes Verständnis dieser Unterschiede ist der Schlüssel zum Verständnis der Funktionsweise von TypeScript.

Tabelle 2-1: Ein Vergleich der Typsysteme von JavaScript und TypeScript

Typsystem-Merkmal	JavaScript	TypeScript
Wie werden Typen begrenzt (bounding)?	Dynamisch	Statisch
Werden Typen automatisch konvertiert?	Ja	Nein (meistens)
Wann werden Typen überprüft?	Zur Laufzeit	Bei der Kompilierung
Zu welchem Zeitpunkt werden Fehler ausgelöst?	Zur Laufzeit (meistens)	Bei der Kompilierung (meistens)

Wie werden Typen begrenzt (bounding)

JavaScripts dynamische Typbindung bedeutet, dass es Ihr Programm ausführen muss, um die darin verwendeten Typen zu ermitteln. JavaScript kennt Ihre Typen vor der Ausführung des Programms nicht.

TypeScript ist eine *graduell typisierte* Sprache. Dadurch funktioniert TypeScript am besten, wenn es die Typen aller Dinge in Ihrem Programm bereits bei der Kompilierung kennt. Damit das Programm kompiliert werden kann, muss aber nicht zwingend alles bekannt sein. Selbst in einem nicht typisierten Programm kann TypeScript einige Typen für Sie ableiten und Fehler abfangen. Ohne dass alle Typen bekannt sind, ist es aber fast unvermeidlich, dass einige Fehler es bis zu Ihren Benutzern schaffen.

Diese graduelle Typisierung ist besonders nützlich, wenn Legacy-Code von untypisiertem JavaScript zu typisiertem TypeScript migriert werden muss (mehr hierzu in »Schrittweise Migration von JavaScript zu TypeScript« auf Seite 240). Grundsätzlich sollten Sie versuchen, eine hundertprozentige Typabdeckung zu erzielen – es sei denn, Sie befinden sich gerade mitten in der Migration einer Codebasis. Dieser Ansatz wird auch in diesem Buch umgesetzt. In Ausnahmefällen weise ich ausdrücklich darauf hin.

Werden Typen automatisch konvertiert?

JavaScript ist schwach typisiert. Das heißt, wenn Sie etwas Ungültiges tun wie etwa die Addition einer Zahl mit einem Array (siehe Kapitel 1), wird eine Reihe von Regeln angewandt, um herauszufinden, was Sie tatsächlich gemeint haben. So wird versucht, das Beste aus dem übergebenen Code zu machen. Sehen wir uns am Beispiel von `3 + [1]` einmal genau an, wie JavaScript vorgeht:

1. JavaScript bemerkt, dass `3` eine Zahl ist und `[1]` ein Array.
2. Da wir `+` benutzen, geht JavaScript davon aus, dass wir beides miteinander verketten wollen.
3. `3` wird implizit in einen String umgewandelt und ergibt `"3"`.
4. `[1]` wird ebenfalls implizit in einen String umgewandelt und ergibt `"1"`.
5. Beide Strings werden verkettet, das Ergebnis lautet `"31"`.

Das könnten wir auch expliziter schreiben (sodass JavaScript die Schritt 1, 3 und 4 vermeidet):

```
3 + [1];                          // ergibt "31"

(3).toString() + [1].toString()   // ergibt ebenfalls "31"
```

JavaScript versucht, Ihnen durch seine intelligente Typumwandlungen zu helfen; TypeScript beschwert sich dagegen, sobald Sie etwas Ungültiges tun. Wenn Sie den gleichen JavaScript-Code an TSC übergeben, erhalten Sie eine Fehlermeldung:

```
3 + [1];                          // Error TS2365: Operator '+' cannot be applied
                                  // to types '3' and 'number[]'.

(3).toString() + [1].toString()   // ergibt "31"
```

Sobald Sie etwas tun, das nicht korrekt erscheint, beschwert sich TypeScript. Wenn Sie Ihre Absichten dagegen explizit erklären, steht es Ihnen aber auch nicht im Weg. Das erscheint sinnvoll: Niemand im Vollbesitz seiner geistigen Kräfte würde versuchen, eine Zahl und ein Array miteinander zu addieren, und als Ergebnis einen String erwarten (abgesehen vielleicht von der JavaScript-Hexe Bavmorda, die ihre Zeit damit verbringt, im Licht schwarzer Kerzen im Keller ihres Start-ups Dämonenbeschwörungen zu programmieren).

Fehler, die durch diese Art impliziter Typumwandlungen in JavaScript verursacht werden, lassen sich oft nur schwer finden und sind für viele JavaScript-Programmierer kein Spaß. Sie erschweren einzelnen Entwicklern die Arbeit und machen es noch schwerer, den Code für ein größeres Team zu skalieren. Schließlich muss jeder Programmierer verstehen, von welchen impliziten Annahmen Ihr Code ausgeht.

Kurz gesagt: Wenn Sie eine Typumwandlung vornehmen müssen, tun Sie das explizit.

Wann werden die Typen überprüft?

Meistens ist es JavaScript egal, welche Typen Sie ihm übergeben. Stattdessen versucht es, das Übergebene so gut wie möglich in das umzuwandeln, was Sie eigentlich erwarten.

Im Gegensatz dazu überprüft TypeScript Ihre Typen während der Kompilierungsphase (erinnern Sie sich an Schritt 2 am Anfang dieses Kapitels?). Sie müssen den Code also nicht erst laufen lassen, um den `Error` aus dem vorigen Beispiel zu sehen. TypeScript führt eine *statische Analyse* Ihres Codes durch, um Fehler wie diese zu finden, und sagt Bescheid, bevor der Code ausgeführt wird. Wird der Code nicht kompiliert, heißt das ziemlich sicher, dass Sie einen Fehler gemacht haben, den Sie vor der Ausführung beheben sollten.

Abbildung 2-2 zeigt, was passiert, wenn ich das letzte Codebeispiel in VSCode (den Codeeditor meiner Wahl) eingebe.

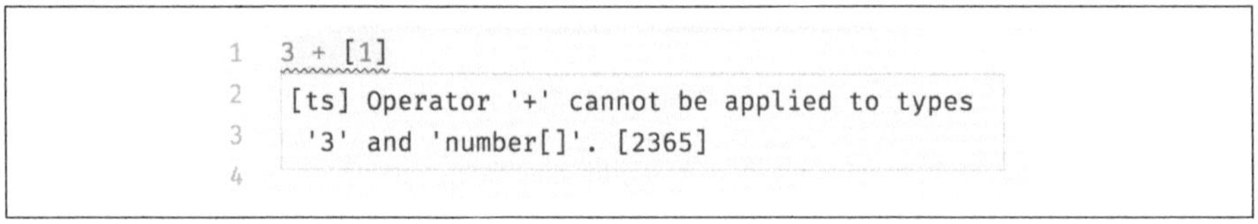

```
3 + [1]
 [ts] Operator '+' cannot be applied to types
  '3' and 'number[]'. [2365]
```

Abbildung 2-2: Von VSCode ausgegebener TypeError

Wenn Ihr bevorzugter Codeeditor eine gute TypeScript-Erweiterung besitzt, wird der Fehler bereits *bei der Eingabe* (mit einer roten Unterschlängelung) deutlich hervorgehoben. Die Rückmeldung kommt bereits beim Schreiben des Codes, und Sie können den Fehler sofort beheben.

Wann werden die Fehler ausgelöst?

In JavaScript werden Ausnahmen und implizite Typumwandlungen zur Laufzeit ausgelöst bzw. vorgenommen.[2] Das heißt, Sie müssen Ihr Programm erst ausführen,

2 Nur um das klarzustellen: Einige Syntaxfehler werden von JavaScript bereits nach dem Parsen, aber vor der Ausführung des Programms ausgelöst. Wenn Sie JavaScript als Teil eines Build-Prozesses (zum Beispiel mit Babel) parsen, können Sie diese Fehler bereits während der Build-Phase zum Vorschein bringen.

damit Sie eine nützliche Rückmeldung darüber erhalten, ob Sie etwas Ungültiges getan haben. Im besten Fall passiert das als Teil eines Unit Tests, schlimmstenfalls bekommen Sie eine unfreundliche E-Mail von einem Benutzer.

TypeScript löst sowohl Syntax- als auch Typ-bezogene Fehler während der Kompilierungsphase aus. Dadurch werden Fehler wie diese schon bei der Eingabe in Ihrem Codeeditor angezeigt. Wenn Sie noch nie mit einer inkrementell kompilierten, statisch typisierten Sprache gearbeitet haben, kann das eine großartige Erfahrung sein.[3]

Trotzdem gibt es eine Reihe von Fehlern, die auch TypeScript nicht während der Kompilierung abfangen kann. Hierzu gehören Stack-Überläufe, unterbrochene Netzwerkverbindungen und falsch formatierte Benutzereingaben. Ausnahmen wie diese werden zur Laufzeit ausgelöst. Allerdings kann TypeScript die meisten Fehler, die in einer reinen JavaScript-Welt erst zur Laufzeit auftreten, so umwandeln, dass sie schon bei der Kompilierung erkannt werden.

Einrichtung des Codeeditors

Nachdem Sie einen ersten Eindruck des TypeScript-Compilers und des Typsystems bekommen haben, wollen wir Ihren Codeeditor einrichten, damit wir möglichst schnell mit echtem Code arbeiten können.

Beginnen Sie mit dem Download eines Codeeditors, in dem Sie Ihren Code schreiben. Ich persönlich mag VSCode, weil dieser Editor besonders gut für die Arbeit mit TypeScript geeignet ist. Andere Editoren wie Sublime Text, Atom, Vim, WebStorm oder ein anderer Editor Ihrer Wahl funktionieren aber auch. Programmierer sind bei der Wahl ihrer IDE sehr eigen, daher überlasse ich Ihnen diese Entscheidung. Wenn Sie VSCode verwenden wollen, folgen Sie den Installationsanweisungen auf der Website (*https://code.visualstudio.com/*).

TSC selbst ist ein Kommandozeilenprogramm, das in TypeScript geschrieben ist. Das heißt, Sie benötigen NodeJS, um den Compiler auszuführen. Folgen Sie den Anweisungen auf der offiziellen NodeJS-Website (*https://nodejs.org*), um es auf Ihrem Rechner zum Laufen zu bringen.[4]

Zu NodeJS gehört NPM, ein Paketmanager, mit dem Sie die Abhängigkeiten Ihrer Projekte verwalten und den Build-Prozess steuern können. Wir beginnen mit der Installation von TSC und TSLint (einem Linter für TypeScript). Öffnen Sie hierfür Ihr Terminal, erstellen Sie einen neuen Ordner und initialisieren Sie darin NPM:

```
# Einen neuen Ordner anlegen
mkdir chapter-2
```

3 Inkrementell kompilierte Sprachen können bei kleinen Änderungen schnell rekompiliert werden, ohne dass hierfür das gesamte Programm (inklusive der Teile, die Sie nicht verändert haben) neu kompiliert werden muss.

4 Damit gehört TSC zur mystischen Klasse der sogenannten *Self-Hosting Compiler*, d.h. Compiler, die sich selbst kompilieren.

```
cd chapter-2

# Ein neues NPM-Projekt initialisieren (folgen Sie den Anweisungen)
npm init

# TSC, TSLint und die Typendeklarationen für NodeJS TSC installieren
npm install --save-dev typescript tslint @types/node
```

tsconfig.json

Für jedes TypeScript-Projekt gibt es in dessen Wurzelverzeichnis eine Datei namens *tsconfig.json*. In *tsconfig.json* wird beispielsweise definiert, welche Dateien kompiliert werden sollen, in welches Verzeichnis sie kompiliert werden sollen und welche JavaScript-Version ausgegeben werden soll.

Erstellen Sie im Wurzelverzeichnis Ihres Projekts eine neue Datei namens *tsconfig.json* (`touch tsconfig.json`). Danach können Sie die Datei in Ihrem Codeeditor öffnen und Folgendes eingeben:[5]

```
{
  "compilerOptions": {
    "lib": ["es2015"],
    "module": "commonjs",
    "outDir": "dist",
    "sourceMap": true,
    "strict": true,
    "target": "es2015"
  },
  "include": [
    "src"
  ]
}
```

Werfen wir zunächst einen Blick auf die verschiedenen Optionen und ihre Bedeutung (Tabelle 2-2):

Tabelle 2-2: tsconfig.json

Option	Beschreibung
`include`	In welchen Ordnern soll TSC nach TypeScript-Dateien suchen?
`lib`	Welche APIs soll TSC in der Umgebung erwarten, in der Sie Ihren Code ausführen? Hierzu gehören Dinge wie ES5s `Function.prototype.bind`, ES2015s `Object.assign` und der DOM-eigene `document.querySelector`.
`module`	Für welches Modulsystem soll TSC Ihren Code kompilieren (CommonJS, SystemJS, ES2015 etc.)?
`outDir`	In welchem Ordner soll TSC den erzeugten JavaScript-Code speichern?

5 Für diese Übungen erzeugen wir *tsconfig.json* manuell. Wenn Sie in Zukunft ein TypeScript-Projekt erstellen, können Sie den TSC-eigenen Initialisierungsbefehl `./node_modules/.bin/tsc --init` verwenden, um die Datei automatisch erstellen zu lassen.

Tabelle 2-2: tsconfig.json (Fortsetzung)

Option	Beschreibung
`strict`	Bei der Überprüfung auf ungültigen Code sollten Sie so strikt wie möglich sein. Diese Option erzwingt, dass Ihr gesamter Code korrekt typisiert sein muss. Wir benutzen diese Einstellung für alle Beispiele dieses Buchs. Sie sollten das Gleiche für Ihre TypeScript-Projekte tun.
`target`	In welche JavaScript-Version soll TSC Ihren Code kompilieren (ES3, ES5, ES2015, ES2016 etc.)?

Dies sind nur ein paar der in *tsconfig.json* verfügbaren Optionen. Tatsächlich gibt es noch Dutzende weiterer Optionen, und ständig kommen neue hinzu. In der Praxis werden Sie hier nur wenige Änderungen vornehmen müssen. Die meisten Anpassungen beziehen sich auf die Einstellung für `module` and `target`, falls Sie eine neuere Modulverwaltung nutzen wollen, und das Hinzufügen von `"dom"` zu `lib`, wenn Sie TypeScript für den Browser schreiben wollen (mehr dazu in Kapitel 12), oder die Anpassung für `strict`, wenn Sie bereits vorhandenen JavaScript-Code nach TypeScript migrieren wollen. Eine vollständige und aktuelle Liste aller unterstützten Optionen finden Sie in der offiziellen Dokumentation auf der TypeScript-Website (*http://bit.ly/2JWfsgY*).

Die Verwendung von *tsconfig.json* ist praktisch, weil Sie die TSC-Konfigurierung in eine Versionsverwaltung mit aufnehmen können. Sie können die meisten TSC-Optionen aber auch von der Kommandozeile aus vornehmen. Eine Liste der verfügbaren Kommandozeilen-Optionen erhalten Sie durch Eingabe des Befehls `./node_modules/.bin/tsc --help`.

tslint.json

Ihr Projekt sollte außerdem eine *tslint.json*-Datei enthalten, die die Konfigurierung von TSLint enthält. Hier wird festgelegt, welche stilistischen Konventionen Sie in Ihrem Code verwenden wollen (Tabs oder Leerzeichen etc.).

Auch wenn die Verwendung von TSLint optional ist, rate ich dringend dazu, sie für alle TypeScript-Projekte zu benutzen, um einen konsistenten Programmierstil durchzusetzen. Noch wichtiger: Auf diese Weise vermeiden Sie während der Code-Reviews endlose Diskussionen mit Ihren Kollegen über den Programmierstil.

Folgender Befehl erzeugt eine *tslint.json*-Datei, die eine TSLint-Standardkonfiguration enthält:

```
./node_modules/.bin/tslint --init
```

Danach können Sie die Regeln überschreiben, um sie an Ihren eigenen Programmierstil anzupassen. Meine *tslint.json*-Datei sieht beispielsweise so aus:

```
{
  "defaultSeverity": "error",
  "extends": [
```

```
      "tslint:recommended"
    ],
    "rules": {
      "semicolon": false,
      "trailing-comma": false
    }
  }
```

Eine vollständige Liste der verfügbaren Regeln finden Sie in der TSLint-Dokumentation (*https://palantir.github.io/tslint/rules/*). Sie können auch eigene Regeln oder eigene Presets hinzufügen (zum Beispiel für ReactJS (*https://www.npmjs.com/package/tslint-react*)).

index.ts

Nachdem die Dateien *tsconfig.json* und *tslint.json* vorbereitet sind, können Sie einen *src*-Ordner anlegen. Dieser enthält Ihre erste TypeScript-Datei:

```
mkdir src
touch src/index.ts
```

Die Ordnerstruktur Ihres Projekts sollte nun so aussehen::

```
chapter-2/
├──node_modules/
├──src/
│ └──index.ts
├──package.json
├──tsconfig.json
└──tslint.json
```

Öffnen Sie *src/index.ts* in Ihrem Codeeditor und geben Sie folgende TypeScript-Anweisung ein:

```
console.log('Hello TypeScript!')
```

Danach können Sie den TypeScript-Code kompilieren und ausführen:

```
# TypeScript mit TSC kompilieren
./node_modules/.bin/tsc

# Den Code mit NodeJS ausführen
node ./dist/index.js
```

Wenn Sie alle hier genannten Schritte korrekt befolgt haben, sollten Sie in der Konsole jetzt einen einzelnen Log-Eintrag sehen:

```
Hello TypeScript!
```

Das war schon alles. Sie haben gerade von Grund auf Ihr erstes TypeScript-Projekt eingerichtet und ausgeführt. Herzlichen Glückwunsch!

Vermutlich ist dies das erste Mal, dass Sie ein TypeScript-Projekt von Anfang an eingerichtet haben. Daher habe ich Ihnen jeden einzelnen Schritt gezeigt, damit Sie verstehen, wie alles zusammengehört. Für diese Schritte gibt es eine Reihe von Abkürzungen, mit denen es beim nächsten Mal schneller geht:

- Installieren Sie `ts-node` (*https://npmjs.org/package/ts-node*) und verwenden Sie es, um TypeScript mit einem einzigen Befehl zu kompilieren und auszuführen.
- Verwenden Sie ein Scaffolding-Werkzeug wie `typescript-node-starter` (*https://github.com/Microsoft/TypeScript-Node-Starter*), um die nötige Ordnerstruktur automatisch erzeugen zu lassen.

Übungen

Nachdem Ihre Umgebung eingerichtet ist, können Sie nun *src/index.ts* in Ihrem Codeeditor öffnen und folgenden Befehl eingeben:

```
let a = 1 + 2
let b = a + 3
let c = {
  apple: a,
  banana: b
}
let d = c.apple * 4
```

Wenn Sie jetzt den Cursor über `a`, `b`, `c` und `d` bewegen, sehen Sie, wie TypeScript die Typen aller Variablen für Sie ableitet (Typinferenz): `a` ist eine Zahl (`number`), `b` ist ist eine Zahl (`number`), `c` ist ein Objekt mit einer bestimmten Form, und `d` hat ebenfalls den Typ `number` (Abbildung 2-3).

```
let a = 1 + 2
let b = a + 3
let c = {
  apple: a,
  banana: b
}  let d: number
let d = c.apple * 4
```

Abbildung 2-3: Automatische Typableitung (Inferenz) durch TypeScript

Spielen Sie ein wenig mit dem Code:

- Versuchen Sie, TypeScript dazu zu bringen, eine rote Unterschlängelung anzuzeigen, wenn Sie etwas Ungültiges tun (wir sagen, »einen `TypeError` auslösen«).

- Lesen Sie die `TypeError`-Meldung und versuchen Sie, ihre Bedeutung zu verstehen.
- Beheben Sie den `TypeError` und lassen Sie so die rote Unterschlängelung verschwinden.

Wenn Sie immer noch nicht genug haben, versuchen Sie, ein Stück Code zu schreiben, für den TypeScript den Typ nicht selbst ermitteln kann.

KAPITEL 3

Alles über Typen

Im vorigen Kapitel habe ich das Konzept der Typsysteme vorgestellt, aber nicht erklärt, wofür das Wort *Typ* in »Typsystem« eigentlich steht.

> **Typ**
>
> Ein Satz bestimmter Werte und die Dinge, die Sie damit tun können.

Hier ein paar Beispiele, damit Sie nicht zu sehr durcheinanderkommen:

- Der Typ `boolean` steht für alle booleschen Werte (davon gibt es nur zwei: `true` und `false` – wahr und falsch) und die Operationen, die Sie daran ausführen können (wie `||`, `&&` und `!`).
- Der Typ `number` steht für alle Zahlen, die daran ausführbaren Operationen (z.B. `+`, `-`, `*`, `/`, `%`, `||`, `&&` und `?`) und die daran aufrufbaren Methoden `.toFixed`, `.toPrecision`, `.toString` etc.
- Der Typ `string` steht für alle Strings (bzw. Zeichenketten) und die Operationen, die Sie daran ausführen können (wie `+`, `||` und `&&`), sowie die Methoden, die Sie daran aufrufen können, wie `.concat` und `.toUpperCase`.

Wenn etwas den Typ `T` hat, wissen Sie einerseits, dass es sich hier um ein `T` handelt. Gleichzeitig wissen Sie aber auch, *was genau Sie mit diesem* `T` *tun können* (und was nicht). Schließlich soll durch die Verwendung eines Typecheckers verhindert werden, dass Sie ungültige Dinge tun. Um das herauszufinden, sieht er sich an, welche Typen Sie verwenden und was Sie damit anstellen.

In diesem Kapitel gebe ich Ihnen einen Überblick über die in TypeScript verfügbaren Typen und vermittle Ihnen die Grundlagen der Möglichkeiten, die die einzelnen Typen bieten. In Abbildung 3-1 finden Sie eine Übersicht.

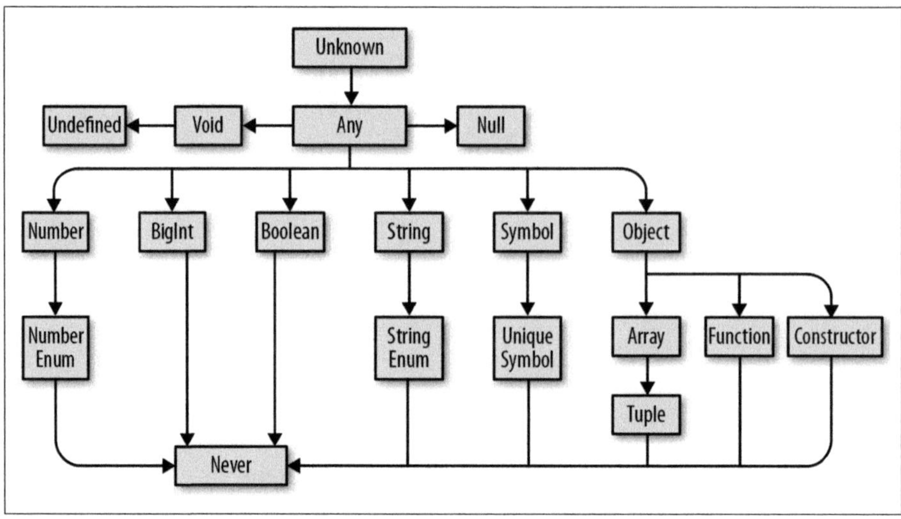

Abbildung 3-1: Die Typhierarchie von TypeScript

Wo wir gerade von Typen sprechen ...

Wenn Programmierer über Typen sprechen, benutzen sie ein präzises gemeinsames Vokabular, um ihre Bedeutung zu beschreiben. Wir werden dieses Vokabular im gesamten Buch verwenden.

Angenommen, Sie haben eine Funktion, die einen Wert übernimmt und diesen Wert mit sich selbst multipliziert zurückgibt:

```
function squareOf(n) {
  return n * n
}
squareOf(2)     // ergibt 4
squareOf('z')   // ergibt NaN (not a number, "keine Zahl")
```

Natürlich funktioniert diese Funktion nur für Zahlen. Übergeben Sie etwas anderes an squareOf, ist das Ergebnis ungültig. Wir müssen den Typ des Parameters also explizit *annotieren*:

```
function squareOf(n: number) {
  return n * n
}
squareOf(2)     // ergibt 4
squareOf('z')   // Error TS2345: Argument of type '"z"' is not assignable to
                // parameter of type 'number'.
```

Rufen wir squareOf jetzt mit etwas anderem als einer Zahl auf, merkt TypeScript das sofort und beschwert sich. Auch wenn dies ein einfaches Beispiel ist (im nächsten Kapitel gibt es eine Menge mehr zu Funktionen), reicht es aus, um eine Reihe von wichtigen TypeScript-Konzepten vorzustellen. Über das letzte Codebeispiel können wir Folgendes sagen:

1. Der Parameter n von squareOf *ist* auf den Typ number *beschränkt*.
2. Der Typ des Werts 2 kann dem Typ number *zugewiesen werden* (oder: *Er ist mit dem Typ* number *kompatibel*).

Ohne die Typannotation ist squareOf in seinen Parametern unbeschränkt, und es können Argumente beliebigen Typs übergeben werden. Sobald der Typ beschränkt ist, sorgt TypeScript dafür, dass wir die Funktion nur mit einem kompatiblen Argument aufrufen. Hier hat 2 den Typ number. Dies kann der Annotation number von squareOf zugewiesen werden. Also akzeptiert TypeScript unseren Code. Versuchen wir stattdessen, 'z' zuzuweisen, beschwert sich TypeScript, weil 'z' ein string ist und dem Typ number nicht zugewiesen werden kann.

Sie können sich das auch als eine Art der *Beschränkung* vorstellen. Wir haben TypeScript mitgeteilt, dass number die *Obergrenze* (*upper bound*) von n ist. Das heißt: Jeder an squareOf übergebene Wert darf höchstens den Typ number haben. Ist der Wert mehr als das (z.B. wenn er number oder string sein könnte), dann kann er nicht an n zugewiesen werden.

Im Kapitel 6 werde ich die Themen Zuweisbarkeit, Begrenzungen (bounds) und Beschränkungen (constraints) genauer erklären. Im Moment müssen Sie nur wissen, dass wir mit diesen Begriffen beschreiben, ob ein Typ an einer bestimmten Stelle verwendet werden kann und darf.

Das ABC der Typen

Sehen wir einmal, welche Typen TypeScript unterstützt, welche Werte sie enthalten und was sie damit anstellen können. Dabei kümmern wir uns auch gleich um ein paar grundsätzliche Sprachmerkmale für die Arbeit mit Typen: Typaliase, Vereinigungs-Typen (union types) und Schnittmengen-Typen (intersection types).

any

any ist *Der Pate* der Typen. Er tut fast alles, was Sie wollen, aber die Sache hat ihren Preis. Sie sollten any nur um einen Gefallen bitten, wenn Sie wirklich keine andere Wahl haben. In TypeScript muss während der Kompilierungsphase alles einen Typ haben. Dabei ist any der Standardtyp für Dinge, deren Typ weder Sie (der Programmierer) noch TypeScript herausfinden können. Es ist der Typ des letzten Auswegs. Daher sollten Sie ihn nach Möglichkeit vermeiden.

Aber warum? Wissen Sie noch, was ein Typ ist? (Eine Reihe von Werten und die Dinge, die Sie damit anstellen können.) any steht für *alle* Werte, und Sie können mit any *alles* anstellen. Hat ein Wert den Typ any, können Sie damit addieren, multiplizieren, .pizza() daran aufrufen (und diese mit Ananas belegen) – alles.

Mit any verhält sich Ihr Wert wie in normalem JavaScript. Er verhindert, dass der Typechecker seine magischen Fähigkeiten anwenden kann. Wenn Sie any in Ihrem

Code verwenden, ist das quasi ein Blindflug. Meiden Sie any daher wie die Pest. Verwenden Sie es nur als wirklich allerletztes Mittel.

Manchmal geht es aber nicht anders. Dann können Sie any verwenden wie hier gezeigt:

```
let a: any = 666              // any
let b: any = ['danger']       // any
let c = a + b                 // any
```

Der dritte Typ sollte eigentlich einen Fehler auslösen (warum versuchen Sie, eine Zahl und ein Array miteinander zu addieren?). Das passiert aber nicht, weil Sie TypeScript gesagt haben, dass Sie zwei any-Werte miteinander addieren. Wenn TypeScript feststellt, dass ein Wert den Typ any hat (etwa weil Sie vergessen haben, einen Funktionsparameter zu annotieren oder ein nicht typisiertes JavaScript-Modul importiert haben), wird ein Compile Time Error (Fehler zur Kompilierungszeit) ausgelöst, der in Ihrem Editor rot unterstrichen dargestellt wird. Wenn Sie a und b explizit mit any annotieren (per : any), vermeiden Sie diese Ausnahme. So teilen Sie TypeScript mit, dass Sie wissen, was Sie tun.

TSC-Flag: noImplicitAny

Standardmäßig ist TypeScript tolerant und beschwert sich nicht über Werte, deren Typ als any erkannt wurde. Damit TypeScript implizite any-Werte anmahnt, müssen Sie in Ihrer *tsconfig.json*-Datei das noImplicitAny-Flag setzen.

noImplicitAny ist Teil der strict-Familie der TSC-Flags. Wenn Sie in *tsconfig.json* bereits den strict-Modus aktiviert haben (wie in unserem Beispiel für »tsconfig.json« auf Seite 12), sind Sie auf der sicheren Seite.

unknown (unbekannt)

Wenn any der Pate ist, dann ist unknown Keanu Reeves als Undercover-FBI-Agent Johnny Utah in *Point Break*: Er macht es sich entspannt zwischen den fiesen Typen (sic!) bequem. Tief im Innern ist er jedoch gesetzestreu und ist eigentlich auf der Seite der Guten. Nur selten, wenn Sie den Typ eines Werts wirklich nicht rechtzeitig herausfinden können, sollten Sie anstelle von any zu unknown greifen. Wie any steht es für einen beliebigen Typ. Allerdings verhindert TypeScript die Verwendung von unknown, es sei denn, Sie führen eine Typklärung (siehe »Typverfeinerung (refinement)« auf Seite 128) durch.

Sie können unknown-Werte vergleichen (per ==, ===, ||, && und ?), sie negieren (mit !) und den genauen Typ mit den JavaScript-Operatoren typeof und instanceof klären. Die Verwendung von unknown sieht so aus:

```
let a: unknown = 30           // unknown
let b = a === 123             // boolean (boolescher Wert)
let c = a + 10                // Error TS2571: Object is of type 'unknown'.
```

```
if (typeof a === 'number') {
  let d = a + 10              // number (Zahl)
}
```

Dieses Beispiel sollte Ihnen eine grobe Idee von der Verwendung von unknown geben:

1. TypeScript geht niemals davon aus, dass etwas den Typ unknown hat. Das müssen Sie ausdrücklich annotieren (a).[1]
2. Sie können Werte mit anderen Werten vergleichen, die den Typ unknown haben (b).
3. Sie können allerdings keine Aktionen ausführen, bei denen davon ausgegangen wird, dass ein unknown-Wert einen bestimmten Typ hat (c), sind dagegen nicht möglich. Sie müssen TypeScript erst beweisen, dass der Wert tatsächlich diesen Typ hat (d).

boolean (boolescher Wert)

Der Typ boolean besitzt zwei mögliche Werte: true und false (wahr und falsch). Sie können diese vergleichen (per ==, ===, ||, && und ?), sie negieren (mit !), aber nicht viel mehr. Der Typ boolean wird folgendermaßen verwendet:

```
let a = true                 // boolean
var b = false                // boolean
const c = true               // true
let d: boolean = true        // boolean
let e: true = true           // true
let f: true = false          // Error TS2322: Type 'false' is not assignable
                             // to type 'true'.
```

Sie können TypeScript auf verschiedene Weise mitteilen, dass etwas den Typ boolean hat:

1. Sie können dafür sorgen, dass TypeScript den Typ Ihres Werts als boolean erkennt (a und b).
2. Sie können dafür sorgen, dass TypeScript Ihren Wert als einen bestimmten booleschen Wert erkennt (c).
3. Sie können TypeScript explizit mitteilen, dass Ihr Wert den Typ boolean hat (d).
4. Sie können TypeScript explizit mitteilen, dass Ihr Wert ein bestimmter boolescher Wert ist (e und f).

Üblicherweise werden Sie in Ihren Programmen eine der ersten beiden Wege verwenden. Die vierte Methode sollten Sie möglichst nur verwenden, wenn Sie Ihnen zusätzliche Typsicherheit verschafft (Beispiele hierfür finden Sie an verschiedenen Stellen in diesem Buch). Der dritte Weg kommt so gut wie nie zum Einsatz.

1 Fast. Wenn unknown Teil eines Vereinigungstyps ist, ist das Ergebnis der Vereinigung ebenfalls unknown. Mehr zu Vereinigungstypen finden Sie unter »Vereinigungs- und Schnittmengentypen« auf Seite 32.

Trotzdem sind der dritte und vierte Fall besonders interessant, weil sie etwas Intuitives tun. Dieses Vorgehen wird nur von wenigen Programmiersprachen unterstützt und ist Ihnen daher vielleicht neu. Im Prinzip habe ich hier gesagt: »Hey TypeScript, die Variable `e` soll nicht einfach nur einen Wert vom Typ `boolean` enthalten, sondern den *genauen* booleschen Wert `true`.« Durch die Verwendung eines Werts als Typ habe ich die möglichen `boolean`-Werte für `e` und `f` auf einen ganz bestimmten booleschen Wert beschränkt. Dieses Merkmal bezeichnet man als *Typliterale*.

> **Typliterale**
>
> Ein Typ, der für einen bestimmten Wert steht und sonst nichts.

Im vierten Fall habe ich meine Variablen explizit mit einem Typliteral annotiert. Im zweiten Fall hat TypeScript das Typliteral für mich abgeleitet, weil ich anstelle von `let` oder `var` das Schlüsselwort `const` verwendet habe. Wird einem primitiven Datentyp ein Wert per `const` zugewiesen, weiß TypeScript, dass sich dieser Wert nicht ändern kann. Für die Typableitung (Inferenz) verwendet es den am engsten definierten Typ. Daher wird im zweiten Fall der Typ von `c` als `true` abgeleitet und nicht als `boolean`. Mehr zu den Gründen, warum TypeScript unterschiedliche Typen für `let` und `const` ableitet, finden Sie unter »Typerweiterung« auf Seite 124.

Typliterale sind ein mächtiges Sprachmerkmal und kommen mehrmals in diesem Buch vor. An vielen Stellen können Typliterale für zusätzliche Sicherheit sorgen. Sie machen TypeScript zu einer einmaligen Sprache und sind etwas, für das Ihre Java-Freunde Sie beneiden werden.

number (Zahl)

`number` bezieht sich auf alle Arten von Zahlen: Ganzzahlen (Integer), Fließkommazahlen (Floats), positive und negative Zahlen, `Infinity`, `NaN` etc. Zahlen beherrschen – na ja, eben so zahlenmäßige Dinge wie Addition (+), Subtraktion (-), Modulus (%) und Vergleiche (<). Auch hierzu ein paar Beispiele:

```
let a = 1234                // number
var b = Infinity * 0.10     // number
const c = 5678              // 5678
let d = a < b               // boolean
let e: number = 100         // number
let f: 26.218 = 26.218      // 26.218
let g: 26.218 = 10          // Error TS2322: Type '10' is not assignable
                            // to type '26.218'.
```

Wie im boolean-Beispiel gibt es vier Wege, einen Typ als number zu deklarieren:

1. Sie können TypeScript ableiten lassen, dass Ihr Wert eine Zahl (number) ist (a und b).
2. Sie können const verwenden. Dadurch geht TypeScript davon aus, dass Ihr Wert eine bestimmte Zahl ist (c).
3. Sie können TypeScript explizit mitteilen, dass Ihr Wert den Typ number hat (e).
4. Sie können TypeScript explizit mitteilen, dass Ihr Wert ein ganz bestimmter Wert vom Typ number ist (f und g).

Wie bei den Werten vom Typ boolean lassen Sie TypeScript den Typ üblicherweise ableiten (die erste Möglichkeit). In seltenen Fällen muss in Ihrem Code eine Zahl auf einen bestimmten Wert beschränkt werden (der zweite und vierte Weg). Es gibt eigentlich keinen guten Grund, den Typ von etwas explizit als number zu definieren (der dritte Weg).

Wenn Sie mit langen Zahlen arbeiten, können Sie numerische Trennzeichen verwenden, um die Lesbarkeit zu erhöhen. Numerische Trennzeichen können sowohl in der Typ- wie auch der Wert-Position verwendet werden:

```
let oneMillion = 1_000_000 // entspricht 100000
let twoMillion: 2_000_000 = 2_000_000
```

bigint

bigint ist neu in JavaScript und TypeScript: Dieser Typ ermöglicht die Arbeit mit großen ganzzahligen Werten, ohne dass es zu Rundungsfehlern kommt. number unterstützt Ganzzahlen bis zu einer Höhe von 2^{53}. bigint kann dagegen auch mit größeren Werten umgehen. Dabei steht bigint für alle großen Integerwerte. Er unterstützt Operationen wie Addition (+), Subtraktion (-), Multiplikation (*), Division (/) und Vergleiche (<). Er wird verwendet wie hier gezeigt:

```
let a = 1234n            // bigint
const b = 5678n          // 5678n
var c = a + b            // bigint
let d = a < 1235         // boolean
let e = 88.5n            // Error TS1353: A bigint literal must be an integer.
let f: bigint = 100n     // bigint
let g: 100n = 100n       // 100n
let h: bigint = 100      // Error TS2322: Type '100' is not assignable
                         // to type 'bigint'.
```

Wie bei boolean und number gibt es vier Wege, einen bigint-Wert zu deklarieren. Überlassen Sie es nach Möglichkeit TypeScript, den Typ eines bigint-Werts abzuleiten.

Beim Schreiben dieses Buchs wurde `bigint` noch nicht von allen JavaScript-Engines nativ unterstützt. Wenn Ihre Applikation `bigint` benötigt, sollten Sie auf jeden Fall überprüfen, ob es von Ihrer Zielplattform wirklich unterstützt wird.

string (String, Zeichenkette)

`string` steht für alle Strings (Zeichenketten) und das, was Sie damit anstellen können, wie das Verketten (concatenation, +), das Extrahieren von Teilbereichen (slicing, `.slice`) etc. Auch hierzu ein paar Beispiele:

```
let a = 'hello'              // string
var b = 'billy'              // string
const c = '!'                // '!'
let d = a + ' ' + b + c      // string
let e: string = 'zoom'       // string
let f: 'john' = 'john'       // 'john'
let g: 'john' = 'zoe'        // Error TS2322: Type "zoe" is not assignable
                             // to type "john".
```

Wie bei `boolean` und `number` gibt es vier Wege, einen `string`-Typ zu deklarieren. Dabei sollten Sie es nach Möglichkeit TypeScript überlassen, den Typ für Sie abzuleiten.

symbol (Symbole)

`symbol` ist ein relativ neues Sprachmerkmal, das erst mit den neueren Sprachrevisionen (ab ES2015) Teil von JavaScript wurde. Symbole kommen in der Praxis eher selten vor. Sie können alternativ zu stringbasierten Schlüsseln in Objekten und Maps verwendet werden. Das kann sinnvoll sein, wenn Sie sicherstellen möchten, dass Anwender den richtigen und bekannten Schlüssel verwenden und diesen nicht aus Versehen verändern. Das kann beispielsweise der Fall sein, wenn Sie einen Standard-Iterator für ein Objekt (`Symbol.iterator`) festlegen oder zur Laufzeit überschreiben, ob ihr Objekt eine Instanz von etwas (`Symbol.hasInstance`) ist.

Symbole haben den Typ `symbol`. Es kann allerdings nicht besonders viel damit gemacht werden:

```
let a = Symbol('a')            // symbol
let b: symbol = Symbol('b')    // symbol
var c = a === b                // boolean
let d = a + 'x'                // Error TS2469: The '+' operator cannot be applied
                               // to type 'symbol'.
```

Verwenden Sie `Symbol('a')` in JavaScript, wird ein neues `symbol` mit dem angegebenen Namen erzeugt. Dieses `symbol` ist einmalig und kann nicht mit anderen Symbolen gleich sein (bei Vergleichen mit `==` oder `===`) – selbst dann nicht, wenn Sie ein zweites Symbol mit exakt dem gleichen Namen erzeugen! Auf ähnliche Weise, wie Zahlen je nach Definition unterschiedlich abgeleitet werden (mit `let` definiert hat

27 den Typ number, mit const definiert hat sie auch den Typ number, aber *mit einem ganz bestimmten Wert*), können auch Symbole per unique symbol explizit typisiert werden: :

```
const e = Symbol('e')                    // typeof e
const f: unique symbol = Symbol('f') // typeof f
let g: unique symbol = Symbol('f')   // Error TS1332: A variable whose type is a
                                     // 'unique symbol' type must be 'const'.
let h = e === e               // boolean
let i = e === f               // Error TS2367: This condition will always return
                              // 'false' since the types 'unique symbol' and
                              // 'unique symbol' have no overlap.
```

Dieses Beispiel zeigt verschiedene Methoden, einmalige Symbole zu erzeugen:

1. Wenn Sie ein neues symbol deklarieren und es einer neuen const-Variablen zuweisen (keine let- oder var-Variable), so leitet TypeScript den Typ als unique symbol ab. Im Codeeditor wird es allerdings als typeof *ihrVariablenName* anstelle von unique symbol angezeigt.
2. Sie können den Typ einer const-Variablen explizit als unique symbol annotieren.
3. Ein unique symbol ist immer mit sich selbst identisch.
4. TypeScript weiß bei der Kompilierung, dass ein unique symbol niemals mit einem anderen unique symbol gleich sein kann.

Stellen Sie sich ein unique symbol wie andere literale Typen vor, z. B. 1, true oder "literal". Hiermit können Sie einen Typ erstellen, der für ein ganz bestimmtes symbol steht.

Objekte

Die Objekttypen in TypeScript geben die Form von Objekten an. Dabei wird nicht zwischen einfachen Objekten (die beispielsweise per {} erstellt werden) und komplizierteren (die etwa per new Blah erstellt werden) unterschieden. Das ist Absicht: JavaScript ist im Allgemeinen *strukturell typisiert*. Daher bevorzugt auch TypeScript diesen Programmierstil gegenüber einem *nominell typisierten* Stil.

Strukturelle Typisierung

Ein Programmierstil, bei dem nur darauf geachtet wird, dass ein Objekt bestimmte Eigenschaften hat, und nicht, wie sein Name lautet (nominelle Typisierung). Wird in anderen Sprachen auch als *Duck Typing* bezeichnet (oder eine Sache nicht nur anhand der Äußerlichkeiten beurteilen).

In TypeScript gibt es verschiedene Wege, Objekte mit Typen zu beschreiben. Der erste ist die Deklaration eines Werts als object:

```
let a: object = {
  b: 'x'
}
```

Was passiert beim Zugriff auf b?

```
a.b  // Error TS2339: Property 'b' does not exist on type 'object'.
```

Und wofür soll das gut sein? Warum sollten wir etwas als object typisieren, wenn wir gar nichts damit anfangen können?

Großartiger Einwand. Tatsächlich ist object nur ein wenig enger gefasst als any. object sagt wenig über den Wert aus, den es beschreibt – außer dass es sich um ein JavaScript-Objekt handelt (das nicht null ist).

Was passiert, wenn wir die explizite Annotation weglassen und TypeScript die Arbeit tun lassen?

```
let a = {
  b: 'x'
}            // {b: string}
a.b          // string

let b = {
  c: {
    d: 'f'
  }
}            // {c: {d: string}}
```

Wir haben soeben eine zweite Möglichkeit gefunden, ein Objekt zu typisieren: die objektliterale Syntax (nicht zu verwechseln mit Typliteralen). Sie können die Form des Objekts entweder von TypeScript ableiten lassen oder sie innerhalb der geschweiften Klammern ({}) explizit beschreiben:

```
let a: {b: number} = {
  b: 12
}            // {b: number}
```

Typableitung (Inferenz) bei der Deklaration von Objekten mit const

Was passiert, wenn wir das Objekt stattdessen mit const deklarieren?

```
const a: {b: number} = {
  b: 12
}            // Immer noch {b: number}
```

Es überrascht Sie vermutlich, dass TypeScript b als number erkennt und nicht als das Literal 12. Schließlich haben wir gelernt, dass die Verwendung von const oder let TypeScripts Typableitung beeinflusst, wenn wir etwas als number oder string deklarieren.

Im Gegensatz zu den bisherigen primitiven Typen wie `boolean`, `number`, `bigint`, `string` und `symbol` weist die Deklaration eines Objekts mit `const` TypeScript nicht an, dessen Typ enger abzuleiten. Das liegt daran, dass JavaScript-Objekte mutabel sind. TypeScript weiß nur, dass deren Felder nach seiner Erzeugung noch veränderbar sind.

Diesen Gedanken erforschen wir genauer (inklusive der Möglichkeit einer engeren Typableitung) in »Typerweiterung« auf Seite 124.

Die objektliterale Syntax sagt im Prinzip: »Hier ist ein Ding mit dieser Form.«. Dabei kann das »Ding« ein Objektliteral oder eine Klasse sein:

```
let c: {
  firstName: string
  lastName: string
} = {
  firstName: 'john',
  lastName: 'barrowman'
}

class Person {
  constructor(
    public firstName: string,   // public ist eine Abkürzung für
                                // this.firstName = firstName
    public lastName: string
  ) {}
}
c = new Person('matt', 'smith') // OK
```

`{firstName: string, lastName: string}` beschreibt die *Form* eines Objekts. Sowohl das Objektliteral wie auch die Klasseninstanz aus dem letzten Beispiel sind mit dieser Form kompatibel. Daher erlaubt TypeScript die Zuweisung von `Person` an `c`.

Sehen wir, was passiert, wenn wir weitere Eigenschaften hinzufügen oder erforderliche Eigenschaften weglassen:

```
let a: {b: number}

a = {}  // Error TS2741: Property 'b' is missing in type '{}'
        // but required in type '{b: number}'.

a = {
  b: 1,
  c: 2  // Error TS2322: Type '{b: number; c: number}' is not assignable
}       // to type '{b: number}'. Object literal may only specify known
        // properties, and 'c' does not exist in type '{b: number}'.
```

Definitive Zuweisung

Im ersten Beispiel haben wir eine Variable (a) deklariert und sie dann mit bestimmten Werten initialisiert ({} und {b: 1, c: 2}). Diese in JavaScript übliche Vorgehensweise wird auch von TypeScript unterstützt.

Wenn Sie eine Variable an einer Stelle deklarieren und erst später initialisieren, stellt TypeScript sicher, dass ihr bei ihrer Verwendung *auf jeden Fall* (definitiv) ein Wert zugewiesen ist:

```
let i: number
let j = i * 3  // Error TS2454: Variable 'i' is used
               // before being assigned.
```

Keine Sorge. TypeScript erzwingt das auch dann für Sie, wenn Sie keine explizite Typannotation verwenden:

```
let i
let j = i * 3  // Error TS2532: Object is possibly
               // 'undefined'.
```

Standardmäßig ist TypeScript bei den Objekteigenschaften ziemlich pingelig. Wenn Sie sagen, das Objekt solle eine Eigenschaft namens b vom Typ number haben, dann erwartet TypeScript tatsächlich b und nur b. Gibt es weitere Eigenschaften, wird TypeScript sich beschweren.

Können wir TypeScript denn mitteilen, dass etwas optional ist oder dass es vielleicht mehr Eigenschaften als geplant geben kann? Aber sicher:

```
let a: {
  b: number ❶
  c?: string ❷
  [key: number]: boolean ❸
}
```

❶ a besitzt eine Eigenschaft b des Typs number.

❷ a hat möglicherweise eine Eigenschaft c des Typs string. Wenn c einen Wert hat, ist dieser möglicherweise undefined.

❸ a kann eine beliebige Anzahl numerischer Eigenschaften vom Typ boolean haben.

Sehen wir einmal, welche Objekttypen wir a zuweisen können:

```
a = {b: 1}
a = {b: 1, c: undefined}
a = {b: 1, c: 'd'}
a = {b: 1, 10: true}
a = {b: 1, 10: true, 20: false}
a = {10: true}          // Error TS2741: Property 'b' is missing in type
                        // '{10: true}'.
a = {b: 1, 33: 'red'}   // Error TS2741: Type 'string' is not assignable
                        // to type 'boolean'.
```

Indexsignaturen

Die Schreibweise `[Schlüssel: T]: U` wird auch als *Indexsignatur* bezeichnet. Auf diese Weise teilen Sie TypeScript mit, dass ein Objekt weitere Schlüssel enthalten kann. Man könnte auch sagen: »Für dieses Objekt müssen alle Schlüssel des Typs `T` Werte vom Typ `U` haben.« Durch Indexsignaturen können Sie ein Objekt – zusätzlich zu den explizit deklarierten – auf sichere Weise um weitere Schlüssel erweitern.

Hierbei müssen Sie allerdings eine wichtige Regel beachten: Der Typ des Schlüssels der Indexsignatur (`T`) muss entweder `number` oder `string` zuweisbar sein.[2]

Für den Namen des Indexsignatur-Schlüssels können Sie ein beliebiges Wort verwenden – es muss also nicht unbedingt `"Schlüssel"` sein:

```
let airplaneSeatingAssignments: {
  [seatNumber: string]: string
} = {
  '34D': 'Boris Cherny',
  '34E': 'Bill Gates'
}
```

Bei der Deklaration von Objekttypen ist das Fragezeichen (für »optional«, `?`) nicht der einzige mögliche Modifier. Mithilfe von `readonly` können Sie Felder als schreibgeschützt kennzeichnen (d.h., der zugewiesene Startwert kann nicht verändert werden, so ähnlich wie `const` für Objekteigenschaften):

```
let user: {
  readonly firstName: string
} = {
  firstName: 'abby'
}

user.firstName // string
user.firstName =
  'abbey with an e' // Error TS2540: Cannot assign to 'firstName' because it
                    // is a read-only property.
```

Bei der objektliteralen Schreibweise gibt es einen Sonderfall: leere Objekttypen (`{}`). Jeder Typ – außer `null` und `undefined` – kann einem leeren Objekttyp zugewiesen werden, was die Verwendung etwas erschweren kann. Versuchen Sie daher, leere Objekttypen nach Möglichkeit zu vermeiden.

```
let danger: {}
danger = {}
danger = {x: 1}
danger = []
danger = 2
```

2 JavaScript-Objekte verwenden Strings als Schlüssel; Arrays sind besondere Objekte, die numerische Schlüssel verwenden.

Es gibt noch eine weitere Möglichkeit, etwas als Objekt zu typisieren: `Object`. Das ist fast das Gleiche wie `{}` und sollte ebenfalls möglichst vermieden werden.[3]

Hier noch einmal eine Zusammenfassung der vier Möglichkeiten, Objekte in TypeScript zu deklarieren:

1. Die objektliterale Schreibweise (wie `{a: string}`) wird auch als *Form* (shape) bezeichnet. Verwenden Sie diese Schreibweise, wenn Sie wissen, welche Felder Ihre Objekte haben könnten, oder wenn alle Werte Ihres Objekts den gleichen Typ haben.
2. Leere objektliterale Schreibweise (`{}`). Sollte möglichst vermieden werden.
3. Der Typ `object`. Das können Sie benutzen, wenn Sie einfach ein Objekt brauchen und es Ihnen egal ist, welche Felder es hat.
4. Der Typ `Object`. Sollte ebenfalls möglichst vermieden werden.

Verwenden Sie In Ihren TypeScript-Programmen möglichst die erste oder die dritte Option. Vermeiden Sie die zweite und vierte Form, wo es geht. Benutzen Sie einen Linter (z.B. TSLint (*https://palantir.github.io/tslint/*)), der Sie davor warnt; beschweren Sie sich in Codereviews darüber; drucken Sie ein Poster; verwenden Sie das bevorzugte Werkzeug Ihres Teams, um die Kollegen so weit wie möglich von Ihrer Codebasis fernzuhalten.

In Tabelle 3-1 finden Sie eine praktische Referenz für die Optionen 2–4 der vorigen Liste.

Tabelle 3-1: Ist der Wert ein gültiges Objekt?

Wert	`{}`	`object`	`Object`
`{}`	Ja	Ja	Ja
`['a']`	Ja	Ja	Ja
`function () {}`	Ja	Ja	Ja
`new String('a')`	Ja	Ja	Ja
`'a'`	Ja	**Nein**	Ja
`1`	Ja	**Nein**	Ja
`Symbol('a')`	Ja	**Nein**	Ja
`null`	**Nein**	**Nein**	**Nein**
`undefined`	**Nein**	**Nein**	**Nein**

3 Dabei gibt es nur einen kleinen technischen Unterschied: Mit `{}` können Sie beliebige Typen für die eingebauten Methoden des `Object`-Prototyps definieren, wie `.toString` und `.hasOwnProperty` (mehr Informationen zu Prototypen finden Sie im MDN (*https://mzl.la/2VSuDJz*)), während `Object` erzwingt, dass die von Ihnen deklarierten Typen denen des `Object`-Prototypen zuweisbar sind.

Dieser Code führt zum Beispiel einen Typecheck aus: `let a: {} = {toString() { return 3 }}`. Wenn Sie die Typannotation in `Object` ändern, beschwert sich TypeScript: `let b: Object = {toString() { return 3 }}` ergibt `Error TS2322: Type 'number' is not assignable to type 'string'`.

Kurze Unterbrechung: Typaliase, Vereinigungs- und Schnittmengen

Auf Ihrem Weg zu einem versierten TypeScript-Programmierer machen Sie große Fortschritte. Sie haben verschiedene Typen und ihre Funktionsweise kennengelernt, Sie kennen sich mit Konzepten der Typsysteme, Typen und Sicherheit aus. Jetzt ist es Zeit, etwas mehr in die Tiefe zu gehen.

Wie Sie wissen, können Sie an einem Wert bestimmte Operationen durchführen, je nachdem, welche ihr jeweiliger Typ erlaubt. Um zwei Zahlen zu addieren, können Sie + verwenden oder `.toUpperCase`, um einen String in Großbuchstaben umzuwandeln.

Aber auch an einem *Typ* können Sie verschiedene Operationen ausführen. Ich werde Ihnen jetzt einige Operationen auf Typebene vorstellen. Später im Buch kommen noch einige hinzu, aber die hier genannten kommen so häufig vor, dass ich sie so früh wie möglich einführen möchte.

Typaliase

Analog zur Verwendung von Variablendeklarationen (`let`, `const` und `var`), die auf einen Wert verweisen, können Sie ein Typalias verwenden, um auf einen bestimmten Typ zu verweisen. Das sieht zum Beispiel so aus:

```
type Age = number

type Person = {
  name: string
  age: Age
}
```

`Age` ist einfach eine Zahl (`number`). Das kann helfen, die Form einer `Person` besser zu verstehen. Aliase werden niemals von TypeScript abgeleitet. Sie müssen die Typisierung also explizit vornehmen:

```
let age: Age = 55

let driver: Person = {
  name: 'James May'
  age: age
}
```

Da `Age` nur ein Alias für `number` ist, kann es dem Typ `number` auch zugewiesen werden. Wir können den obigen Code also auch so schreiben:

```
let age = 55

let driver: Person = {
  name: 'James May'
  age: age
}
```

Wann immer Sie ein Typalias sehen, können Sie es durch den Typ, auf den es verweist, austauschen, ohne die Bedeutung Ihres Programms zu verändern.

Wie bei Variablendeklarationen in JavaScript (`let`, `const` und `var`) können Sie auch einen Typ nur einmal deklarieren:

```
type Color = 'red'
type Color = 'blue'  // Error TS2300: Duplicate identifier 'Color'.
```

Und wie `let` und `const` haben Typaliase einen blockbezogenen Geltungsbereich. Jeder Block und jede Funktion hat ihren eigenen Geltungsbereich. Dabei verdecken innere Alias-Deklarationen die äußeren:

```
type Color = 'red'

let x = Math.random() < .5

if (x) {
  type Color   = 'blue'  // dies verdeckt das oben deklarierte Color.
  let b: Color = 'blue'
} else {
  let c: Color = 'red'
}
```

Typaliase helfen, das DRY-Prinzip (»Don't Repeat Yourself«) umzusetzen und die Wiederholung komplexer Typen zu vermeiden.[4] Außerdem schaffen sie Klarheit über die Verwendung der Variablen (einige Menschen bevorzugen beschreibende Typnamen gegenüber beschreibenden Variablennamen!). Um zu entscheiden, ob Sie einen Typ mit einem Alias versehen sollten, können Sie die gleichen Überlegungen anstellen wie bei der Entscheidung, ob Sie einen Wert in einer eigenen Variablen speichern sollten.

Vereinigungs- und Schnittmengentypen

Angenommen, Sie haben zwei Dinge namens `A` und `B`, dann ist die *Vereinigungsmenge* dieser Dinge ihre Summe (alles in `A` *oder* `B` oder beidem). Die Schnittmenge ist, was beide gemeinsam haben (alles in `A` *und* `B`). Am einfachsten kann man sich das als Sets vorstellen. In Abbildung 3-2 stelle ich zwei Sets als Kreise dar. Links sehen Sie die Vereinigungsmenge oder *Summe* beider Sets, rechts sehen Sie ihre Schnittmenge oder ihr *Produkt*.

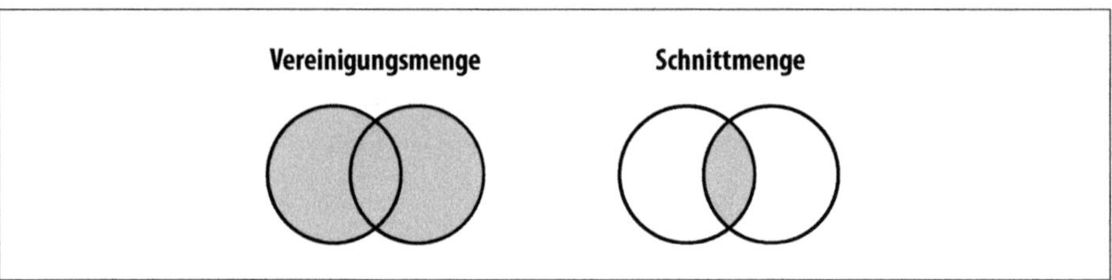

Abbildung 3-2: Vereinigungsmenge (&) und Schnittmenge (|)

4 Das Akronym DRY steht für »Don't Repeat Yourself« – »Wiederholen Sie sich nicht«. Man soll vermeiden, den gleichen Code mehrmals zu schreiben. Es wurde von Andrew Hunt und David Thomas in Ihrem Buch *The Pragmatic Programmer: From Journeyman to Master* (Addison-Wesley) eingeführt.

In TypeScript gibt es spezielle Typoperatoren, um die Vereinigungs- und Schnittmengen von Typen zu beschreiben: | für Vereinigungsmengen und & für Schnittmengen. Da Typen große Ähnlichkeit mit Sets haben, können wir sie uns auf die gleiche Weise vorstellen:

```
type Cat = {name: string, purrs: boolean}
type Dog = {name: string, barks: boolean, wags: boolean}
type CatOrDogOrBoth = Cat | Dog
type CatAndDog = Cat & Dog
```

Was wissen wir über ein Ding, das den Typ `CatOrDogOrBoth` (KatzeOderHundOderBeides) hat? Sie wissen, dass es eine `name`-Eigenschaft besitzt, die ein String ist – mehr aber auch nicht. Und was können Sie einem `CatOrDogOrBoth` zuweisen? Genau, eine Katze (`Cat`), einen Hund (`Dog`) oder beides:

```
// Katze (Cat)
let a: CatOrDogOrBoth = {
  name: 'Bonkers',
  purrs: true
}

// Hund (Dog)
a = {
  name: 'Domino',
  barks: true,
  wags: true
}

// Beides (Both)
a = {
  name: 'Donkers',
  barks: true,
  purrs: true,
  wags: true
}
```

Das kann man ruhig noch einmal sagen: Ein Wert mit einem Vereinigungs-Typ (`|`) ist nicht unbedingt ein bestimmtes Element Ihrer Vereinigungsmenge. Tatsächlich kann er beide Elemente auf einmal sein![5]

Was wissen wir dagegen über `CatAndDog` (KatzeUndHund)? Dieses canino-feline Superhaustier hat nicht nur einen Namen (`name`), es kann auch schnurren (`purr`), bellen (`bark`) und mit dem Schwanz wedeln (`wag`).

```
let b: CatAndDog = {
  name: 'Domino',
  barks: true,
  purrs: true,
  wags: true
}
```

5 Springen Sie zum Abschnitt »Unterscheidung von Vereinigungstypen« auf Seite 130, um zu lernen, wie Sie TypeScript mitteilen können, dass Ihre Vereinigungsmenge entkoppelt (disjoint) ist und der Typ der Vereinigungsmenge entweder der eine oder der andere, aber nicht beides sein kann.

Vereinigungs-Typen können deutlich mehr als Schnittmengen-Typen. Nehmen Sie beispielsweise diese Funktion:

```
function trueOrNull(isTrue: boolean) {
  if (isTrue) {
    return 'true'
  }
  return null
}
```

Welchen Typ hat der Rückgabewert? Es könnte ein `string` sein oder auch `null`. Wir können den Rückgabetyp folgendermaßen ausdrücken:

```
type Returns = string | null
```

Oder wie wäre es hiermit?

```
function(a: string, b: number) {
  return a || b
}
```

Ist a »truthy« (subjektiv wahr), so ist der Rückgabetyp `string`, ansonsten `number`. Anders gesagt: `string | number`.

Der letzte Ort, an dem Vereinigungstypen natürlicherweise auftreten, sind Arrays (besonders die heterogene Variante), um die es im folgenden Abschnitt geht.

Arrays

Wie in JavaScript sind die Arrays auch in TypeScript als bestimmte Objekte definiert, die beispielsweise Verkettung (concatenation, +), Hinzufügen (`push`), Durchsuchen (`find`) und das Extrahieren von Teilbereichen (`slice`) unterstützen. Zeit für ein paar Beispiele:

```
let a = [1, 2, 3]           // number[]
var b = ['a', 'b']          // string[]
let c: string[] = ['a']     // string[]
let d = [1, 'a']            // (string | number)[]
const e = [2, 'b']          // (string | number)[]

let f = ['red']
f.push('blue')
f.push(true)                // Error TS2345: Argument of type 'true' is not
                            // assignable to parameter of type 'string'.

let g = []                  // any[]
g.push(1)                   // number[]
g.push('red')               // (string | number)[]

let h: number[] = []        // number[]
h.push(1)                   // number[]
h.push('red')               // Error TS2345: Argument of type '"red"' is not
                            // assignable to parameter of type 'number'.
```

TypeScript unterstützt zwei Schreibweisen für Arrays: `T[]` und `Array<T>`. Sie sind in Bedeutung und Performance gleich. Um dieses Buch kurz zu halten, benutzen wir hier nur die `T[]`-Schreibweise. Sie sollten die Syntax verwenden, die für Ihren Programmierstil am besten passt.

Vermutlich ist Ihnen beim Lesen der Beispiele aufgefallen, dass alles außer `c` und `h` implizit typisiert ist. Und vielleicht haben Sie auch gemerkt, dass es in TypeScript Regeln gibt, die festlegen, was in einem Array gespeichert werden kann und was nicht.

Die allgemeine Regel lautet, dass Sie Arrays *homogen* halten sollten. Mischen Sie keine Äpfel mit Birnen und Zahlen im gleichen Array. Versuchen Sie, Ihre Programme so zu schreiben, dass alle Elemente im Array den gleichen Typ haben. Ansonsten ist der Aufwand deutlich größer, um TypeScript zu beweisen, dass das, was Sie tun, wirklich sicher ist.

Um zu sehen, warum homogene Arrays sich leichter handhaben lassen, sehen Sie sich das Beispiel `f` an. Hier habe ich ein Array mit dem String `'red'` initialisiert. (Bei der Deklaration enthielt das Array nur Strings. Daher geht TypeScript davon aus, dass es sich um ein Array mit `string`s handeln muss.) Danach habe ich per `push` den String `'blue'` hinzugefügt. `'blue'` ist ein String, also lässt TypeScript ihn passieren. Dann habe ich versucht, den booleschen Wert `true` hinzuzufügen. Das hat nicht funktioniert, weil `f` ein Array mit `string`s ist und `true` nun einmal kein String ist.

Bei der Initialisierung von `d` habe ich dagegen Werte vom Typ `number` und `string` verwendet. TypeScript leitet also ab, dass es sich um ein Array vom Typ `number | string` handeln muss. Da jedes Element entweder eine Zahl oder ein String sein muss, müssen Sie vor der Verwendung überprüfen, welchen Typ der aktuelle Wert gerade hat. Im folgenden Beispiel iterieren wir per `map` über das Array. Dabei sollen alle Strings in Großbuchstaben umgewandelt und alle Zahlen verdreifacht werden:

```
let d = [1, 'a']

d.map(_ => {
  if (typeof _ === 'number') {
    return _ * 3
  }
  return _.toUpperCase()
})
```

Bevor Sie eine Operation ausführen können, müssen Sie für jedes Element per `typeof` herauszufinden, ob der Typ `number` oder `string` ist.

Wie bei Objekten bewirkt die Erstellung von Arrays mit `const` für TypeScript keine engere Typableitung. Daher leitet TypeScript die Typen beider Arrays (`d` und `e`) als `number|string` ab.

`g` ist ein Sonderfall: Wenn Sie ein leeres Array initialisieren, weiß TypeScript nicht, welchen Typ die enthaltenen Elemente haben sollen, und leitet sie als `any` ab. Wenn

Sie das Array verändern, z.B. indem Sie Elemente hinzufügen, beginnt TypeScript, den Typ zu erkennen. Sobald das Array den Geltungsbereich seiner Definition verlässt (etwa wenn Sie das Array in einer Funktion definieren und es dann zurückgeben), weist TypeScript ihm seinen finalen Typ zu, der danach nicht mehr erweitert werden kann.

```
function buildArray() {
  let a = []                  // any[]
  a.push(1)                   // number[]
  a.push('x')                 // (string | number)[]
  return a
}

let myArray = buildArray()  // (string | number)[]
myArray.push(true)          // Error 2345: Argument of type 'true' is not
                            // assignable to parameter of type 'string | number'.
```

Da die Verwendungsmöglichkeiten von any recht beschränkt sind, sollten Sie sich darüber aber nicht zu viele Sorgen machen.

Tupel

Tupel sind Subtypen von array. Sie sind eine Sonderform der Typisierung von Arrays, da sie eine feste Länge besitzen, bei der die Werte an jedem Index spezifische und bekannte Typen haben. Im Gegensatz zu den meisten anderen Typen müssen Tupel bei ihrer Deklaration explizit typisiert werden. Der Grund ist, dass die JavaScript-Syntax für Tupel und Arrays gleich ist (beide verwenden eckige Klammern) und TypeScript bereits Regeln besitzt, mit denen Array-Typen aus eckigen Klammern abgeleitet werden können:

```
let a: [number] = [1]

// Ein Tupel aus: [vorname, nachname, geburtsjahr]
let b: [string, string, number] = ['malcolm', 'gladwell', 1963]

b = ['queen', 'elizabeth', 'ii', 1926]  // Error TS2322: Type 'string' is not
                                        // assignable to type 'number'.
```

Tupel unterstützen auch optionale Elemente. Wie bei den Objekttypen steht ? für »optional«:

```
// Ein Array mit Fahrkartenpreisen, die nach Strecke unterschiedlich sind.
let trainFares: [number, number?][] = [
  [3.75],
  [8.25, 7.70],
  [10.50]
]

// Oder auch:
let moreTrainFares: ([number] | [number, number])[] = [
  // ...
]
```

Tupel unterstützen auch Restelemente, die Sie verwenden können, um Tupel mit minimalen Längen zu typisieren:

```
// Eine Liste mit Strings,
// die mindestens ein Element enthalten muss:
let friends: [string, ...string[]] = ['Sara', 'Tali', 'Chloe', 'Claire']

// Eine heterogene Liste:
let list: [number, boolean, ...string[]] = [1, false, 'a', 'b', 'c']
```

Tupel können nicht nur heterogene Listen auf sichere Weise codieren, sondern auch die Länge der durch sie typisierten Liste festhalten. Diese Möglichkeiten bieten deutlich mehr Sicherheit als einfache Arrays. Verwenden Sie sie oft.

Immutable (schreibgeschützte) Arrays und Tupel

Üblicherweise sind Arrays meist mutabel (d.h., Sie können beispielsweise `.push` oder `.splice` darauf anwenden und sie direkt aktualisieren). Manchmal benötigen Sie aber ein schreibgeschütztes (immutables) Array. Hierfür können Sie das Original-Array verändern, indem Sie daraus ein neues Array erzeugen, während das Original unverändert bleibt.

Für die Erstellung immutabler Arrays gibt es in TypeScript standardmäßig einen mit `readonly` gekennzeichneten Arraytyp. Schreibgeschützte Arrays verhalten sich wie normale Arrays – nur können sie nicht direkt aktualisiert werden. Um ein immutables Array zu erstellen, wird eine explizite Typannotation gebraucht. Um es zu verändern, müssen Sie anstelle von `.push` und `.splice` Methoden verwenden, die keine Änderungen am Original ausführen, wie `.concat` und `.slice`.

```
let as: readonly number[] = [1, 2, 3]     // number[] (Nur Lesen)
let bs: readonly number[] = as.concat(4)  // number[] (Nur Lesen)
let three = bs[2]                         // number
as[4] = 5              // Error TS2542: Index signature in type
                       // 'readonly number[]' only permits reading.
as.push(6)             // Error TS2339: Property 'push' does not
                       // exist on type 'readonly number[]'.
```

Wie `Array` verfügt TypeScript über verschiedene ausführlichere Schreibweisen, um immutable Arrays und Tupel zu deklarieren:

```
type A = readonly string[]           // string[] (schreibgeschützt)
type B = ReadonlyArray<string>       // string[] (schreibgeschützt)
type C = Readonly<string[]>          // string[] (schreibgeschützt)

type D = readonly [number, string]   // [number, string] (schreibgeschützt)
type E = Readonly<[number, string]>  // [number, string] (schreibgeschützt)
```

Welche Syntax Sie benutzen – das kürzere `readonly` oder eine der längeren Formen per `Readonly` oder `ReadonlyArray` –, ist letztlich eine Frage des persönlichen Geschmacks.

Auch wenn immutable Arrays Ihren Code in manchen Fällen besser nachvollziehbar machen, indem die Mutabilität vermieden wird, basieren sie auch weiterhin auf einfachen JavaScript-Arrays. Selbst für kleine Aktualisierungen eines Arrays muss also zunächst eine Kopie angelegt werden. Wenn Sie nicht aufpassen, kann das zu Leistungseinbußen während der Laufzeit führen. Bei kleinen Arrays ist dies kaum wahrnehmbar. Sobald die Arrays größer werden, kann dieser Overhead starke Auswirkungen haben.

Wenn Sie immutable Arrays häufiger einsetzen wollen, sollten Sie möglicherweise auf eine effizientere Implementierung zurückgreifen, z.B. Lee Byrons ausgezeichnetes `immutable` (*https://www.npmjs.com/package/immutable*).

null, undefined, void und never

In JavaScript gibt es zwei Werte, mit denen das Fehlen von etwas ausdrückt werden kann: `null` und `undefined`. TypeScript unterstützt beide Werte und stellt hierfür eigene Typen zur Verfügung. Wie heißen die wohl? Richtig: ebenfalls `null` und `undefined`.

Beide sind in TypeScript spezielle Typen, denn nur der Wert `undefined` kann auch den Typ `undefined` haben, und nur der Wert `null` kann den Typ `null` haben.

JavaScript-Programmierer benutzen beide Werte meist analog zueinander. Dabei gibt es subtile semantische Unterschiede: `undefined` bedeutet, dass etwas *noch nicht definiert* wurde, während `null` bedeutet, dass *ein Wert fehlt* (z.B. wenn Sie versuchen, einen Wert zu berechnen, dabei aber ein Fehler auftrat). Dies sind nur Konventionen, und TypeScript zwingt Sie nicht, sich daran zu halten. Dennoch kann es nützlich sein, den Unterschied zu kennen.

Zusätzlich zu `null` und `undefined` gibt es in TypeScript außerdem die Typen `void` und `never`. Sie sind sehr spezifisch und sollen noch feiner zwischen nicht existierenden Dingen unterscheiden: `void` ist der Rückgabetyp einer Funktion, die nicht explizit etwas zurückgibt (wie `console.log`), während der Typ `never` der Rückgabetyp einer Funktion ist, die gar nichts zurückgibt (etwa eine Funktion, die eine Ausnahme auslöst oder eine Endlosschleife enthält):

```
// (a) Eine Funktion, die eine Zahl oder null zurückgibt:
function a(x: number) {
  if (x < 10) {
    return x
  }
  return null
}

// (b) Eine Funktion, die undefined zurückgibt:
function b() {
  return undefined
}

// (c) Eine Funktion, die void zurückgibt:
function c() {
```

```
    let a = 2 + 2
    let b = a * a
  }

  // (d) Eine Funktion, die nie "zurückkehrt":
  function d() {
    throw TypeError('I always error')
  }

  // (e) Noch eine Funktion, die nie "zurückkehrt":
  function e() {
    while (true) {
      doSomething()
    }
  }
```

(a) und (b) geben explizit `null` bzw. `undefined` zurück. (c) gibt `undefined` zurück, allerdings ohne eine explizite `return`-Anweisung. (d) löst eine Ausnahme aus, und (e) enthält eine Endlosschleife. Daher haben (d) und (e) den Rückgabetyp `never`.

Wenn `unknown` der Supertyp aller anderen Typen ist, dann ist `never` der Subtyp aller anderen Typen. Wir sprechen hier auch vom sogenannten *bottom type*. Das heißt, er kann jedem anderen Typ zugewiesen werden. Ein Wert des Typs `never` kann überall sicher benutzt werden. Das hat zwar fast nur theoretische Bedeutung[6], kann aber nützlich sein, wenn Sie mit anderen Computersprachen-Nerds über TypeScript sprechen.

Tabelle 3-2 enthält eine Zusammenfassung der Typen, die das Fehlen von etwas bedeuten, und ihrer Verwendung.

Tabelle 3-2: Typen, die das Fehlen von etwas bezeichnen

Typ	Bedeutung
`null`	Fehlen eines Werts
`undefined`	Variable, der noch kein Wert zugewiesen wurde
`void`	Funktion ohne `return`-Anweisung
`never`	Funktion, die nie zurückkehrt

Strikte Überprüfung auf Nullwerte

In älteren TypeScript-Versionen (oder wenn die TSC-Option `strictNullChecks` auf `false` eingestellt ist) verhält sich `null` ein wenig anders: Hier ist `null` ein Subtyp aller Typen außer `never`. Das heißt, jeder Typ ist nullwertfähig und Sie können keinem Typ einfach so vertrauen, ohne zuerst zu testen, ob er `null` ist oder nicht. Angenom-

6 Den *bottom type* kann man sich als Typ ohne Werte vorstellen. Ein bottom type entspricht einer mathematischen Aussage, die immer falsch ist.

men, jemand übergibt die Variable `pizza` an ihre Funktion und Sie wollen daran die Methode `.addAnchovies` aufrufen. Dann müssen Sie zuerst überprüfen, ob `pizza` eventuell `null` ist, bevor Sie sie mit leckeren kleinen Fischen belegen. In der Praxis kann diese Überprüfung jeder einzelnen Variablen ziemlich mühsam sein und wird daher oft »vergessen«. Wenn dann tatsächlich etwas `null` ist, wird zur Laufzeit die äußerst unangenehme *Null Pointer Exception* ausgelöst:

```
function addDeliciousFish(pizza: Pizza) {
  return pizza.addAnchovies() // Uncaught TypeError: Cannot read
}                             // property 'addAnchovies' of null

// TypeScript lets this fly with strictNullChecks = false
addDeliciousFish(null)
```

Der Mensch, der `null` in den 1960er-Jahren eingeführt hat, nannte ihn den »Milliarden-Dollar-Fehler« (*http://bit.ly/2WEdZNO*). Das Problem mit `null` besteht darin, dass die Typsysteme der meisten Sprachen ihn nicht ausdrücken oder darauf testen können. Versucht ein Programmierer also, mit einer Variablen zu arbeiten, die er für definiert hält, die aber zur Laufzeit `null` ist, löst der Code einen Laufzeitfehler aus!

Fragen Sie mich nicht, warum das so ist. Ich schreibe bloß dieses Buch. Aber die Sprachen kommen langsam darauf, `null` in ihren Typsystemen zu codieren, und TypeScript ist ein Beispiel dafür, wie es richtig gemacht wird. Wenn Sie möglichst viele Bugs schon bei der Kompilierung finden wollen (also bevor der Benutzer sie sieht), dann ist die Überprüfung auf `null` in einem Typsystem unverzichtbar.

Enums

Enums bieten die Möglichkeit, die möglichen Werte eines Typs *aufzuzählen*. Dabei handelt es sich um eine ungeordnete Datenstruktur, die Schlüssel auf Werte abbildet. Sie können sich das vorstellen wie Objekte, deren Schlüssel bei der Kompilierung feststehen. Dadurch kann TypeScript überprüfen, ob ein bestimmter Schlüssel tatsächlich existiert, wenn Sie darauf zugreifen.

Es gibt zwei Arten von Enums: Enums, die Strings auf Strings abbilden, und Enums, die Strings auf Zahlen abbilden. Sie sehen aus wie folgt:

```
enum Language {
  English,
  Spanish,
  Russian
}
```

Per Konvention wird der erste Buchstabe eines Enum-Namens großgeschrieben und steht im Singular. Enum-Schlüssel beginnen ebenfalls mit einem Großbuchstaben.

Sind die Werte der einzelnen Member eines Enums Zahlen, so leitet TypeScript diese automatisch als `number` ab. Die implizite Ableitung im vorigen Beispiel können Sie aber auch, wie im folgenden Beispiel gezeigt, explizit angeben:

```
enum Language {
  English = 0,
  Spanish = 1,
  Russian = 2
}
```

Um einen Wert aus einem Enum auszulesen, können Sie entweder per Punkt-Schreibweise oder über die Verwendung eckiger Klammern darauf zugreifen, so, als würden Sie einen Wert aus einem normalen Objekt auslesen:

```
let myFirstLanguage = Language.Russian      // Language
let mySecondLanguage = Language['English']  // Language
```

Sie können ein Enum auf mehrere Deklarationen verteilen, die TypeScript automatisch für Sie zusammenfügt (mehr hierzu finden Sie unter »Deklarationsverschmelzung (declaration merging)« auf Seite 229). Beachten Sie: Wenn Sie mehrere Enum-Deklarationen verwenden, kann TypeScript nur die Werte für eine dieser Deklarationen ableiten. Daher ist es sinnvoll, jedem Enum-Member einen Wert zuzuweisen:

```
enum Language {
  English = 0,
  Spanish = 1
}

enum Language {
  Russian = 2
}
```

Sie können auch berechnete Werte verwenden, ohne sie alle definieren zu müssen (TypeScript tut sein Bestes, um die fehlenden Dinge abzuleiten):

```
enum Language {
  English = 100,
  Spanish = 200 + 300,
  Russian                 // TypeScript leitet 501 ab (die nächste Zahl nach 500)
}
```

Sie können für Enums auch String-Werte verwenden oder sogar String- und Zahlenwerte miteinander mischen:

```
enum Color {
  Red = '#c10000',
  Blue = '#007ac1',
  Pink = 0xc10050,        // Ein hexadezimales Literal
  White = 255             // Ein dezimales Literal
}

let red = Color.Red       // Color
let pink = Color.Pink     // Color
```

In TypeScript können Sie sowohl über den Schlüssel wie auch anhand des Werts auf Enums zugreifen. Allerdings wird das schnell unsicher:

```
let a = Color.Red          // Color
let b = Color.Green        // Error TS2339: Property 'Green' does not exist
                           // on type 'typeof Color'.
let c = Color[0]           // string
let d = Color[6]           // string (!!!)
```

Eigentlich sollte es nicht möglich sein, auf `Color[6]` zuzugreifen, aber TypeScript hält Sie nicht davon ab! Wir können TypeScript anweisen, diese Art unsicherer Zugriffe zu verhindern, indem wir eine sichere Untermenge von `enum` verwenden: `const enum`. Das `Language`-Enum von vorhin sähe dann so aus:

```
const enum Language {
  English,
  Spanish,
  Russian
}

// Zugriff auf einen gültigen Enum-Schlüssel:
let a = Language.English  // Language

// Zugriff auf einen ungültigen Enum-Schlüssel:
let b = Language.Tagalog  // Error TS2339: Property 'Tagalog' does not exist
                          // on type 'typeof Language'.

// Zugriff auf einen gültigen Enum-Schlüssel:
let c = Language[0]       // Error TS2476: A const enum member can only be
                          // accessed using a string literal.

// Zugriff auf einen ungültigen Enum-Schlüssel:
let d = Language[6]       // Error TS2476: A const enum member can only be
                          // accessed using a string literal.
```

Bei der Verwendung von `const enum` ist der Zugriff über den Wert nicht möglich, und das Enum verhält sich fast wie ein reguläres JavaScript-Objekt. Standardmäßig wird auch kein JavaScript-Code erzeugt. Stattdessen wird der Wert des Enums an den Stellen eingefügt, wo er gebraucht wird (d.h., TypeScript ersetzt jedes Vorkommen von `Language.Spanish` mit dessen Wert `1`).

TSC-Flag: preserveConstEnums

Das Einbetten von `const enum` kann zu Sicherheitsproblemen führen, wenn Sie ein `const enum` aus Fremdcode importieren: Aktualisiert der Autor des Enums seinen TypeScript-Code, kann es passieren, dass Ihre Version und die des anderen Autors zur Laufzeit auf verschiedene Werte zeigen, und das macht TypeScript auch nicht schlauer.

Daher sollten Sie bei der Verwendung von `const enum` vorsichtig sein und ihre Einbettung auf TypeScript-Programme unter Ihrer Kontrolle beschränken. Vermeiden Sie die Verwendung in Programmen, die über NPM veröffentlicht oder anderen als Bibliothek zugänglich gemacht werden.

Um die Codeerzeugung zur Laufzeit für `const enum` zu aktivieren, müssen Sie den Wert der TSC-Einstellung `preserveConstEnums` in Ihrer *tsconfig.json*-Datei auf `true` setzen:

```
{
  "compilerOptions": {
    "preserveConstEnums": true
  }
}
```

Hier noch ein Beispiel für die Verwendung von `const enum`:

```
const enum Flippable {
  Burger,
  Chair,
  Cup,
  Skateboard,
  Table
}

function flip(f: Flippable) {
  return 'flipped it'
}

flip(Flippable.Chair)     // 'flipped it'
flip(Flippable.Cup)       // 'flipped it'
flip(12)                  // 'flipped it' (!!!)
```

Alles klappt wunderbar. Das Umdrehen (engl. *to flip*) von Stühlen (`Chairs`) und Tassen (`Cups`) funktioniert wie erwartet – bis Sie feststellen, dass alle Zahlen auch Enums zugewiesen werden können! Dieses Verhalten ist eine unglückliche Folge von TypeScripts Zuweisungsregeln (mehr dazu in Kapitel 6). Um das Problem zu lösen, müssen Sie besonders darauf achten, die Werte auf Strings zu beschränken:

```
const enum Flippable {
  Burger = 'Burger',
  Chair = 'Chair',
  Cup = 'Cup',
  Skateboard = 'Skateboard',
  Table = 'Table'
}

function flip(f: Flippable) {
  return 'flipped it'
}

flip(Flippable.Chair)     // 'flipped it'
flip(Flippable.Cup)       // 'flipped it'
flip(12)                  // Error TS2345: Argument of type '12' is not
                          // assignable to parameter of type 'Flippable'.
flip('Hat')               // Error TS2345: Argument of type '"Hat"' is not
                          // assignable to parameter of type 'Flippable'.
```

Schon ein mieser kleiner numerischer Wert kann Ihr gesamtes Enum unsicher machen.

Da es so viele Fallstricke bei der sicheren Verwendung von Enums gibt, rate ich von ihrer Verwendung ab. Es gibt zahlreiche bessere Möglichkeiten, sich in TypeScript auszudrücken.

Falls trotzdem ein Mitarbeiter auf die Verwendung von Enums besteht und Sie dessen Meinung absolut nicht ändern können, hilft es, heimlich ein paar TSLint-Regeln zu erstellen, die Sie vor nichtnumerischen Werten und Enums ohne `const` warnen.

Zusammenfassung

Einfach gesagt, besitzt TypeScript eine Reihe eingebauter Typen. TypeScript kann Typen für Sie anhand ihrer Werte ableiten (Inferenz), oder Sie können Ihre Werte explizit typisieren. Durch die Verwendung von `const` können spezifischere Typen abgeleitet werden. Bei `let` und `var` ist die Ableitung allgemeiner. Die meisten Typen haben allgemeinere und spezifischere Gegenstücke, wobei letztere Subtypen der ersteren sind (siehe Tabelle 3-3).

Tabelle 3-3: Typen und ihre spezifischeren Subtypen

Typ	Subtyp
`boolean`	boolesches Literal
`bigint`	BigInt-Literal
`number`	literale Zahl
`string`	literaler String
`symbol`	`unique symbol`
`object`	Objektliteral
Array	Tuple
`enum`	`const enum`

Übungen

1. Welchen Typ leitet TypeScript für diese Werte ab?
   a. `let a = 1042`
   b. `let b = 'apples and oranges'`
   c. `const c = 'pineapples'`
   d. `let d = [true, true, false]`
   e. `let e = {type: 'ficus'}`
   f. `let f = [1, false]`
   g. `const g = [3]`

h. `let h = null` (probieren Sie diese Aufgabe in Ihrem Codeeditor aus. Wenn Sie das Ergebnis überrascht, werfen Sie einen Blick auf »Typerweiterung« auf Seite 124!)

2. Warum werden hier die gezeigten Fehler ausgelöst?

   a.

   ```
   let i: 3 = 3
   i = 4 // Error TS2322: Type '4' is not assignable to type '3'.
   ```

   b.

   ```
   let j = [1, 2, 3]
   j.push(4)
   j.push('5') // Error TS2345: Argument of type '"5"' is not
               // assignable to parameter of type 'number'.
   ```

   c.

   ```
   let k: never = 4 // Error TSTS2322: Type '4' is not assignable
                    // to type 'never'.
   ```

   d.

   ```
   let l: unknown = 4
   let m = l * 2 // Error TS2571: Object is of type 'unknown'.
   ```

KAPITEL 4

Funktionen

Im vorigen Kapitel haben wir die Grundlagen von TypeScripts Typsystem behandelt: primitive Typen, Arrays, Tupel und Enums sowie die Grundlagen von TypeScripts Typableitung (Inferenz) und die Funktionsweise der Typzuweisbarkeit. (Details hierzu finden Sie in Kapitel 6). Jetzt sind Sie bereit für TypeScripts pièce de résistance (oder raison d'être, wenn Sie die funktionale Programmierung bevorzugen): Funktionen. In diesem Kapitel geht es unter anderem um:

- die verschiedenen Möglichkeiten, Funktionen in TypeScript zu deklarieren und aufzurufen,
- das Überladen von Signaturen,
- polymorphe Funktionen und
- polymorphe Typaliase.

Funktionen deklarieren und aufrufen

In JavaScript sind Funktionen Objekte erster Klasse. Das heißt, Sie können Funktionen wie normale Objekte benutzen: Sie können ihnen Variablen zuweisen, sie an andere Funktionen übergeben, sie aus Funktionen zurückgeben, sie Objekten und Prototypen zuweisen, sie mit Eigenschaften versehen und diese wieder auslesen etc. In JavaScript sind Funktionen sehr vielseitig, und TypeScript bildet das alles mit seinem umfangreichen Typsystem ab.

Hier sehen Sie, wie eine Funktion in TypeScript aussieht (das sollte Ihnen aus dem vorigen Kapitel bekannt vorkommen):

```
function add(a: number, b: number) {
  return a + b
}
```

Üblicherweise werden Funktionsparameter (hier `a` und `b`) explizit annotiert. Zwar wird TypeScript die Typen im Funktionskörper immer ableiten, das gilt normalerweise aber nicht für die Parameter (abgesehen von ein paar Ausnahmen, in denen Parametertypen aus dem Kontext abgeleitet werden können. Mehr hierzu in »Kontextabhängige Typisierung« auf Seite 59). Der Rückgabetyp *wird* abgeleitet, aber wenn Sie wollen, können Sie auch ihn explizit annotieren:

```
function add(a: number, b: number): number {
  return a + b
}
```

In diesem Buch werde ich die Rückgabetypen explizit annotieren, sofern es Ihnen, dem Leser, beim Verständnis dessen, was die Funktion tut, hilft. Ansonsten lasse ich die Annotationen weg, weil TypeScript die Typen für uns ableitet. Warum soll man sich doppelte Arbeit machen?

Im letzten Beispiel habe ich die *benannte Funktionssyntax* benutzt, um die Funktion zu deklarieren. Tatsächlich unterstützen JavaScript und TypeScript mindestens fünf Wege, dies zu tun:

```
// Benannte Funktion
function greet(name: string) {
  return 'hello ' + name
}

// Funktionsausdruck
let greet2 = function(name: string) {
  return 'hello ' + name
}

// Funktionsausdruck mit Pfeilschreibweise
let greet3 = (name: string) => {
  return 'hello ' + name
}

// Kurzschriftversion des Funktionsausdrucks mit Pfeilschreibweise
let greet4 = (name: string) =>
  'hello ' + name

// Funktions-Konstruktor
let greet5 = new Function('name', 'return "hello " + name')
```

Neben Funktionskonstruktoren (die vollkommen unsicher sind und daher nur benutzt werden sollten, wenn Sie von einem Schwarm Bienen verfolgt werden)[1], werden alle diese Schreibweisen von TypeScript typsicher unterstützt. Hierbei folgen sie den gleichen Regeln zu den normalerweise nötigen Annotationen für Parametertypen und optionale Rückgabetypen.

1 Warum sind sie unsicher? Wenn Sie das letzte Beispiel in Ihren Codeeditor eingeben, werden Sie sehen, dass der Typ `Function` lautet. Das heißt, `Function` ist ein aufrufbares Objekt (durch die nachgestellten runden Klammern ()), das alle Prototyp-Methoden von `Function.prototype` übernimmt. Seine Parameter und Rückgabewerte sind aber nicht typisiert. Sie können die Funktion also mit beliebigen Argumenten aufrufen, während TypeScript ungerührt danebensteht und Ihnen zusieht, wie Sie etwas tun, das, ganz gleich in welcher Stadt Sie leben, mit Sicherheit überaus illegal ist.

Eine kurze Auffrischung zur Terminologie:

- Ein Parameter besteht aus Daten, die für die Ausführung einer Funktion benötigt werden. Er wird als Teil der Funktionsdeklaration angegeben. Diese Art von Parameter wird auch als *formaler Parameter* bezeichnet.
- Ein Argument ist ein Datenstück, das Sie einer Funktion bei ihrem Aufruf übergeben. Diese Art von Parameter wird auch als *tatsächlicher Parameter* bezeichnet.

Wenn Sie in TypeScript eine Funktion aufrufen, müssen Sie keine zusätzlichen Typinformationen angeben. Übergeben Sie einfach ein paar Argumente, und schon überprüft TypeScript, ob die Typen Ihrer Argumente mit den Typen Ihrer Funktionsparameter kompatibel sind:

```
add(1, 2)         // ergibt 3
greet('Crystal')  // ergibt 'hello Crystal'
```

Wenn Sie ein Argument vergessen oder ein Argument mit dem falschen Typ übergeben, wird TypeScript Sie umgehend darüber informieren:

```
add(1)            // Error TS2554: Expected 2 arguments, but got 1.
add(1, 'a')       // Error TS2345: Argument of type '"a"' is not assignable
                  // to parameter of type 'number'.
```

Optionale und Standardparameter

Wie bei Objekt- und Tupel-Typen können Sie Parameter mit einem Fragezeichen (?) als optional kennzeichnen. Bei der Deklaration Ihrer Funktionsparameter werden die erforderlichen Parameter zuerst angegeben, gefolgt von den optionalen Parametern:

```
function log(message: string, userId?: string) {
  let time = new Date().toLocaleTimeString()
  console.log(time, message, userId || 'Not signed in')
}

log('Page loaded') // Protokolliert "12:38:31 PM Page loaded Not signed in"
log('User signed in', 'da763be') // Protokolliert "12:38:31 PM
                                 // User signed in da763be"
```

Wie in JavaScript können Sie Standardwerte für optionale Parameter angeben. Semantisch hat das Ähnlichkeit mit der Markierung eines Parameters als optional, weil der Aufrufer diesen Wert nicht länger übergeben muss (ein Unterschied liegt darin, dass Standardparameter nicht unbedingt am Ende der Parameterliste stehen müssen, wie es für optionale Parameter der Fall ist).

Wir können die log-Funktion also auch so schreiben:

```
function log(message: string, userId = 'Not signed in') {
  let time = new Date().toISOString()
  console.log(time, message, userId)
}
```

```
log('User clicked on a button', 'da763be')
log('User signed out')
```

Bei der Definition eines Standardwerts für `userID` haben wir gleichzeitig die Markierung als optional (`?`) entfernt. Der Parameter muss auch nicht mehr typisiert werden. TypeScript kann den Parametertyp selbstständig aus seinem Standardwert ableiten. Dadurch wird unser Code kürzer und leichter lesbar.

Natürlich können Sie Ihre Parameter auch weiterhin mit expliziten Typannotationen versehen. Das funktioniert genauso wie für Parameter ohne Standardwerte:

```
type Context = {
  appId?: string
  userId?: string
}

function log(message: string, context: Context = {}) {
  let time = new Date().toISOString()
  console.log(time, message, context.userId)
}
```

Standardparameter werden Sie mit Sicherheit häufiger benutzen als optionale Parameter.

Restparameter

Übernimmt eine Funktion eine Liste mit Argumenten, können Sie diese natürlich einfach als Array übergeben:

```
function sum(numbers: number[]): number {
  return numbers.reduce((total, n) => total + n, 0)
}

sum([1, 2, 3]) // ergibt 6
```

Manchmal wollen Sie lieber eine *variadische* Funktions-API benutzen, die eine beliebige Anzahl von Argumenten übernimmt, als eine API *fester Arität* (oder Stelligkeit), die eine festgelegte Anzahl von Argumenten benötigt. Traditionellerweise wurde hierfür JavaScripts »magisches« `arguments`-Objekt benötigt.

`arguments` ist »magisch«, weil die JavaScript-Runtime es automatisch für Sie in Funktionen bereitstellt und der Argumenteliste zuweist, die an die Funktion übergeben wurde. Da `arguments` nur Array-ähnlich ist, ohne wirklich eines zu sein, müssen Sie es zuerst in ein Array umwandeln, bevor Sie das eingebaute `.reduce` daran aufrufen können:

```
function sumVariadic(): number {
  return Array
    .from(arguments)
    .reduce((total, n) => total + n, 0)
}

sumVariadic(1, 2, 3) // ergibt 6
```

Bei der Verwendung von arguments gibt es allerdings ein großes Problem, denn es ist vollkommen unsicher! Wenn Sie den Mauszeiger in Ihrem Codeeditor über total oder n bewegen, sieht die Anzeige so ähnlich aus wie in Abbildung 4-1.

```
function sum() {
  return Array
    .from(arguments)
    .reduce((total, n) ⇒ total + n, 0)
}
```

```
.reduce((total, n) ⇒ total + n, 0)
}
(parameter) n: any
```

Abbildung 4-1: arguments ist unsicher

Das heißt, TypeScript leitet für n und total den Typ any ab und lässt sie stillschweigend passieren – es sei denn, Sie verwenden sumVariadic:

```
sumVariadic(1, 2, 3) // Error TS2554: Expected 0 arguments, but got 3.
```

Da wir nicht deklariert haben, dass sumVariadic Argumente übernimmt, erwartet TypeScript auch keine. Versuchen wir trotzdem, Argumente zu übergeben, erhalten wir einen TypeError.

Wie aber kann man variadische Funktionen sicher typisieren?

Mit Restparametern! Anstelle der magischen, aber unsicheren Variablen arguments können wir Restparameter benutzen, damit sum eine beliebige Zahl von Argumenten auf sichere Weise übernehmen kann:

```
function sumVariadicSafe(...numbers: number[]): number {
  return numbers.reduce((total, n) => total + n, 0)
}

sumVariadicSafe(1, 2, 3) // ergibt 6
```

Das war schon alles. Der einzige Unterschied zwischen diesem variadischen sum und unserer ursprünglichen sum-Funktion mit nur einem Parameter ist das zusätzliche ... in der Parameterliste. Sonst muss nichts verändert werden – und das Ganze ist dabei noch vollkommen typsicher.

Eine Funktion kann höchstens einen Restparameter besitzen und muss an letzter Position der Parameterliste einer Funktion stehen. Ein Beispiel hierfür ist TypeScripts eigene Deklaration für console.log (Sie müssen noch nicht wissen, was ein Interface ist – in Kapitel 5 gehen wir genauer darauf ein). console.log übernimmt einen optionalen message-Parameter und eine beliebige Anzahl zusätzlicher Argumente:

```
interface Console {
  log(message?: any, ...optionalParams: any[]): void
}
```

call, apply und bind

Neben dem Funktionsaufruf mit runden Klammern () unterstützt JavaScript noch mindestens zwei weitere Formen. Sehen wir uns hierzu die add-Funktion vom Anfang des Kapitels noch einmal an:

```
function add(a: number, b: number): number {
  return a + b
}

add(10, 20)                // ergibt 30
add.apply(null, [10, 20])  // ergibt 30
add.call(null, 10, 20)     // ergibt 30
add.bind(null, 10, 20)()   // ergibt 30
```

apply bindet innerhalb der Funktion einen Wert an this (in diesem Beispiel verbinden wir this und null). Das zweite Argument wird auf die Funktionsparameter verteilt. call macht das Gleiche, allerdings werden die Argumente in der angegebenen Reihenfolge angewandt, anstatt den Spread-Operator (neu in ES2015) zu verwenden.

bind() funktioniert so ähnlich, indem es ein this-Argument und eine Liste mit Argumenten an Ihre Funktion *bindet*. Der Unterschied liegt darin, dass bind Ihre Funktion nicht aufruft. Stattdessen gibt es eine neue Funktion zurück, die Sie dann per (), .call oder .apply aufrufen können. Dabei können weitere Argumente übergeben werden, die bei Bedarf an bisher ungebundene Parameter gebunden werden.

TSC Flag: strictBindCallApply

Um .call, .apply und .bind in Ihrem Code sicher nutzen zu können, sollten Sie auf jeden Fall die Option strictBindCallApply in Ihrer *tsconfig.json* aktivieren (bei Verwendung des strict-Modus ist diese Option automatisch aktiviert).

this typisieren

Ohne JavaScript-Erfahrung überrascht es vielleicht, dass this in JavaScript für alle Funktionen definiert ist – nicht nur für solche in Methoden oder Klassen. Je nachdem, wie Sie Ihre Funktion aufrufen, hat this einen unterschiedlichen Wert. Das macht this ziemlich zerbrechlich und auch noch launisch.

Deshalb verwenden viele Teams this nur für Klassenmethoden. Um das auch für Ihre Codebasis zu tun, aktivieren Sie die TSLint-Regel no-invalid-this.

Der Grund für die Zerbrechlichkeit von this liegt in der Art seiner Zuweisung. Die allgemeine Regel lautet, dass this den Wert dessen übernimmt, was sich beim Methodenaufruf links vom Punkt befindet. Zum Beispiel:

```
let x = {
  a() {
    return this
  }
}
x.a() // this ist das Objekt x im Körper von a()
```

Wenn Sie a vor dem Aufruf neu zuweisen, erhalten Sie dagegen ein anderes Ergebnis!

```
let a = x.a
a() // Jetzt hat this im Körper von a() den Wert undefined
```

Angenommen, Sie verwenden folgende Hilfsfunktion für die Formatierung von Kalenderdaten:

```
function fancyDate() {
  return ${this.getDate()}/${this.getMonth()}/${this.getFullYear()}
}
```

Sie haben diese API in Ihren Anfangstagen als Programmierer entwickelt (bevor Sie Funktionsparameter kannten). Um fancyDate zu verwenden, müssen Sie die Funktion mit einem an this gebundenen Date-Objekt aufrufen:

```
fancyDate.call(new Date) // ergibt "4/14/2005"
```

Ohne die Bindung von Date an this wird ein Laufzeitfehler ausgelöst!

```
fancyDate() // Uncaught TypeError: this.getDate is not a function
```

Eine eingehende Erforschung von this würde den Rahmen dieses Buchs leider sprengen.[2] Trotzdem ist ziemlich überraschend, dass this von der Art des Funktionsaufrufs abhängt.

Zum Glück hält TypeScript Ihnen den Rücken frei. Verwendet Ihre Funktion this, sollten Sie den erwarteten Typ von this auf jeden Fall deklarieren (vor allen weiteren Parametern). Dann sorgt TypeScript dafür, dass this tatsächlich bei jedem Aufruf Ihren Erwartungen entspricht und es nicht wie die übrigen Parameter behandelt. Wird this als Teil einer Funktionssignatur verwendet, gilt es als reserviertes Wort:

```
function fancyDate(this: Date) {
  return ${this.getDate()}/${this.getMonth()}/${this.getFullYear()}
}
```

Wenn Sie fancyDate jetzt aufrufen, passiert Folgendes:

```
fancyDate.call(new Date) // ergibt "6/13/2008"

fancyDate() // Error TS2684: The 'this' context of type 'void' is
            // not assignable to method's 'this' of type 'Date'.
```

2 Einen umfassenden Einblick zu this erhalten Sie in der You Don't Know JS (*http://shop.oreilly.com/product/0636920033738.do*)-Serie von Kyle Simpson (erhältlich bei O'Reilly).

Wir haben einen Laufzeitfehler verhindert und TypeScript mit genug Informationen versorgt, um uns bereits schon während der Kompilierung davor zu warnen.

TSC Flag: noImplicitThis

Um zu erzwingen, dass der Typ von `this` in Funktionen immer explizit annotiert werden muss, können Sie die Einstellung `noImplicitThis` in Ihrer *tsconfig.json* aktivieren. Verwenden Sie den `strict`-Modus, ist `noImplicitThis` bereits standardmäßig aktiviert.

Beachten Sie, dass `noImplicitThis` keine `this`-Annotationen für Klassen oder Funktionen an Objekten erzwingt.

Generator-Funktionen

Generator-Funktionen (oder kurz *Generatoren*) sind eine bequeme Möglichkeit, eine Reihe von Werten zu erzeugen. Sie wollen dem Consumer des Generators eine feine Kontrolle über das Tempo ermöglichen, in dem die Werte produziert werden. Da sie faul sind – d.h., Sie erzeugen den nächsten Wert nur, wenn der Benutzer danach fragt –, können Generatoren Dinge tun, die ansonsten ziemlich schwer sind, zum Beispiel die Erzeugung einer Endlosliste.

Generatoren funktionieren wie hier gezeigt:

```
function* createFibonacciGenerator() { ❶
  let a = 0
  let b = 1
  while (true) { ❷
    yield a; ❸
    [a, b] = [b, a + b] ❹
  }
}

let fibonacciGenerator = createFibonacciGenerator() // IterableIterator<number>
fibonacciGenerator.next()   // ergibt {value: 0, done: false}
fibonacciGenerator.next()   // ergibt {value: 1, done: false}
fibonacciGenerator.next()   // ergibt {value: 1, done: false}
fibonacciGenerator.next()   // ergibt {value: 2, done: false}
fibonacciGenerator.next()   // ergibt {value: 3, done: false}
fibonacciGenerator.next()   // ergibt {value: 5, done: false}
```

❶ Der Asterisk (*) vor dem Funktionsnamen kennzeichnet die Funktion als Generator. Der Aufruf der Funktion gibt einen iterierbaren Iterator zurück.

❷ Unser Generator kann unendlich viele Werte erzeugen.

❸ Generatoren benutzen das Schlüsselwort `yield`, um Werte zurückzugeben. Fordert ein Consumer den nächsten Wert des Generators an (etwa durch den Aufruf von `next`), gibt `yield` ein Ergebnis an den Consumer zurück und hält die Ausführung an, bis der nächste Wert angefordert wird. Dadurch führt der `while(true)`-Teil nicht sofort dazu, dass das Programm sich in einer Endlosschleife aufhängt und abstürzt.

❹ Um die folgende Fibonacci-Zahl zu berechnen, erhält a den Wert von b und b im gleichen Arbeitsschritt das Ergebnis von a + b.

Wir haben createFibonacciGenerator aufgerufen und einen IterableIterator zurückgegeben. Bei jedem Aufruf von next berechnet der Iterator die folgende Fibonacci-Zahl und gibt diese per yield an uns zurück. Dabei ist TypeScript in der Lage, den Typ des Iterators aus dem von yield zurückgegebenen Wert abzuleiten.

Um den Generator explizit zu annotieren, können Sie den zurückgegebenen Typ mit einem IterableIterator umgeben:

```
function* createNumbers(): IterableIterator<number> {
  let n = 0
  while (1) {
    yield n++
  }
}

let numbers = createNumbers()
numbers.next()              // ergibt {value: 0, done: false}
numbers.next()              // ergibt {value: 1, done: false}
numbers.next()              // ergibt {value: 2, done: false}
```

Wir werden in diesem Buch nicht weiter auf Generatoren eingehen. Generatoren sind ein sehr umfangreiches Thema, und da es in diesem Buch um TypeScript geht, möchte ich Sie nicht zu sehr mit JavaScript-Eigenheiten ablenken. Kurz gesagt, sind Generatoren ein supercooles JavaScript-Sprachmerkmal, das auch von TypeScript unterstützt wird. Mehr zu Generatoren finden Sie auf der entsprechenden Seite im MDN (*https://mzl.la/2UitIk4*).

Iteratoren

Iteratoren sind das Gegenstück zu Generatoren. Während Generatoren einen Wertestrom erzeugen können, bieten Iteratoren die Möglichkeit, diese Werte zu verarbeiten (oder zu »konsumieren«). Die Terminologie kann ziemlich verwirrend sein. Daher beginnen wir mit ein paar grundsätzlichen Definitionen.

Iterable (»iterierbar«)

Jedes Objekt, das eine Eigenschaft namens Symbol.iterator besitzt, dessen Wert eine Funktion ist, die einen Iterator zurückgibt.

Iterator

Jedes Objekt, das eine Methode namens next definiert, die ein Objekt mit den Eigenschaften value und done zurückgibt.

Wenn Sie einen Generator erzeugen (zum Beispiel durch den Aufruf von `createFibonacciGenerator`), erhalten Sie einen Wert zurück, der sowohl ein *Iterable* als auch ein *Iterator* ist, weil er nicht nur eine `Symbol.iterator` -Eigenschaft, sondern auch eine `next`-Methode definiert.

Sie können einen Iterator oder ein Iterable auch manuell erzeugen. Erstellen Sie hierfür ein Objekt (oder eine Klasse), das `Symbol.iterator` bzw. `next` implementiert. Im folgenden Beispiel definieren wir einen Iterator, der die Zahlen von 1 bis 10 zurückgibt:

```
let numbers = {
  *[Symbol.iterator]() {
    for (let n = 1; n <= 10; n++) {
      yield n
    }
  }
}
```

Wenn Sie den oben stehenden Iterator in Ihrem Codeeditor eingeben, sehen Sie, welchen Typ TypeScript dafür ableitet (Abbildung 4-2).

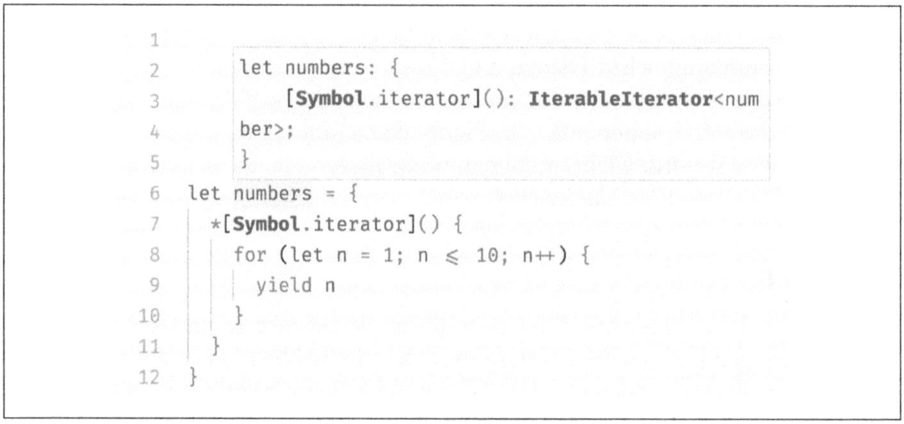

```
let numbers: {
    [Symbol.iterator](): IterableIterator<num
ber>;
}
let numbers = {
  *[Symbol.iterator]() {
    for (let n = 1; n <= 10; n++) {
      yield n
    }
  }
}
```

Abbildung 4-2: Einen Iterator manuell definieren

Anders gesagt, ist `numbers` ein Iterator, und der Aufruf der Generatorfunktion `numbers[Symbol.iterator]()` gibt einen iterierbaren Iterator zurück.

Neben der Definition eigener Iteratoren können Sie auch die JavaScript-eigenen Iteratoren für häufige Collection-Typen wie `Array`, `Map`, `Set`, `String`[3] etc. benutzen, um Dinge wie diese zu tun:

```
// Mit for-of über einen Iterator iterieren
for (let a of numbers) {
  // 1, 2, 3, etc.
}
```

3 `Object` und `Number` sind übrigens keine Iteratoren.

```
// Einen Iterator per Spreading verwenden
let allNumbers = [...numbers] // number[]

// Einen Iterator destrukturieren
let [one, two, ...rest] = numbers // [number, number, number[]]
```

Auch auf Iteratoren werden wir in diesem Buch nicht weiter eingehen. Weitere Informationen zu allgemeinen und asynchronen Iteratoren finden Sie im MDN (*https://mzl.la/2OAoy1o*).

TSC Flag: downlevelIteration

Wenn Sie Ihren TypeScript-Code in eine JavaScript-Version vor ES2015 kompilieren, können Sie eigene Iteratoren über das `downlevelIteration`-Flag in Ihrer *tsconfig.json* aktivieren.

Wenn Ihre Applikation Probleme mit der Bundle-Größe hat, sollten Sie `downlevelIteration` möglichst deaktiviert lassen: Damit eigene Iteratoren in älteren Umgebungen laufen, wird eine Menge Code benötigt. Das oben gezeigte `numbers`-Beispiel erzeugt fast 1 KB Code (mit gzip komprimiert).

Aufrufsignaturen (Call Signatures)

Bisher haben wir gelernt, Funktionsparameter und Rückgabewerte zu typisieren. Jetzt wollen wir einen höheren Gang einlegen und sehen, wie komplette Funktionen typisiert werden können.

Dafür werfen wir noch einmal einen Blick auf unsere `sum`-Funktion vom Anfang dieses Kapitels:

```
function sum(a: number, b: number): number {
  return a + b
}
```

Welchen Typ hat `sum`? Nun, `sum` ist eine Funktion, also ist ihr Typ:

```
Function
```

Wie Sie sich denken können, werden Sie in den meisten Fällen den Typ `Function` benutzen wollen. Wie `object` alle Objekte beschreibt, steht `Function` für alle Funktionen. Dabei sagt es erst einmal nichts über die tatsächliche Funktion aus, die hier typisiert wird.

Gibt es noch andere Wege für die Typisierung von `sum`? `sum` ist eine Funktion, die zwei Zahlen (vom Typ `number`) übernimmt und einen Wert vom Typ `number` zurückgibt. Daher können wir den Typ in TypeScript folgendermaßen ausdrücken:

```
(a: number, b: number) => number
```

Dies ist die TypeScript-Syntax für den Funktionstyp bzw. ihre *Aufrufsignatur* (oder *Typsignatur*). Die Ähnlichkeit mit der Pfeilschreibweise ist beabsichtigt! Wenn Sie Funktionen als Argumente übergeben oder aus anderen Funktionen zurückgeben, ist dies die übliche Syntax für die Typisierung.

Die Parameter a und b dienen hier nur der Dokumentation und haben keinen Einfluss auf die Zuweisbarkeit an eine Funktion dieses Typs.

Aufrufsignaturen von Funktionen enthalten ausschließlich Code auf Typebene (type level code), also nur Typangaben, aber keine Werte. Mit Aufrufsignaturen kann man also Parametertypen, this-Typen (siehe »this typisieren« auf Seite 52), Rückgabe-, Rest- und optionale Typen ausdrücken – aber keine Standardwerte (da ein Standardwert ein Wert ist und kein Typ). Und da sie keinen Körper haben, aus dem TypeScript etwas ableiten könnte, werden für Aufrufsignaturen explizite Annotationen der Rückgabetypen gebraucht.

Code auf Typebene und auf Werteebene

In Gesprächen über die Programmierung mit statischen Typen fallen oft Begriffe wie »Typebene« (type-level) oder »Werteebene« (value-level). Ein gemeinsamer Wortschatz kann helfen.

In diesem Buch verwende ich den Begriff *Code auf Typebene*, wenn es um Code geht, der ausschließlich aus Typen und Typoperatoren besteht. Alles andere gilt als *Code auf Wertebene*. Als Faustregel können Sie sich merken: Wenn es sich um gültigen JavaScript-Code handelt, haben Sie Code auf Werteebene vor sich. Handelt es sich dagegen um gültiges TypeScript, aber nicht um gültiges JavaScript, so ist es Code auf Typebene.[4]

Um ganz sicher zu gehen, hier noch ein Beispiel: Der Code auf Typebene ist hier fett hervorgehoben. Alles andere ist Code auf Werteebene:

```
function area(radius: number): number | null {
  if (radius < 0) {
    return null
  }
  return Math.PI * (radius ** 2)
}

let r: number = 3
let a = area(r)
if (a !== null) {
  console.info('result:', a)
}
```

Die fett gedruckten Begriffe auf Typebene sind die Typannotationen und der Vereinigungs-Typoperator (|). Alles andere sind Begriffe auf Werteebene.

4 Die Ausnahmen dieser Faustregel sind Enums und Namensräume. Enums erzeugen sowohl einen Typ *und* einen Wert, während Namensräume ausschließlich auf Wertebene existieren. Eine vollständige Referenz finden Sie unter Anhang C.

Sehen wir uns ein paar Beispielfunktionen aus diesem Kapitel noch einmal an und verschieben wir ihre Typen in eigenständige Aufrufsignaturen, die wir an Typaliase binden:

```
// function greet(name: string)
type Greet = (name: string) => string

// function log(message: string, userId?: string)
type Log = (message: string, userId?: string) => void

// function sumVariadicSafe(...numbers: number[]): number
type SumVariadicSafe = (...numbers: number[]) => number
```

Merken Sie was? Die Aufrufsignaturen der Funktionen haben erstaunliche Ähnlichkeit mit ihren Implementierungen. Dieses Sprachmerkmal ist Absicht. Es soll den Umgang mit Aufrufsignaturen erleichtern.

Lassen Sie uns die Beziehung zwischen Aufrufsignaturen und ihren Implementierungen weiter vertiefen. Wie können Sie eine Funktion deklarieren, die eine bestimmte Aufrufsignatur implementiert? Sie könnten die Signatur schlicht mit einem passenden Funktionsausdruck kombinieren, wie im folgenden Beispiel, in dem wir unserer Log-Funktion eine nagelneue Aufrufsignatur verpassen:

```
type Log = (message: string, userId?: string) => void

let log: Log = ( ❶
  message, ❷
  userId = 'Not signed in' ❸
) => { ❹
  let time = new Date().toISOString()
  console.log(time, message, userId)
}
```

❶ Wir deklarieren einen Funktionsausdruck namens `log` und geben ihm explizit den Typ `Log`.

❷ Wir müssen unsere Parameter nicht zweimal annotieren. Da `message` bereits als Teil der Definition von `Log` als `string` annotiert ist, müssen wir das hier nicht noch einmal tun. Stattdessen lassen wir TypeScript den Typ aus `Log` ableiten.

❸ Wir fügen einen Standardwert für `userId` hinzu. Zwar können wir den Typ von `userId` aus `Log` ableiten, nicht aber den Standardwert, weil `Log` ein Typ ist und keine Werte enthalten kann.

❹ Unseren Rückgabetyp müssen wir nicht erneut annotieren, da wir ihn im `Log`-Typ bereits als `void` gekennzeichnet haben.

Kontextabhängige Typisierung

Das vorige Beispiel ist das erste, in dem wir die Typen unserer Funktionsparameter nicht explizit annotieren mussten. Da wir bereits festgelegt haben, dass `log` den

Typ Log haben soll, konnte TypeScript aus dem Kontext ableiten, dass message den Typ string haben muss. Dieses mächtige Feature von TypeScripts Typinferenz wird als *kontextabhängige Typisierung* bezeichnet.

Ein weiterer Punkt, an dem die kontextabhängige Typisierung ein Thema ist, sind Callback-Funktionen, zum Beispiel:[5]

Zur Illustration deklarieren wir die Funktion times, die ihre Callback-Funktion f n-mal aufruft und ihr dabei den jeweils aktuellen Index von f übergibt:

```
function times(
  f: (index: number) => void,
  n: number
) {
  for (let i = 0; i < n; i++) {
    f(i)
  }
}
```

Deklarieren Sie eine eingebettete Funktion (»inline«), müssen Sie die an times übergebene Funktion beim Aufruf von times nicht explizit annotieren:

```
times(n => console.log(n), 4)
```

TypeScript leitet aus dem Kontext ab, dass n den Typ number hat. Wir haben in der Signatur für times bereits deklariert, dass das Argument index von f den Typ number haben soll. TypeScript ist schlau genug, zu erkennen, dass n dieses Argument ist, also auch den Typ number haben muss.

Hätten wir f nicht inline deklariert, hätte TypeScript den Typ nicht ableiten können:

```
function f(n) { // Error TS7006: Parameter 'n' implicitly has an 'any' type.
  console.log(n)
}

times(f, 4)
```

Überladene Funktionstypen

Im vorigen Abschnitte haben wir folgende Syntax für den Funktionstyp verwendet: type Fn = (...) => .... Dies ist eine *Kurzschrift-Aufrufsignatur*. Das hätten wir auch ausführlicher schreiben können, wie hier noch einmal am Beispiel von Log:

```
// Kurzschrift-Aufrufsignatur
type Log = (message: string, userId?: string) => void

// Ausführliche Aufrufsignatur
type Log = {
  (message: string, userId?: string): void
}
```

5 Falls Sie den Begriff »Callback« noch nicht kennen: Das ist einfach eine Funktion, die als Argument an eine andere Funktion übergeben wird.

Beide Deklarationen sind absolut gleichbedeutend und unterscheiden sich nur in der Schreibweise.

Brauchen wir die vollständige Aufrufsignatur dann überhaupt? Für einfache Fälle wie die Log-Funktion sollten Sie die Kurzschrift-Version bevorzugen. Bei komplexeren Funktionen gibt es jedoch viele gute Anwendungsfälle für ausführliche Aufrufsignaturen.

Einer dieser Fälle ist das *Überladen* eines Funktionstyps. Bevor wir ins Detail gehen, wollen wird klären, was es heißt, eine Funktion zu überladen.

Überladene Funktion

Eine Funktion mit mehreren Aufrufsignaturen.

Wenn Sie eine Funktion deklarieren, die bestimmte Parameter übernimmt und einen bestimmten Rückgabetyp besitzt, können Sie diese Funktion in den meisten Programmiersprachen mit den gleichen Parametern erneut aufrufen. Dabei wird der Rückgabetyp ebenfalls immer gleich bleiben. In JavaScript ist das anders. Da JavaScript eine sehr dynamische Sprache ist, kann es oft vorkommen, dass eine bestimmte Funktion auf viele verschiedene Arten aufgerufen wird. Hinzu kommt, dass der Rückgabetyp möglicherweise noch vom Typ des übergebenen Eingabe-Arguments abhängen kann!

Diese Dynamik (überladene Funktionsdeklarationen und Ausgabetypen, die vom übergebenen Eingabetyp abhängen) bildet TypeScript mithilfe seines statischen Typsystems nach. Für uns sind diese Sprachmerkmale möglicherweise selbstverständlich. Tatsächlich sind diese Möglichkeiten allerdings ein sehr weit fortgeschrittenes Sprachmerkmal für ein Typsystem!

Mithilfe überladener Funktionssignaturen können sehr ausdrucksstarke APIs entwickelt werden. Als Beispiel erstellen wir eine API zum Buchen von Reisen, die wir Reserve nennen wollen. Wir beginnen mit einer Skizze der benötigten Typen (und verwenden hier die ausführliche Schreibweise für die Signatur):

```
type Reserve = {
  (from: Date, to: Date, destination: string): Reservation
}
```

Danach können wir eine Implementierung für Reserve zusammenbauen:

```
let reserve: Reserve = (from, to, destination) => {
  // ...
}
```

Will ein Benutzer eine Reise nach Bali buchen, ruft er die reserve-API mit einem from- und einem to-Datum (von-bis) und dem String "Bali" als Ziel (destination) auf.

Wir könnten die API so erweitern, dass auch Reisen ohne festes Enddatum gebucht werden können:

```
type Reserve = {
  (from: Date, to: Date, destination: string): Reservation
  (from: Date, destination: string): Reservation
}
```

Beim Versuch, diesen Code auszuführen, löst TypeScript dort einen Fehler aus, wo Sie versuchen, Reserve zu implementieren (siehe Abbildung 4-3).

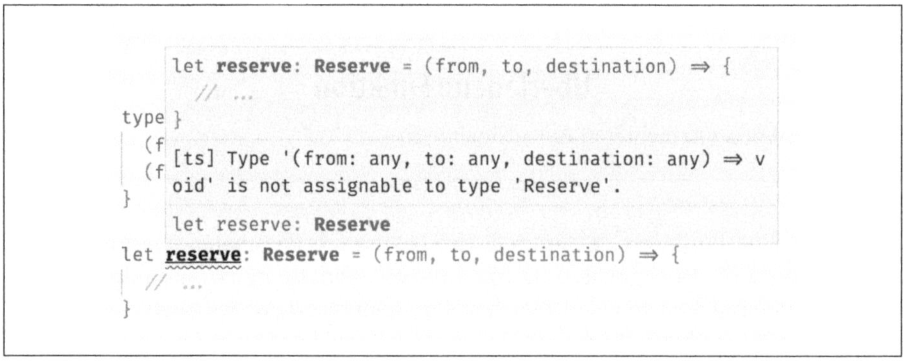

```
      let reserve: Reserve = (from, to, destination) => {
        // ...
type  }
  (f
      [ts] Type '(from: any, to: any, destination: any) => v
  (f  oid' is not assignable to type 'Reserve'.
}
      let reserve: Reserve
let reserve: Reserve = (from, to, destination) => {
  // ...
}
```

Abbildung 4-3: TypeError wegen einer fehlenden kombinierten Aufrufsignatur

Das hat mit der Funktionsweise von überladenen Signaturen in TypeScript zu tun. Deklarieren Sie mehrere Signaturen, die eine Funktion f überladen, ist der Typ dieser Funktion aus Sicht des *Aufrufers* die Vereinigungsmenge dieser Signaturen. Aus Sicht der *Implementierung* von f muss es jedoch einen *kombinierten* Typ geben, der tatsächlich implementiert werden kann. Diese kombinierte Aufrufsignatur muss bei der Implementierung von f manuell deklariert werden, sie wird nicht automatisch abgeleitet. Für unser Reserve-Beispiel können wir die reserve-Funktion wie folgt aktualisieren:

```
type Reserve = {
  (from: Date, to: Date, destination: string): Reservation
  (from: Date, destination: string): Reservation
} ❶

let reserve: Reserve = (
  from: Date,
  toOrDestination: Date | string,
  destination?: string
) => { ❷
  // ...
}
```

❶ Wir definieren zwei überladene Funktionssignaturen.

❷ Die Signatur der Implementierung ist das Ergebnis der manuellen Kombination beider Überladungs-Signaturen (d.h., wir haben Signatur1 | Signatur2 von Hand berechnet). Beachten Sie, dass die kombinierte Signatur dabei für

Funktionen, die reserve aufrufen, nicht sichtbar ist. Aus Consumersicht lautet die Signatur von Reserve:

```
type Reserve = {
  (from: Date, to: Date, destination: string): Reservation
  (from: Date, destination: string): Reservation
}
```

Hier wird die von uns erstellte kombinierte Signatur nicht berücksichtigt:

```
// Falsch!
type Reserve = {
  (from: Date, to: Date, destination: string): Reservation
  (from: Date, destination: string): Reservation
  (from: Date, toOrDestination: Date | string,
    destination?: string): Reservation
}
```

Da reserve auf zwei Arten aufgerufen werden kann, müssen Sie TypeScript bei der Implementierung von reserve beweisen, dass Sie die Art des Funktionsaufrufs überprüft haben:[6]

```
let reserve: Reserve = (
  from: Date,
  toOrDestination: Date | string,
  destination?: string
) => {
  if (toOrDestination instanceof Date && destination !== undefined) {
    // Eine Reise ohne Wiederkehr
  } else if (typeof toOrDestination === 'string') {
    // Eine Rundreise
  }
}
```

Möglichst spezifische Überladungs-Signaturen definieren

Einfach gesagt, muss jede Überladungs-Signatur (z. B. Reserve) bei der Deklaration eines überladenen Funktionstyps an die Signatur der Implementierung zuweisbar sein (z. B. reserve). Sie können bei der Deklaration der Signatur also ziemlich allgemein vorgehen, sofern alle nötigen Überladungen zugewiesen werden können. Das folgende Beispiel funktioniert:

```
let reserve: Reserve = (
  from: any,
  toOrDestination: any,
  destination?: any
) => {
  // ...
}
```

6 Mehr dazu finden Sie übrigens unter »Typverfeinerung (refinement)« auf Seite 128.

Beim Überladen von Funktionen sollte die Implementierungs-Signatur so spezifisch wie möglich sein, weil dies die Implementierung der Funktion erleichtert. Date sollte gegenüber any bevorzugt werden und (in unserem Beispiel) die Vereinigungsmenge von Date | string gegenüber any.

Warum erleichtern eng gefasste Typen die Implementierung einer Funktion mit einer bestimmten Signatur? Wenn Sie einen Parameter als any typisieren, ihn aber als Date verwenden wollen, müssen Sie TypeScript erst beweisen, dass es tatsächlich ein Date ist:

```
function getMonth(date: any): number | undefined {
  if (date instanceof Date) {
    return date.getMonth()
  }
}
```

Typisieren Sie den Parameter dagegen gleich als Date, können Sie sich die zusätzliche Arbeit bei der Implementierung sparen:

```
function getMonth(date: Date): number {
  return date.getMonth()
}
```

Viele Browser verwenden in ihren DOM-APIs Überladungen. Die createElement-DOM-API wird beispielsweise für die Erstellung von HTML-Elementen verwendet. Sie übernimmt einen String, der ein HTML-Tag repräsentiert, und gibt ein neues HTML-Element dieses Typs zurück. TypeScript besitzt eingebaute Typen für alle HTML-Elemente. Hierzu gehören beispielsweise:

- HTMLAnchorElement für <a>-Elemente
- HTMLCanvasElement für <canvas>-Elemente
- HTMLTableElement für <table>-Elemente
- etc.

Es liegt nahe, die Funktionsweise von createElement mit überladenen Aufrufsignaturen abzubilden. Überlegen Sie, wie Sie createElement typisieren würden. (Versuchen Sie, diese Frage vor dem Weiterlesen selbst zu beantworten!)

Die Antwort:

```
type CreateElement = {
  (tag: 'a'): HTMLAnchorElement ❶
  (tag: 'canvas'): HTMLCanvasElement
  (tag: 'table'): HTMLTableElement
  (tag: string): HTMLElement ❷
}

let createElement: CreateElement = (tag: string): HTMLElement => { ❸
  // ...
}
```

❶ Wir haben den Parametertyp überladen, sodass er auf die jeweiligen Typen der Stringliterale passt.

❷ Wir haben eine Rückfallebene eingebaut: Übergibt der Benutzer einen Tag-Namen, für den es (noch) keine eingebaute TypeScript-Deklaration gibt, so geben wir ein generisches `HTMLElement` zurück.[7] TypeScript löst die Überladungen in der Reihenfolge ihrer Deklarierung auf. Wird ein String übergeben, für den keine spezifische Überladung definiert wurde, erzeugt TypeScript beim Aufruf von `createElement` ein Element mit dem allgemeinen Typ `HTMLElement`.

❸ Um alle Parameter der Implementierung zu typisieren, kombinieren wir alle Typen, die der Parameter in den Überladungs-Signaturen von `createElement` haben könnte zu `'a' | 'canvas' | 'table' | string`. Da alle drei Stringliteral-Typen Subtypen von `string` sind, reduziert sich der Typ einfach auf `string`.

In allen Beispielen dieses Abschnitts haben wir Funktionsausdrücke überladen. Wie aber können wir eine Funktions*deklaration* überladen? Wie üblich hilft TypeScript Ihnen auch hier mit einer passenden Syntax. Um das zu illustrieren, schreiben wir die Überladungen für `createElement` neu:

```
function createElement(tag: 'a'): HTMLAnchorElement
function createElement(tag: 'canvas'): HTMLCanvasElement
function createElement(tag: 'table'): HTMLTableElement
function createElement(tag: string): HTMLElement {
  // ...
}
```

Am Ende ist es Ihre Entscheidung, welche Syntax Sie benutzen. Es kommt darauf an, welche Art von Funktion Sie überladen wollen (Funktionsausdrücke oder -deklarationen).

Vollständige Typsignaturen sind nicht darauf beschränkt, Funktionsaufrufe zu überladen. Sie können auch benutzt werden, um Eigenschaften an Funktionen zu modellieren. Da JavaScript-Funktionen einfach nur aufrufbare Objekte sind, können Sie ihnen Eigenschaften zuweisen, um etwa Folgendes zu tun:

```
function warnUser(warning) {
  if (warnUser.wasCalled) {
    return
  }
  warnUser.wasCalled = true
  alert(warning)
}
warnUser.wasCalled = false
```

7 Zumindest fast. TypeScript gibt literalen Überladungen gegenüber nicht-literalen den Vorzug, bevor sie der Reihe nach aufgelöst werden. Sie sollten sich auf dieses Merkmal aber nicht verlassen, weil Ihre Überladungen dadurch für andere Programmierer, die dieses Verhalten vielleicht nicht kennen, schwer verständlich werden.

Um die vollständige Signatur von warnUser zu typisieren, können wir TypeScript folgendermaßen verwenden:

```
type WarnUser = {
  (warning: string): void
  wasCalled: boolean
}
```

Danach können wir die Implementierung von warnUser als Funktionsausdruck neu schreiben:

```
let warnUser: WarnUser = (warning: string) => {
  if (warnUser.wasCalled) {
    return
  }
  warnUser.wasCalled = true
  alert(warning)
}
warnUser.wasCalled = false
```

Dabei merkt TypeScript von selbst, dass wir wasCalled erst nach der Deklaration der warnUser-Funktion zugewiesen haben.

Polymorphismus

Bisher haben wir uns in diesem Buch über das Wie und Warum konkreter Typen und Funktionen, die diese verwenden, gekümmert. Aber *was ist ein konkreter Typ?* Tatsächlich sind alle Typen, die wir bisher gesehen haben, konkret.

- `boolean`
- `string`
- `Date[]`
- `{a: number} | {b: string}`
- `(numbers: number[]) => number`

Konkrete Typen sind nützlich, wenn Sie genau wissen, welchen Typ Sie erwarten, und überprüfen wollen, dass genau dieser Typ auch übergeben wurde. Manchmal wissen Sie das aber nicht vorher. Trotzdem wollen Sie das Verhalten Ihrer Funktion nicht auf einen bestimmten Typ beschränken.

Als Beispiel implementieren wir die Funktion filter. Mit filter iterieren Sie über ein Array und sortieren dabei unerwünschte Elemente aus. In JavaScript könnte das etwa so aussehen:

```
function filter(array, f) {
  let result = []
  for (let i = 0; i < array.length; i++) {
    let item = array[i]
    if (f(item)) {
      result.push(item)
    }
```

```
  }
  return result
}

filter([1, 2, 3, 4], _ => _ < 3) // ergibt [1, 2]
```

Wir beginnen mit der Formulierung der vollständigen Typsignatur für `filter`. Für die Typen verwenden wir zunächst den Platzhalter `unknown`:

```
type Filter = {
  (array: unknown, f: unknown) => unknown[]
}
```

Dann versuchen wir, die Typen anzugeben, zum Beispiel als `number`:

```
type Filter = {
  (array: number[], f: (item: number) => boolean): number[]
}
```

Hier funktioniert die Typisierung der Arrayelemente als `number` recht gut. Aber `filter` ist eher als allgemeine Funktion gedacht. Sie soll Arrays mit Zahlen, Strings, Objekten, anderen Arrays – eigentlich allem – filtern können. Das geht mit unserer Signatur nicht. Sie »versteht« nur Zahlen. Probieren wir, die Funktion zu überladen, damit das Array auch Strings enthalten kann:

```
type Filter = {
  (array: number[], f: (item: number) => boolean): number[]
  (array: string[], f: (item: string) => boolean): string[]
}
```

Schon besser (allerdings wird eine Überladung für jeden möglichen Typ schnell unübersichtlich). Was passiert, wenn das Array Objekte enthält?

```
type Filter = {
  (array: number[], f: (item: number) => boolean): number[]
  (array: string[], f: (item: string) => boolean): string[]
  (array: object[], f: (item: object) => boolean): object[]
}
```

Das sieht auf den ersten Blick ganz in Ordnung aus. Um die Probleme zu finden, benutzen wir die Funktion einfach. Wenn Sie `filter` mit einer Signatur implementieren (also: `filter: Filter`) und versuchen, sie zu verwenden, passiert das hier:

```
let names = [
  {firstName: 'beth'},
  {firstName: 'caitlyn'},
  {firstName: 'xin'}
]

let result = filter(
  names,
  _ => _.firstName.startsWith('b')
) // Error TS2339: Property 'firstName' does not exist on type 'object'.

result[0].firstName // Error TS2339: Property 'firstName' does not exist
                    // on type 'object'.
```

Inzwischen sollte klar sein, warum hier ein Fehler auftritt. Wir haben TypeScript mitgeteilt, dass wir ein Array mit Zahlen, Strings oder Objekten an `filter` übergeben. Wir haben ein Array mit Objekten übergeben. Wie Sie wissen, sagt `object` aber nichts über die Form des Objekts aus. Da wir TypeScript nicht mitgeteilt haben, welche Form das Objekt genau hat, wird ein Fehler ausgelöst, sobald wir versuchen, auf eine Objekteigenschaft zuzugreifen.

Was können wir tun?

Wenn Sie von einer Sprache kommen, die generische Typen unterstützt, verdrehen Sie vermutlich schon die Augen und rufen: »DAFÜR SIND GENERISCHE TYPEN DOCH DA!!11!«

Die gute Nachricht lautet: Sie haben vollkommen recht (die schlechte Nachricht ist, dass Sie mit Ihrem Geschrei gerade das Kind der Nachbarn geweckt haben).

Für den Fall, dass Sie keine Erfahrung mit generischen Typen haben, gebe ich Ihnen zuerst die Definition und dann ein Beispiel mit unserer `filter`-Funktion.

Generischer Typparameter

Ein Platzhalter-Typ, mit dem an mehreren Stellen eine Beschränkung auf Typebene erzwungen werden kann. Auch als *polymorpher Typparameter* bezeichnet.

Sehen wir uns nun an, wie unser `filter`-Beispiel aussieht, wenn wir es mit einem generischen Typparameter (`T`) schreiben:

```
type Filter = {
  <T>(array: T[], f: (item: T) => boolean): T[]
}
```

Im Prinzip sagen wir damit: »Die `filter`-Funktion verwendet einen generischen Typparameter `T`. Wir wissen noch nicht, welcher Typ das sein wird. Daher wäre es großartig, wenn du – TypeScript – den Typ bei jedem Aufruf von `filter` neu ableiten könntest.« TypeScript leitet `T` von dem Typ ab, den wir für `array` übergeben. Sobald es ermittelt hat, was `T` für einen bestimmten Aufruf von `filter` bedeutet, ersetzt es jedes `T` durch den tatsächlich abgeleiteten Typ. `T` ist ein Platzhalter-Typ, der je nach Kontext vom Typechecker ersetzt wird. Er *parametrisiert* den Typ von `Filter`. Daher kommt auch die Bezeichnung »generischer Typ-*Parameter*«.

Weil »generischer Typparameter« nicht besonders angenehm auszusprechen ist, kürzen viele Leute das als »generischer Typ« oder einfach »Generic« ab. Ich benutze diese Begriffe in diesem Buch gleichbedeutend und austauschbar.

Um generische Typparameter zu deklarieren, verwenden wir diese seltsamen spitzen Klammern (`<>`) (so eine Art `type`-Schlüsselwort für generische Typen). Die spitzen

Klammern definieren den Geltungsbereich der generischen Typen (es gibt nur ein paar Orte, an denen sie benutzt werden können). TypeScript sorgt dafür, dass innerhalb dieses Geltungsbereichs alle Vorkommen des generischen Typs rechtzeitig an die entsprechenden konkreten Typen gebunden werden. Durch die Position der spitzen Klammern in unserem Beispiel bindet TypeScript bei einem Aufruf von `filter` konkrete Typen an unser generisches `T`. Innerhalb der spitzen Klammern können Sie, durch Kommas getrennt, beliebig viele generische Typparameter angeben.

`T` ist einfach ein Typname. Wir hätten auch einen beliebigen anderen Namen wählen können, wie `A`, `Z3br4` oder `Wurbelspunst`. Per Konvention werden jedoch einzelne Großbuchstaben verwendet, in alphabetischer Reihenfolge, beginnend mit `T`, je nachdem, wie viele generische Parameter gebraucht werden.

Wenn Sie viele Generics auf einmal definieren müssen oder auf komplizierte Weise verwenden, sollten Sie eventuell von der Konvention abweichen und beschreibendere Namen wie `Value` oder `WidgetType` verwenden.

Einige Programmierer bevorzugen `A` gegenüber `T`. Je nach Programmierhintergrund gibt es hier verschiedene Vorlieben: Anwender funktionaler Sprachen bevorzugen oft `A`, `B`, `C` etc. wegen der Ähnlichkeit zu den griechischen Buchstaben α, β und γ, die in mathematischen Beweisen zu finden sind. Anwender objektorientierter Sprachen tendieren eher zu `T` für »Typ«. Auch wenn TypeScript beide Programmierstile unterstützt, ist die zweite Form (`T`) hier deutlich weiter verbreitet.

So wie Funktionsparameter bei jedem Aufruf der Funktion neu gebunden werden, erhält auch jeder Aufruf von `filter` seine eigene Bindung für `T`:

```
type Filter = {
  <T>(array: T[], f: (item: T) => boolean): T[]
}

let filter: Filter = (array, f) => // ...

// (a) T wird an number gebunden
filter([1, 2, 3], _ => _ > 2)

// (b) T wird an string gebunden
filter(['a', 'b'], _ => _ !== 'b')

// (c) T wird an {firstName: string} gebunden
let names = [
  {firstName: 'beth'},
  {firstName: 'caitlyn'},
  {firstName: 'xin'}
]
filter(names, _ => _.firstName.startsWith('b'))
```

TypeScript leitet diese generischen Bindungen von den Typen der übergebenen Argumente ab. Sehen wir uns Schritt für Schritt an, wie TypeScript `T` die Bindungen im Fall (a) vornimmt:

1. Aus der Typsignatur von `filter` weiß TypeScript, dass array ein Array mit Elementen des generischen Typs `T` ist.
2. TypeScript stellt fest, dass wir das Array `[1, 2, 3]` übergeben haben. Also muss `T` den Typ `number` haben.
3. Überall, wo TypeScript ein `T` findet, wird dies nun durch den Typ `number` ersetzt. Dadurch wird der Parameter `f: (item: T) => boolean` zu `f: (item: number) => boolean` und der Rückgabetyp `T[]` zu `number[]`.
4. TypeScript überprüft, ob alle Typen und auch die als `f` übergebene Funktion der frisch abgeleiteten Signatur zugewiesen werden können.

Generics bieten eine mächtige Möglichkeit, die Arbeitsweise einer Funktion allgemeiner zu beschreiben, als das mit konkreten Typen möglich wäre. Am besten stellt man sich Generics als *Beschränkungen* (constraints) vor. Wie die Annotierung eines Funktionsparameters als `n: number` den Wert des Parameters `n` auf den Typ `number` beschränkt, so sorgt die Verwendung eines generischen `T` dafür, dass überall, wo `T` steht, immer der gleiche Typ benutzt wird.

Generische Typen können auch in Typaliasen, Klassen und Interfaces benutzt werden. Wir machen in diesem Buch reichlich Gebrauch davon. Wenn wir weitere Themen behandeln, werde ich im Kontext darauf hinweisen.

Verwenden Sie Generics, wo immer das möglich ist. Sie helfen Ihnen, Ihren Code allgemein, wiederverwendbar und knapp zu halten.

Wann werden Generics gebunden?

Der Ort einer Typdeklaration definiert nicht nur den Geltungsbereich des Typs, sondern auch, wann TypeScript den konkreten Typ an das generische `T` bindet. Aus dem vorigen Beispiel:

```
type Filter = {
  <T>(array: T[], f: (item: T) => boolean): T[]
}

let filter: Filter = (array, f) =>
  // ...
```

Da wir `<T>` als Teil der Aufrufsignatur deklariert haben (direkt vor der öffnenden runden Klammer), bindet TypeScript einen konkreten Typ an `T`, sobald eine Funktion des Typs `Filter` aufgerufen wird.

Hätten wir `T` dagegen im Geltungsbereich des Typalias `Filter` definiert, hätten wir den Typ bei der Verwendung von `Filter` explizit binden müssen:

```
type Filter<T> = {
  (array: T[], f: (item: T) => boolean): T[]
}

let filter: Filter = (array, f) => // Error TS2314: Generic type 'Filter'
```

```
  // ...                           // requires 1 type argument(s).

type OtherFilter = Filter          // Error TS2314: Generic type 'Filter'
                                   // requires 1 type argument(s).

let filter: Filter<number> = (array, f) =>
  // ...

type StringFilter = Filter<string>
let stringFilter: StringFilter = (array, f) =>
  // ...
```

Allgemein gesprochen, bindet TypeScript konkrete Typen an Ihre Generics, wenn sie verwendet werden: für Funktionen beim Aufruf, für Klassen bei ihrer Instanzierung (mehr hierzu unter »Polymorphismus« auf Seite 102) und für Typaliase und Interfaces (siehe »Interfaces« auf Seite 92), wenn Sie diese verwenden oder implementieren.

Wo können Generics deklariert werden?

Für jeden Weg, in TypeScript eine Aufrufsignatur zu deklarieren, gibt es auch eine passende Möglichkeit, einen generischen Typ hinzuzufügen:

```
type Filter = { ❶
  <T>(array: T[], f: (item: T) => boolean): T[]
}
let filter: Filter = // ...

type Filter<T> = { ❷
  (array: T[], f: (item: T) => boolean): T[]
}
let filter: Filter<number> = // ...

type Filter = <T>(array: T[], f: (item: T) => boolean) => T[] ❸
let filter: Filter = // ...

type Filter<T> = (array: T[], f: (item: T) => boolean) => T[] ❹
let filter: Filter<string> = // ...

function filter<T>(array: T[], f: (item: T) => boolean): T[] { ❺
  // ...
}
```

❶ Eine vollständige Aufrufsignatur, bei der der Geltungsbereich von `T` mit einer eigenen Signatur festgelegt wird. Da der Geltungsbereich von `T` auf eine einzelne Signatur beschränkt ist, bindet TypeScript `T` in dieser Signatur an einen konkreten Typ, wenn eine Funktion des Typs `filter` aufgerufen wird. Jeder Aufruf von `filter` erhält eine eigene Bindung für `T`.

❷ Eine vollständige Aufrufsignatur, wobei der Geltungsbereich für `T` sich auf *alle* Signaturen erstreckt. Da `T` als Teil des Typs `Filter` deklariert wurde (und nicht als Teil eines bestimmten Signaturtyps) führt TypeScript die Bindung von T durch, wenn eine Funktion des Typs Filter deklariert wird.

❸ Wie ❶, aber mit einer Kurzschrift-Aufrufsignatur.

❹ Wie ❷, aber mit einer Kurzschrift-Aufrufsignatur.

❺ Die Aufrufsignatur einer benannten Funktion, wobei der Geltungsbereich von T an die Signatur gekoppelt ist. Beim Aufruf von filter bindet TypeScript den konkreten Typ an T. Jeder Aufruf von filter erhält seine eigene Bindung für T.

Als zweites Beispiel schreiben wir eine map-Funktion. Sie funktioniert so ähnlich wie filter. Anstatt aber Elemente aus einem Array zu entfernen, verwendet map eine Mapping-Funktion, um die Elemente umzuwandeln. Wir beginnen wieder mit einer Skizze der Implementierung:

```
function map(array: unknown[], f: (item: unknown) => unknown): unknown[] {
  let result = []
  for (let i = 0; i < array.length; i++) {
    result[i] = f(array[i])
  }
  return result
}
```

Vor der Umsetzung sollten Sie überlegen, wie Sie map generisch machen können, damit jedes Vorkommen von unknown durch einen bestimmten Typ ersetzt wird. Wie viele generische Typen brauchen Sie? Wie werden sie deklariert und wie wird die map-Funktion als Geltungsbereich festgelegt? Welche Typen sollen array, f und der Rückgabewert bekommen?

Bereit? Wenn Sie es noch nicht selbst ausprobiert haben, dann ist jetzt der richtige Moment. Sie können das. Bestimmt!

Also gut. Hier ist die Antwort (aber nicht meckern!):

```
function map<T, U>(array: T[], f: (item: T) => U): U[] {
  let result = []
  for (let i = 0; i < array.length; i++) {
    result[i] = f(array[i])
  }
  return result
}
```

Wir brauchen genau zwei Typen: T für den Typ der empfangenen Arrayelemente und U für den Typ der ausgehenden Arrayelemente. Wir übergeben ein Array mit Ts sowie eine Mapping-Funktion. Diese übernimmt ein T und wandelt es in ein U um. Am Schluss geben wir ein Array mit Us zurück.

filter und map in der Standardbibliothek

Unsere Definitionen von filter und map haben eine erstaunlich große Ähnlichkeit mit denen, die TypeScript beiliegen:

```
interface Array<T> {
  filter(
    callbackfn: (value: T, index: number, array: T[]) => any,
    thisArg?: any
  ): T[]
  map<U>(
    callbackfn: (value: T, index: number, array: T[]) => U,
    thisArg?: any
  ): U[]
}
```

Wir haben Interfaces bis jetzt noch nicht behandelt, aber diese Definition besagt, dass `filter` und `map` Funktionen sind, die ein Array des Typs `T` übernehmen. Außerdem übernehmen beide eine Callback-Funktion (`callbackfn`) und einen Typ für `this` innerhalb der Funktion.

`filter` übernimmt ein `T`, dessen Geltungsbereich das gesamte `Array`-Interface ist. `map` verwendet ebenfalls `T` und fügt ein zweites Generic namens `U` hinzu, dessen Geltungsbereich auf die `map`-Funktion beschränkt ist. Dadurch bindet TypeScript bei der Erstellung eines Arrays einen konkreten Typ an `T`, der bei jedem Aufruf von `filter` oder `map` an dem Array für beide Funktionen gleich ist. Außerdem erhält `map` bei jedem Aufruf – neben dem bereits vorhandenen Zugriff auf das bereits gebundene `T` – zusätzlich eine eigene Bindung für `U`.

Viele Funktionen der JavaScript-Standardbibliothek sind generisch, besonders die für den `Array`-Prototyp. Arrays können Werte beliebigen Typs enthalten. Wir können diesen Typ `T` nennen und dann sagen: »`.push` übernimmt ein Argument des Typs `T`« oder »`.map` wandelt ein Array aus `T`s in ein Array aus `U`s um«.

Generische Typableitung

Normalerweise kann TypeScript generische Typen recht gut für Sie ableiten. Wenn Sie die `map`-Funktion von vorhin aufrufen, leitet TypeScript ab, dass `T` den Typ `string` hat und `U` den Typ `boolean`:

```
function map<T, U>(array: T[], f: (item: T) => U): U[] {
  // ...
}

map(
  ['a', 'b', 'c'],  // Ein Array mit Ts
  _ => _ === 'a'    // Eine Funktion, die ein U zurückgibt
)
```

Daneben ist es auch möglich, Generics explizit zu annotieren. Hierbei gilt: »Alles oder nichts!«. Entweder Sie annotieren jeden benötigten generischen Typ oder keinen:

```
map    <string, boolean>(
  ['a', 'b', 'c'],
  _ => _ === 'a'
)
```

```
map    <string>( // Error TS2558: Expected 2 type arguments, but got 1.
  ['a', 'b', 'c'],
  _ => _ === 'a'
)
```

TypeScript überprüft, dass jeder abgeleitete generische Typ dem entsprechenden explizit gebundenen generischen Typ zuweisbar ist. Falls nicht, wird ein Fehler ausgelöst:

```
// Okay, weil boolean an boolean | string zugewiesen werden kann
map<string, boolean | string>(
  ['a', 'b', 'c'],
  _ => _ === 'a'
)

map<string, number>(
  ['a', 'b', 'c'],
  _ => _ === 'a'  // Error TS2322: Type 'boolean' is not assignable
)                 // to type 'number'.
```

Da TypeScript die an die generische Funktion übergebenen Argumente verwendet, um die konkreten Typen für Ihre Generics abzuleiten, können gelegentlich Fälle wie dieser auftreten:

```
let promise = new Promise(resolve =>
  resolve(45)
)
promise.then(result => // Abgeleitet als {}
  result * 4 // Error TS2362: The left-hand side of an arithmetic operation must
)            // be of type 'any', 'number', 'bigint', or an enum type.
```

Was ist da denn los? Warum hat TypeScript `result` als {} abgeleitet? Weil wir TypeScript nicht genug Informationen gegeben haben. Da TypeScript nur die Typen der Argumente einer generischen Funktion verwendet, um den Typ eines Generics zu ermitteln, hat es `T` hier mit dem Standardwert {} versehen!

Um das zu reparieren, müssen wir den generischen Typparameter von `Promise` explizit annotieren:

```
let promise = new Promise<number>(resolve =>
  resolve(45)
)
promise.then(result => // number
  result * 4
)
```

Generische Typaliase

Wir kennen generische Typaliase bereits aus unserem `filter`-Beispiel weiter vorn in diesem Kapitel. Wenn Sie sich die Typen `Array` und `ReadonlyArray` aus dem vorigen Kapitel noch einmal ansehen (siehe »Immutable (schreibgeschützte) Arrays und

Tupel« auf Seite 37), werden Sie feststellen, dass es sich dabei ebenfalls um generische Typaliase handelt! Jetzt wollen wir uns genauer mit der Verwendung von Generics in Typaliasen beschäftigen. Am besten geht das mit einem kurzen Beispiel.

Wir definieren den Typ `MyEvent`, der ein DOM-Event, z.B. einen Mausklick (`click`) oder eine gedrückte Maustaste (`mousedown`), beschreibt:

```
type MyEvent<T> = {
  target: T
  type: string
}
```

Dies ist übrigens der einzige gültige Ort, an dem ein generischer Typ in einem Typalias definiert werden kann: direkt nach dem Namen des Typalias und vor der Zuweisung (`=`).

Die `target`-Eigenschaft von `MyEvent` verweist auf das Element, an dem das Event ausgelöst wurde: ein `<button>` , ein `<div>` etc. Ein Button-Event könnten wir beispielsweise so beschreiben:

```
type ButtonEvent = MyEvent<HTMLButtonElement>
```

Wenn Sie einen generischen Typ wie `MyEvent` verwenden, müssen Sie dessen Typparameter explizit binden. Er wird nicht automatisch für Sie abgeleitet:

```
let myEvent: Event<HTMLButtonElement | null> = {
  target: document.querySelector('#myButton'),
  type: 'click'
}
```

Sie können `MyEvent` auch verwenden, um einen anderen Typ zu erstellen, z.B. `TimedEvent`. Wird das generische `T` in `TimedEvent` gebunden, bindet es TypeScript auch für `MyEvent`:

```
type TimedEvent<T> = {
  event: MyEvent<T>
  from: Date
  to: Date
}
```

Generische Typaliase können auch in einer Funktionssignatur verwendet werden. Wenn TypeScript einen konkreten Typ an `T` bindet, wird diese Bindung auch für `MyEvent` durchgeführt:

```
function triggerEvent<T>(event: MyEvent<T>): void {
  // ...
}

triggerEvent({ // T hat den Typ Element | null
  target: document.querySelector('#myButton'),
  type: 'mouseover'
})
```

Das sehen wir uns am besten Schritt für Schritt an:

1. Wir rufen `triggerEvent` mit einem Objekt auf.
2. TypeScript sieht anhand der Funktionssignatur, dass das übergebene Argument den Typ `MyEvent<T>` haben muss. Es merkt außerdem, dass wir `MyEvent <T>` als `{target: T, type: string}` definiert haben.
3. TypeScript stellt fest, dass das `target`-Feld des übergebenen Objekts den Wert `document.querySelector('#myButton')` hat. Also muss `T` den gleichen Typ haben wie `document.querySelector('#myButton')`, nämlich: `Element | null`. Entsprechend wird `T` an den Typ `Element | null`. gebunden.
4. TypeScript ersetzt nun jedes Vorkommen von `T` durch `Element | null`.
5. TypeScript stellt sicher, dass alle unsere Typen zuweisbar sind. Das funktioniert, und der Typecheck für unseren Code war erfolgreich.

Begrenzter Polymorphismus

In diesem Abschnitt verwende ich einen Binärbaum als Beispiel. Machen Sie sich keine Sorgen, wenn Sie noch nicht mit binären Baumstrukturen gearbeitet haben. Für unsere Zwecke reicht es, wenn Sie Folgendes wissen:

- Ein binärer Baum ist eine Datenstruktur.
- Ein Binärbaum besteht aus Knoten (nodes).
- Ein Knoten enthält einen Wert und kann auf bis zu zwei Kindknoten verweisen.
- Ein Knoten kann einen von zwei Typen haben: einen *Blattknoten* (d.h., er hat keine Kindelemente) oder einen *inneren Knoten* (d .h., er hat mindestens ein Kindelement).

Manchmal ist es nicht genug, wenn man sagt: »Dieses Ding hat den generischen Typ `T`, und jenes Ding hat den gleichen Typ `T`.« Manchmal wollen Sie sagen können: »Der Typ `U` sollte *mindestens den Typ T* haben.« Das heißt, wir legen für `U` eine Obergrenze (upper bound) fest.

Wie lässt sich das umsetzen? Angenommen, wir implementieren einen Binärbaum. Dafür verwenden wir drei verschiedene Knoten-Typen:

1. Reguläre Baumknoten (`TreeNode`)
2. Blattknoten (`LeafNode`), d.h. Baumknoten (`TreeNode`) ohne Kindelemente.
3. Innere Knoten (`InnerNode`), d.h. Baumknoten (`TreeNode`) mit Kindelementen.

Wir beginnen mit der Deklaration unserer Typen:

```
type TreeNode = {
  value: string
}
type LeafNode = TreeNode & {
  isLeaf: true
```

```
}
type InnerNode = TreeNode & {
  children: [TreeNode] | [TreeNode, TreeNode]
}
```

Das bedeutet, TreeNode ist ein Objekt mit einer einzelnen Eigenschaft: value. Der Typ LeafNode (Blattknoten) hat die gleichen Eigenschaften wie TreeNode, besitzt aber zusätzlich die Eigenschaft isLeaf (istBlattknoten), die grundsätzlich wahr (true) ist. InnerNode besitzt ebenfalls die Eigenschaften von TreeNode, hat aber zusätzlich die Eigenschaft children, die auf ein oder zwei Kindelemente verweist.

Jetzt wollen wir eine Funktion namens mapNode schreiben. Sie übernimmt einen TreeNode, wandelt ihn um und gibt einen neuen TreeNode zurück. Am Ende soll map Node benutzt werden wie folgt:

```
let a: TreeNode = {value: 'a'}
let b: LeafNode = {value: 'b', isLeaf: true}
let c: InnerNode = {value: 'c', children: [b]}

let a1 = mapNode(a, _ => _.toUpperCase()) // TreeNode
let b1 = mapNode(b, _ => _.toUpperCase()) // LeafNode
let c1 = mapNode(c, _ => _.toUpperCase()) // InnerNode
```

Bevor Sie weitermachen, überlegen Sie, wie Sie eine mapNode-Funktion schreiben könnten. Sie soll einen Subtyp von TreeNode übernehmen und den gleichen Subtyp zurückgeben. Wird ein LeafNode übergeben, sollte auch ein LeafNode wieder zurückgegeben werden, wird ein InnerNode übergeben, sollte der Rückgabewert ebenfalls ein InnerNode sein. Geht das überhaupt?

Hier die Antwort:

```
function mapNode<T extends TreeNode>( ❶
  node: T, ❷
  f: (value: string) => string
): T { ❸
  return {
    ...node,
    value: f(node.value)
  }
}
```

❶ mapNode ist eine Funktion, die einen einzelnen generischen Typparameter T definiert. Die Obergrenze von T ist TreeNode. Das heißt, T muss entweder selbst ein TreeNode oder ein Subtyp davon sein.

❷ mapNode übernimmt zwei Parameter. Der erste ist ein Knoten des Typs T. In ❶ haben wir gesagt: node extends TreeNode. Übergeben wir etwas, das kein TreeNode ist – vielleicht ein leeres Objekt {}, null oder ein Array mit TreeNode –, würde unser Codeeditor das sofort mit einer roten Unterschlängelung quittieren. node muss entweder selbst ein TreeNode oder ein Subtyp von TreeNode sein.

❸ mapNode gibt einen Wert des Typs T zurück. Das heißt, T kann ein TreeNode oder einer seiner Subtypen sein.

Warum mussten wir T auf diese Weise deklarieren?

- Hätten wir T nur als T typisiert (und extends TreeNode weggelassen), hätte mapNode einen Kompilierungsfehler ausgelöst. TypeScript hätte uns mitgeteilt, dass node.value an einem ungebundenen node des Typs T nicht auf sichere Weise lesen kann (was, wenn der Benutzer eine Zahl übergibt?).
- Hätten wir T komplett weggelassen und mapNode als (node: TreeNode, f: (value: string) => string) => TreeNode deklariert, hätten wir nach der Umwandlung des Knotens Informationen verloren: a1, b1 und c1 wären nur noch einfache TreeNodes.

Indem wir sagen, T extends TreeNode, erhalten wir den spezifischen Typ des Eingabeknotens (TreeNode, LeafNode oder InnerNode) auch nach der Umwandlung.

Begrenzter Polymorphismus mit mehrfachen Beschränkungen (constraints)

Im vorigen Beispiel haben wir T mit nur einer Beschränkung versehen. T musste mindestens ein TreeNode sein. Was machen Sie aber, wenn Sie mehrere Typbeschränkungen benötigen?

Erweitern Sie einfach die Vereinigungsmenge (&) dieser Beschränkungen:

```
type HasSides = {numberOfSides: number}
type SidesHaveLength = {sideLength: number}

function logPerimeter< ❶
  Shape extends HasSides & SidesHaveLength ❷
>(s: Shape): Shape { ❸
  console.log(s.numberOfSides * s.sideLength)
  return s
}

type Square = HasSides & SidesHaveLength
let square: Square = {numberOfSides: 4, sideLength: 3}
logPerimeter(square) // Square, logs "12"
```

❶ logPerimeter ist eine Funktion, die ein einzelnes Argument s des Typs Shape übernimmt.

❷ Shape (Form) ist ein generischer Typ, der sowohl den Typ HasSides als auch den Typ SidesHaveLengths erweitert. Auf Deutsch: Eine Form (Shape) muss mindestens Seiten (Sides) haben, die ihrerseits eine Länge (Length) besitzen.

❸ Der Rückgabewert von logPerimeter entspricht exakt dem übergebenen Typ.

Begrenzten Polymorphismus für die Modellierung von Arität verwenden

Eine weitere Situation, in der begrenzter Polymorphismus verwendet wird, ist die Modellierung variadischer Funktionen (Funktionen, die eine beliebige Menge von Argumenten übernehmen). Als Beispiel wollen wir unsere eigene Version der JavaScript-eigenen Funktion call implementieren (call übernimmt eine Funktion und eine beliebige Anzahl von Argumenten und wendet diese dann auf die übergebene

Funktion an).[8] Die Definition und Verwendung sehen Sie unten. Da wir die Typen später ergänzen, benutzen wir erst einmal den Typ unknown:

```
function call(
  f: (...args: unknown[]) => unknown,
  ...args: unknown[]
): unknown {
  return f(...args)
}

function fill(length: number, value: string): string[] {
  return Array.from({length}, () => value)
}

call(fill, 10, 'a') // ergibt ein Array mit 10 'a's
```

Jetzt wollen wir unknown durch die tatsächlichen Typen ersetzen. Folgende Beschränkungen sollen ausgedrückt werden:

- Die Funktion f soll eine Reihe von Argumenten T übernehmen und einen Wert vom Typ R zurückgeben. Wir wissen vorher nicht, wie viele Argumente übergeben werden.
- call übernimmt f mit den gleichen Argumenten vom Typ T wie f selbst. Auch hier ist die Anzahl der Argumente vorher nicht bekannt.
- call hat den gleichen Rückgabetyp wie f, nämlich R.

Wir brauchen zwei Typparameter: T, ein Array mit Argumenten, und R, das für einen beliebigen Rückgabewert steht. Ergänzen wir die Typen:

```
function call<T extends unknown[], R>( ❶
  f: (...args: T) => R, ❷
  ...args: T ❸
): R { ❹
  return f(...args)
}
```

Wie funktioniert das im Einzelnen? Am besten sehen wir uns das Schritt für Schritt an:

❶ call ist eine variadische Funktion (d.h., sie übernimmt eine beliebige Anzahl von Argumenten) mit zwei Typparametern: T und R. T ist ein Subtyp von unknown[], d.h., T ist ein Array oder ein Tupel eines beliebigen Typs.

❷ Der erste Parameter von call ist eine Funktion f. f ist ebenfalls variadisch. Ihre Argumente haben den gleichen Typ wie args: Egal, welchen Typ args hat, die Argumente von f haben exakt den gleichen Typ.

❸ Zusätzlich zur Funktion f kann call per ...args beliebig viele zusätzliche Parameter übernehmen. args ist als Restparameter definiert, der eine variable Anzahl von Argumenten beschreibt. Der Typ von args ist T, dabei muss T ein

8 Um unsere Implementierung etwas zu vereinfachen, wird in unserer call-Version die mögliche Übergabe von this nicht berücksichtigt.

Subtyp von Array sein. (Hätten wir das vergessen anzugeben, hätte uns Type-Script dafür eine rote Linie gezeigt.) Dadurch leitet TypeScript, basierend auf den tatsächlichen Argumenten in args, einen *Tupel-Typ* für T ab.

❹ call hat den Rückgabetyp R. Dabei ist R an den jeweiligen Rückgabetyp von f gebunden.

Wenn wir call aufrufen, weiß TypeScript genau, was der Rückgabetyp ist, und wird sich beschweren, wenn wir die falsche Anzahl an Argumenten übergeben:

```
let a = call(fill, 10, 'a')      // string[]
let b = call(fill, 10)           // Error TS2554: Expected 3 arguments; got 2.
let c = call(fill, 10, 'a', 'z') // Error TS2554: Expected 3 arguments; got 4.
```

In »Typinferenz für Tupel verbessern« auf Seite 142 verwenden wir übrigens eine ähnliche Technik, um die TypeScript-Ableitung für Tupel zu verbessern.

Generische Standardtypen

Genauso, wie Sie Standardwerte für Funktionsparameter definieren, können Sie auch generische Typparameter mit Standardwerten versehen. Sehen wir uns hierzu noch einmal den Typ MyEvent aus »Generische Typaliase« auf Seite 74 an, den wir benutzt haben, um DOM-Events zu modellieren:

```
type MyEvent<T> = {
  target: T
  type: string
}
```

Um ein neues Event zu erstellen, mussten wir explizit einen generischen Typ an MyEvent binden. Dieser stand für ein bestimmtes HTML-Element, an dem das Event ausgelöst wurde:

```
let buttonEvent: MyEvent<HTMLButtonElement> = {
  target: myButton,
  type: string
}
```

Aus Bequemlichkeit und für Situationen, in denen wir das spezifische Element nicht kennen (an das MyEvent gebunden wird), können wir MyEvent mit einem Standardtypen versehen:

```
type MyEvent<T = HTMLElement> = {
  target: T
  type: string
}
```

Bei dieser Gelegenheit können wir auch gleich weiter vorn Gelerntes anwenden und versehen T mit einer Obergrenze, um sicherzustellen, dass T ein HTML-Element ist:

```
type MyEvent<T extends HTMLElement = HTMLElement> = {
  target: T
```

```
  type: string
}
```

Jetzt können wir auf einfache Weise ein Event erstellen, das zu Beginn auf kein bestimmtes `HTMLElement` beschränkt ist. Außerdem ist es bei der Erstellung des Events nicht mehr nötig, das `T` von `MyEvent` manuell an `HTMLElement` zu binden.

```
let myEvent: MyEvent = {
  target: myElement,
  type: string
}
```

Beachten Sie, dass generische Typen mit Standardwerten, wie optionale Funktionsparameter, nach den generischen Typen ohne Standardwerte angegeben werden müssen:

```
// Gut
type MyEvent2<
  Type extends string,
  Target extends HTMLElement = HTMLElement,
> = {
  target: Target
  type: Type
}

// Schlecht
type MyEvent3<
  Target extends HTMLElement = HTMLElement,
  Type extends string  // Error TS2706: Required type parameters may
> = {                  // not follow optional type parameters.
  target: Target
  type: Type
}
```

Typgetriebene Entwicklung

Ein leistungsstarkes Typsystem bringt große Macht mit sich. Wenn Sie mit TypeScript programmieren, werden Sie oft eine »Typen zuerst«-Strategie verfolgen. Damit ist natürlich die *typgetriebene Entwicklung* gemeint.

> **Typgetriebene Entwicklung**
>
> Ein Programmierstil, bei dem Sie zuerst die Typsignaturen skizzieren und die Werte später ergänzen.

Statische Typsysteme existieren, um die Wertetypen, die Ausdrücke enthalten könnten, zu beschränken. Je differenzierter ein Typsystem ist, desto mehr sagt es über den im Ausdruck enthaltenen Wert aus. Wenn Sie ein ausdrucksstarkes

Typsystem auf eine Funktion anwenden, teilt Ihnen die Typsignatur der Funktion bereits das meiste mit, was Sie über die Funktion wissen müssen.

Sehen wir uns hierzu noch einmal die Typsignatur der map-Funktion aus diesem Kapitel an:

```
function map<T, U>(array: T[], f: (item: T) => U): U[] {
  // ...
}
```

Selbst wenn Sie die map-Funktion nie zuvor gesehen haben, können Sie schnell einen Eindruck davon bekommen, was map tut: Es übernimmt ein Array des Typs T und eine Funktion f, die ein T in ein U umwandelt. Rückgabewert ist ein Array des Typs U. Um das herauszufinden, müssen Sie nicht einmal die Implementierung der Funktion kennen![9]

Wenn Sie ein TypeScript-Programm schreiben, sollten Sie mit der Definition Ihrer Funktionssignaturen beginnen – *Typen zuerst* – und die Implementierungen später vornehmen. Indem Sie Ihr Programm zuerst auf Typebene skizzieren, sorgen Sie dafür, dass auf einer höheren Ebene alles einen Sinn ergibt, bevor Sie sich an die Implementierungen machen.

Bis jetzt haben wir das eher umgekehrt gemacht: Wir haben mit der Implementierung begonnen und daraus die benötigten Typen abgeleitet. Jetzt wissen Sie aber, wie Funktionen in TypeScript geschrieben und typisiert werden. Daher schalten wir um und skizzieren die Typen zuerst und tragen die Details später nach.

Zusammenfassung

In diesem Kapitel ging es um die Deklaration und den Aufruf von Funktionen. Wir haben besprochen, wie Parameter typisiert werden und wie häufige Merkmale von JavaScript-Funktionen wie Standardparameter, Restparameter, Generatorfunktionen und Iteratoren in TypeScript ausgedrückt werden können. Wir haben uns damit beschäftigt, welcher Unterschied zwischen den Aufrufsignaturen und den Implementierungen von Funktionen besteht. Wir haben gesehen, was kontextuelle Typisierung ist, und die verschiedenen Möglichkeiten, Funktionen zu überladen, kennengelernt. Am Schluss haben wir uns eingehend mit Polymorphismus für Funktionen und Typaliase beschäftigt: warum Polymorphismus nützlich ist, wie und wo generische Typen deklariert werden, wie TypeScript generische Typen ableitet und wie sie mit Beschränkungen und Standardtypen versehen werden können. Wir haben das Kapitel mit einem kurzen Hinweis zur typgetriebenen Entwicklung beendet und erklärt, was das ist und wie Sie Ihr neues Wissen zu Funktionstypen dafür benutzen können.

---

9 Es gibt ein paar Programmiersprachen (zum Beispiel die Haskell-artige Sprache Idris), die eingebaute Mechanismen zum Auflösen von Beschränkungen besitzen, die aus den von Ihnen geschriebenen Funktionssignaturen *automatisch* Funktionskörper implementieren können!

Übungen

1. Welche Teile der Funktionssignatur einer Funktion leitet TypeScript ab: die Parameter, den Rückgabetyp oder beides?
2. Ist das JavaScript-Objekt `argument` typsicher? Falls nicht, was können Sie stattdessen verwenden?
3. Sie wollen einen Urlaub buchen, der sofort beginnt. Aktualisieren Sie die überladene reserve-Funktion aus diesem Kapitel (»Überladene Funktionstypen« auf Seite 60) mit einer dritten Aufrufsignatur, die nur ein Reiseziel ohne ein spezifisches Startdatum übernimmt. Aktualisieren Sie die Implementierung von reserve, um die neue überladene Signatur zu unterstützen.
4. [Schwer] Aktualisieren Sie unsere Implementierung von `call` aus diesem Kapitel (»Begrenzten Polymorphismus für die Modellierung von Arität verwenden« auf Seite 78), sodass sie nur für Funktionen nutzbar ist, deren zweites Argument den Typ `string` hat. Für alle anderen Funktionen sollte Ihre Implementierung in der Kompilierungsphase einen Fehler auslösen.
5. Implementieren Sie eine kleine typsichere Bibliothek zur Überprüfung von Zusicherungen (assertions) mit dem Namen `is`. Skizzieren Sie zuerst die nötigen Typen. Wenn Sie fertig sind, sollten Sie die Bibliothek benutzen können wie folgt:

```
// Zwei Strings vergleichen
is('string', 'otherstring') // falsch

// Zwei boolesche Werte vergleichen
is(true, false) // falsch

// Zwei Zahlen vergleichen
is(42, 42) // wahr

// Der Vergleich zweier unterschiedlicher Typen sollten einen
// Fehler bei der Kompilierung auslösen
is(10, 'foo') // Error TS2345: Argument of type '"foo"' is not assignable
              // to parameter of type 'number'.

// [Schwer] Es soll eine beliebige Anzahl
// Argumente übergeben werden können
is([1], [1, 2], [1, 2, 3]) // falsch
```

KAPITEL 5

Klassen und Interfaces

Wenn Sie wie die meisten Programmierer von einer objektorientierten Programmiersprache kommen, sind Klassen Ihr tägliches Brot. Klassen sind die Grundlage Ihrer Denkweise und Ihres Programmierstils und sie sind die Grundeinheit der Verkapselung. Es wird Sie freuen, dass Klassen in TypeScript große Ähnlichkeit mit C# haben und z.B. Sichtbarkeits-Modifier (`private`, `public`, `protected`), Property-Initializer, Polymorphismus, Dekoratoren und Interfaces unterstützt werden. Da TypeScript-Klassen zu regulären JavaScript-Klassen kompiliert werden, können Sie auch JavaScript-eigene Dinge wie Mixins typsicher ausdrücken.

Einige der Merkmale von TypeScripts Klassen wie Property-Initializer und Dekoratoren werden auch von JavaScript-Klassen unterstützt[1] und erzeugen Laufzeit-Code. Andere Merkmale wie Visibility Modifier, Interfaces und Generics gibt es nur in TypeScript. Sie existieren nur während der Kompilierungsphase und erzeugen bei der Kompilierung Ihrer Applikation in JavaScript keinen Code.

In diesem Kapitel führe ich Sie durch ein erweitertes Beispiel für die Arbeit mit Klassen in TypeScript. So verbessern Sie nicht nur Ihr Gefühl, sondern auch Ihr Verständnis für die Verwendung der objektorientierten Sprachmerkmale von TypeScript. Dafür sollten Sie den Code nicht nur lesen, sondern ihn auch in Ihren Editor eingeben.

Klassen und Vererbung

Wir werden eine Schachspiel-Engine programmieren. Sie soll ein Schachspiel nachbilden und eine API für zwei Spieler bereitstellen, die abwechselnd Spielzüge machen.

Wir beginnen mit einer Skizze der benötigten Typen:

```
// Repräsentiert ein Schachspiel
class Game {}
```

1 Oder ihre Unterstützung durch JavaScript-Klassen ist für eine baldige Version vorgesehen.

```
// Eine Schachfigur
class Piece {}

// Die Koordinaten für eine bestimmte Figur
class Position {}
```

Es gibt sechs verschiedene Spielfiguren-Typen: `King` (König), `Queen` (Dame), `Bishop` (Läufer), `Knight` (Pferd), `Rook` (Turm) und `Pawn` (Bauer):

```
// ...
class King extends Piece {}
class Queen extends Piece {}
class Bishop extends Piece {}
class Knight extends Piece {}
class Rook extends Piece {}
class Pawn extends Piece {}
```

Jede Figur hat eine Farbe und eine aktuelle Position. Beim Schach werden die Positionen als Koordinaten aus Buchstaben und Zahlen angegeben. Die Buchstaben laufen von links nach rechts auf der x-Achse, die Zahlen von unten nach oben auf der y-Achse (Abbildung 5-1).

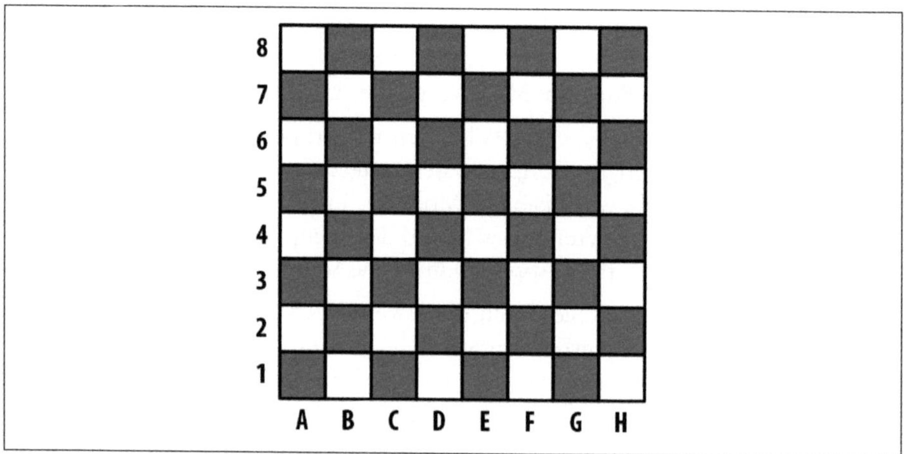

Abbildung 5-1: In der Standard-Schachnotation heißen die Spalten A–H »Linien« (engl. files), die Zeilen 1–8 werden »Reihen« (engl. ranks) genannt.

Jetzt können wir unsere `Piece`-Klasse mit Farben und Positionsangaben versehen:

```
type Color = 'Black' | 'White'
type File = 'A' | 'B' | 'C' | 'D' | 'E' | 'F' | 'G' | 'H'
type Rank = 1 | 2 | 3 | 4 | 5 | 6 | 7 | 8 ❶

class Position {
  constructor(
    private file: File, ❷
    private rank: Rank
  ) {}
}
```

```
class Piece {
  protected position: Position ❸
  constructor(
    private readonly color: Color, ❹
    file: File,
    rank: Rank
  ) {
    this.position = new Position(file, rank)
  }
}
```

❶ Wegen der Anzahl an Farben (`Color`), Linien (`File`) und Reihen (`Rank`) können wir die möglichen Werte als Typliterale manuell angeben. So erhalten wir noch mehr Sicherheit, da die Gruppe aller Strings und Zahlen auf eine Handvoll tatsächlich möglicher Werte beschränkt wird.

❷ Der *Zugriffs-Modifier* (access modifier) `private` im Konstruktor weist die Parameter automatisch `this` zu (als `this.file` etc.) und setzt die Sichtbarkeit auf `private`. Dadurch kann nur der Code *innerhalb* einer `Piece`-Instanz die Werte lesen und schreiben, Code von außerhalb eines `Piece` jedoch nicht. Verschiedene Instanzen von `Piece` können auf die privaten Membervariablen anderer `Piece`-Instanzen zugreifen, Instanzen einer anderen Klasse – nicht einmal einer Subklasse von `Piece` – dagegen nicht.

❸ Wir deklarieren die Instanzvariable `position` als `protected` (geschützt). Wie `private` weist auch `protected` die Eigenschaft an `this` zu. Im Gegensatz zu `private` macht `protected` die Eigenschaft aber nicht nur für Instanzen von `Piece` zugänglich, sondern auch für Instanzen der Subklassen von `Piece`. Da wir `position` bei seiner Deklaration keinen Wert zugewiesen haben, müssen wir das in der Konstruktorfunktion von `Piece` tun. Ohne die Zuweisung eines Werts im Konstruktor hätte TypeScript uns mitgeteilt, dass die Variable nicht *definitiv zugewiesen* ist. Wir haben festgelegt, dass ihr Typ `T` ist, tatsächlich ist er aber `T | undefined`, da wir weder im Property-Initializer noch im Konstruktor einen Wert zugewiesen haben. Wir hätten also die Signatur so ändern müssen, dass der Wert nicht unbedingt eine `Position` sein muss, sondern auch `undefined` sein kann.

❹ `new Piece` übernimmt drei Parameter: `color`, `file` und `rank`. Wir haben `color` außerdem mit zwei Modifiern versehen: `private` weist die Eigenschaft an `this` zu und sorgt dafür, dass sie nur innerhalb einer `Piece`-Instanz zugänglich ist, `readonly` definiert den Wert nach der ersten Zuweisung als schreibgeschützt.

TSC-Flags: strictNullChecks und strictPropertyInitialization

Um die Überprüfung auf definitive Zuweisung für Instanzvariablen von Klassen zu verwenden, aktivieren Sie die Flags `strictNullChecks` und `strictPropertyInitialization` in Ihrer *tsconfig.json*. Wenn Sie bereits das `strict`-Flag verwenden, brauchen Sie nichts weiter zu tun.

TypeScript unterstützt drei Arten von Zugriffs-Modifiern für Klassen-Eigenschaften und -methoden:

`public`
: Von überall zugänglich. Dies ist die Standard-Zugriffsebene.

`protected`
: Zugänglich von allen Instanzen dieser Klasse und ihrer Subklassen.

`private`
: Nur von Instanzen dieser Klasse (aber nicht ihrer Subklassen) zugänglich.

Anhand von Zugriffs-Modifiern können Sie Klassen entwickeln, die nur wenige Informationen über ihre Implementierung preisgeben. Stattdessen erfolgt die Benutzung durch Dritte anhand wohldefinierter APIs.

Wir haben die Klasse `Piece` definiert, aber Benutzer sollten ein neues `Piece` nicht direkt instanziieren können.

Stattdessen sollen Sie eine Dame (`Queen`) oder einen Läufer (`Bishop`) etc. erstellen und *diesen* instanziieren können. Um das umzusetzen, können wir das Typsystem verwenden, indem wir das Schlüsselwort `abstract` angeben:

```
// ...
abstract class Piece {
  constructor(
    // ...
```

Wenn Sie jetzt versuchen, ein `Piece` direkt zu instanziieren, beschwert sich TypeScript umgehend:

```
new Piece('White', 'E', 1)  // Error TS2511: Cannot create an instance
                            // of an abstract class.
```

Das Schlüsselwort `abstract` bedeutet, dass wir die Klasse nicht direkt instanziieren können. Das hält Sie aber nicht davon ab, ein paar Methoden daran zu definieren:

```
// ...
abstract class Piece {
  // ...
  moveTo(position: Position) {
    this.position = position
  }
  abstract canMoveTo(position: Position): boolean
}
```

Unsere `Piece`-Klasse besitzt jetzt folgende Merkmale:

- Weist ihre Subklassen an, eine `canMoveTo`-Methode zu implementieren, die mit der angegebenen Signatur kompatibel ist. Wird eine Klasse `Piece` erweitert, ohne die abstrakte `canMoveTo`-Methode zu implementieren, wird bei der Kompilierung ein TypeError ausgelöst. Wenn Sie eine abstrakte Klasse implementieren, müssen auch ihre abstrakten Methoden implementiert werden.

- Besitzt eine Standard-Implementierung für `moveTo` (die gegebenenfalls von Subklassen überschrieben wird). Wir haben `moveTo` nicht mit einem Zugriffs-Modifier versehen. Die Methode hat also den Status `public` und kann von anderem Code gelesen und geschrieben werden.

Als Nächstes aktualisieren wir `King` und implementieren die `canMoveTo`-Methode, um die neue Anforderung zu erfüllen. Außerdem implementieren wir die Hilfsfunktion `distanceFrom`, mit der wir auf einfache Weise die Entfernung zwischen zwei Figuren berechnen können:

```
// ...
class Position {
  // ...
  distanceFrom(position: Position) {
    return {
      rank: Math.abs(position.rank - this.rank),
      file: Math.abs(position.file.charCodeAt(0) - this.file.charCodeAt(0))
    }
  }
}

class King extends Piece {
  canMoveTo(position: Position) {
    let distance = this.position.distanceFrom(position)
    return distance.rank < 2 && distance.file < 2
  }
}
```

Wenn wir ein neues Spiel anlegen, werden automatisch ein Schachbrett und einige Figuren erzeugt:

```
// ...
class Game {
  private pieces = Game.makePieces()

  private static makePieces() {
    return [

      // Könige
      new King('White', 'E', 1),
      new King('Black', 'E', 8),

      // Damen
      new Queen('White', 'D', 1),
      new Queen('Black', 'D', 8),

      // Läufer
      new Bishop('White', 'C', 1),
      new Bishop('White', 'F', 1),
      new Bishop('Black', 'C', 8),
      new Bishop('Black', 'F', 8),

      // ...
    ]
  }
}
```

Da wir `Rank` und `File` sehr strikt typisiert haben, würde TypeScript einen Kompilierungsfehler auslösen, wenn wir falsche Buchstaben (z.B. `'J'`) oder Zahlen (z.B. `'12'`) angegeben hätten (Abbildung 5-2).

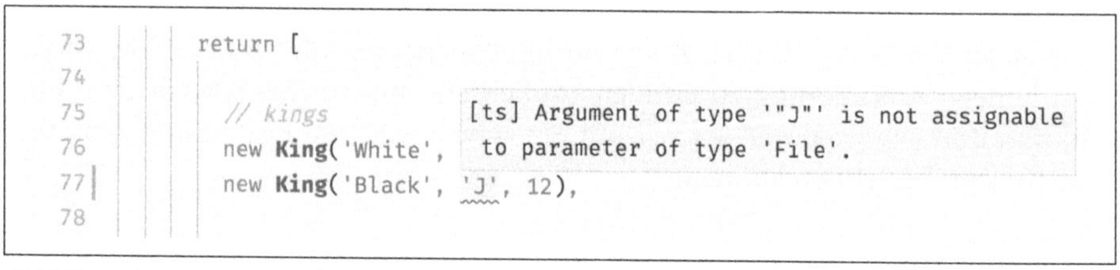

```
  return [

    // kings            [ts] Argument of type '"J"' is not assignable
    new King('White',    to parameter of type 'File'.
    new King('Black', 'J', 12),

```

Abbildung 5-2: TypeScript hilft, die gültigen Reihen und Linien einzuhalten.

Das reicht, um zu zeigen, wie Klassen in TypeScript funktionieren. Die letzten Feinheiten darüber, wie beispielsweise ein Pferd eine Figur schlägt, wie sich Läufer bewegen etc., erspare ich Ihnen hier. Wenn Sie motiviert sind, können Sie das bisher Gezeigte als Startpunkt für Ihre eigene Implementierung des Spiels verwenden.

Kurze Zusammenfassung:

- Für die Deklaration von Klassen verwenden Sie das Schlüsselwort `class`. Mit dem Schlüsselwort `extends` können Klassen erweitert werden.
- Klassen können entweder konkret oder abstrakt (`abstract`) sein. Klassen können abstrakte Methoden und Eigenschaften besitzen.
- Methoden können privat (`private`), geschützt (`protected`) oder öffentlich (`public`, Standardwert) sein. Sie können Instanzmethoden oder statische Methoden besitzen.
- Klassen können Instanzeigenschaften besitzen, die ebenfalls privat (`private`), geschützt (`protected`) oder öffentlich (`public`, Standardwert) sein können. Sie können in Konstruktor-Parametern oder als Property-Initializer deklariert werden.
- Sie können Instanzeigenschaften bei ihrer Deklaration als schreibgeschützt (`readonly`) kennzeichnen.

super

Wie JavaScript unterstützt auch TypeScript `super`-Aufrufe. Überschreibt eine Kindklasse eine in der Elternklasse definierte Methode – etwa wenn `Queen` und `Piece` beide eine `take` -(»schlagen«-)Methode implementieren – dann kann die Instanz der Subklasse einen `super`-Aufruf an die in der Elternklasse definierte Version der Methode durchführen (z.B. `super.take`). Es gibt zwei Arten von `super`-Aufrufen:

- Methodenaufrufe wie `super.take`.
- Konstruktor-Aufrufe. Sie verwenden die spezielle Form `super()` und können nur aus einer Konstruktorfunktion aufgerufen werden. Besitzt Ihre Kindklasse

eine Konstruktorfunktion, müssen Sie super() aus dem Kind-Konstruktor aufrufen, um die Klasse korrekt zu verbinden (keine Sorge, TypeScript warnt Sie, wenn Sie das vergessen; es verhält sich sozusagen wie ein supercooler futuristischer Roboterelefant).

Beachten Sie, dass Sie per super nur auf die *Methoden* der Elternklasse zugreifen können, nicht aber auf ihre *Eigenschaften*.

this als Rückgabetyp verwenden

Sie können this nicht nur als Wert verwenden, sondern auch als Typ (wie in »this typisieren« auf Seite 52 gezeigt). Bei der Arbeit mit Klassen kann der Typ this helfen, die Rückgabetypen der Methode zu annotieren.

Als Beispiel erstellen wir eine vereinfachte Version der Set-Datenstruktur aus ES6, die zwei Operationen unterstützt: das Hinzufügen einer Zahl zum Set (add) und die Überprüfung, ob sich eine bestimmte Zahl im Set befindet (has). Die Verwendung sieht so aus:

```
let set = new Set
set.add(1).add(2).add(3)
set.has(2) // true
set.has(4) // false
```

Zu Beginn definieren wir die Klasse Set und ihre has-Methode:

```
class Set {
  has(value: number): boolean {
    // ...
  }
}
```

Jetzt kommen wir zu add. Beim Aufruf von add wird eine Instanz von Set zurückgegeben. Das könnten wir folgendermaßen typisieren:

```
class Set {
  has(value: number): boolean {
    // ...
  }
  add(value: number): Set {
    // ...
  }
}
```

So weit, so gut. Was passiert aber, wenn wir versuchen, eine Subklasse von Set anzulegen?

```
class MutableSet extends Set {
  delete(value: number): boolean {
    // ...
  }
}
```

Natürlich gibt die add-Methode von Set wieder ein Set zurück. Das müssen wir für unsere Subklasse mit einem MutableSet überschreiben:

```
class MutableSet extends Set {
  delete(value: number): boolean {
    // ...
  }
  add(value: number): MutableSet {
    // ...
  }
}
```

Bei der Arbeit mit Klassen, die andere Klassen erweitern, kann das ziemlich mühsam werden. Sie müssen die Signaturen aller Methoden überschreiben, die this zurückgeben. Und wenn Sie alle Methoden überschreiben müssen, nur um den Typechecker zufriedenzustellen, ergibt das Erben von der Basisklasse kaum noch einen Sinn.

Stattdessen können Sie this als Annotation des Rückgabetyps verwenden. Auf diese Weise kann TypeScript die Arbeit für Sie erledigen:

```
class Set {
  has(value: number): boolean {
    // ...
  }
  add(value: number): this {
    // ...
  }
}
```

Dadurch können Sie das Überschreiben von add aus dem MutableSet entfernen, denn das this in Set zeigt nun auf eine Set-Instanz, während this in MutableSet auf eine Instanz von MutableSet verweist.

```
class MutableSet extends Set {
  delete(value: number): boolean {
    // ...
  }
}
```

Dieses Merkmal ist besonders bei der Arbeit mit verketteten APIs von Vorteil, wie unter »Builder-Muster« auf Seite 110 gezeigt.

Interfaces

Klassen werden häufig mit *Interfaces* benutzt.

Wie Typaliase bieten Interfaces eine Möglichkeit, einen Typ mit einem Namen zu versehen, damit Sie ihn nicht im Code (inline) definieren müssen. Typaliase und Interfaces sind im Prinzip zwei Schreibweisen für die gleiche Sache (wie Funktionsausdrücke und Funktionsdeklarationen). Es gibt allerdings ein paar kleine Unterschiede. Beginnen wir trotzdem mit den Gemeinsamkeiten. Nehmen wir hierfür das folgende Typalias:

```
type Sushi = {
  calories: number
  salty: boolean
  tasty: boolean
}
```

Das lässt sich leicht auch als Interface formulieren:

```
interface Sushi {
  calories: number
  salty: boolean
  tasty: boolean
}
```

Überall, wo Sie das Typalias Sushi benutzen können, ist auch die Verwendung des Sushi-Interface möglich. Beide Deklarationen definieren Formen, die einander zugewiesen werden können (tatsächlich sind sie identisch!).

Interessanter wird es, wenn Sie anfangen, Typen zu kombinieren. Hierfür modellieren wir zusätzlich zu Sushi ein weiteres Nahrungsmittel:

```
type Cake = {
  calories: number
  sweet: boolean
  tasty: boolean
}
```

Viele Nahrungsmittel haben Kalorien (calories) und sind lecker (tasty), nicht nur Sushi oder Cake. Daher definieren wir für Nahrungsmittel (Food) einen eigenen Typ. Dann passen wir unsere spezifischen Nahrungsmittel entsprechend an:

```
type Food = {
  calories: number
  tasty: boolean
}
type Sushi = Food & {
  salty: boolean
}
type Cake = Food & {
  sweet: boolean
}
```

Fast genauso funktioniert die Verwendung von Interfaces:

```
interface Food {
  calories: number
  tasty: boolean
}
interface Sushi extends Food {
  salty: boolean
}
interface Cake extends Food {
  sweet: boolean
}
```

Interfaces können nicht nur Interfaces erweitern, sondern jede beliebige Form: Objekttypen, Klassen oder eben andere interfaces.

Zwischen Typen und Interfaces gibt es drei Unterschiede, und die sind recht subtil.

Zum einen sind Typaliase allgemeiner als Interfaces. Auf der rechten Seite kann ein beliebiger Typ stehen, inklusive eines Typausdrucks (ein Typ und eventuell weitere Typoperatoren wie & oder |). Bei einem Interface muss auf der rechten Seite eine Form stehen. So gibt es beispielsweise keine Möglichkeit, die folgenden Typaliase als Interfaces zu definieren:

```
type A = number
type B = A | string
```

Der zweite Unterschied ist, dass TypeScript bei der Erweiterung eines Interface sicherstellt, dass das erweiterte Interface der Erweiterung zuweisbar ist. Zum Beispiel:

```
interface A {
  good(x: number): string
  bad(x: number): string
}

interface B extends A {
  good(x: string | number): string
  bad(x: string): string  // Error TS2430: Interface 'B' incorrectly extends
}                         // interface 'A'. Type 'number' is not assignable
                          // to type 'string'.
```

Das ist nicht der Fall, wenn Sie Schnittmengen-Typen verwenden: Wandeln Sie die Interfaces auf dem vorigen Beispiel in Typaliase um und das extends in eine Vereinigungsmenge (&), dann versucht TypeScript die Erweiterung und den erweiterten Typ, so gut es geht, miteinander zu kombinieren. Das Ergebnis ist eine überladene Signatur für bad anstelle eines Fehlers bei der Kompilierung (probieren Sie das ruhig einmal in Ihrem Codeeditor aus!):

Wenn Sie Vererbung für Objekttypen modellieren, kann die Zuweisungsüberprüfung, die TypeScript für Interfaces durchführt, bei der Fehlersuche helfen.

Der dritte Unterschied ist, dass gleichnamige Interfaces im gleichen Geltungsbereich automatisch kombiniert werden. Mehrere *Typaliase* gleichen Namens im gleichen Geltungsbereich lösen dagegen einen Fehler bei der Kompilierung aus. Dieses Merkmal heißt *Deklarationsverschmelzung* (declaration merging).

Deklarationen verschmelzen

Vom »Verschmelzen« von Deklarationen spricht man, wenn TypeScript mehrere Deklarationen gleichen Namens automatisch kombiniert. Zum ersten Mal haben wir das bei der Vorstellung von »Enums« auf Seite 40 verwendet. Außerdem kam es bei der Arbeit mit Merkmalen wie namensspace-Deklarationen (siehe »Namensräume« auf Seite 225) zum Einsatz. In diesem Abschnitt gehen wir kurz auf die Verwendung des Verschmelzens im Zusammenhang mit Interfaces ein. Eine genauere Betrachtung finden Sie unter »Deklarationsverschmelzung (declaration merging)« auf Seite 229.

Deklarieren Sie zwei identisch benannte User-Interfaces, dann kombiniert TypeScript sie automatisch zu einem:

```
// User hat ein einzelnes Feld: name
interface User {
  name: string
}

// User hat jetzt zwei Felder: name und age
interface User {
  age: number
}

let a: User = {
  name: 'Ashley',
  age: 30
}
```

Wenn Sie das Beispiel mit Typaliasen wiederholen, passiert Folgendes:

```
type User = {  // Error TS2300: Duplicate identifier 'User'.
  name: string
}

type User = {  // Error TS2300: Duplicate identifier 'User'.
  age: number
}
```

Hierbei ist zu beachten, dass es zwischen beiden Interfaces keinen Konflikt geben kann: Typisiert ein Interface eine eigenschaft als T und das andere typisiert sie als U und beide sind nicht identisch, dann wird ein entsprechender Fehler ausgelöst:

```
interface User {
  age: string
}

interface User {
  age: number  // Error TS2717: Subsequent property declarations must have
}              // the same type. Property 'age' must be of type 'string',
               // but here has type 'number'.
```

Deklariert ein Interface Generics (mehr dazu unter »Polymorphismus« auf Seite 102), dann müssen diese Generics in beiden Interfaces auf die gleiche Weise deklariert werden, damit die Interfaces verschmolzen werden können – inklusive des Namens für das Generic!

```
interface User<Age extends number> {  // Error TS2428: All declarations of 'User'
  age: Age                            // must have identical type parameters.
}
```

```
interface User<Age extends string> {
  age: Age
}
```

Interessanterweise ist dies eine der wenigen Situationen, in denen TypeScript nicht nur überprüft, ob zwei Typen einander zuweisbar sind, sondern auch, ob sie tatsächlich *identisch* sind.

Implementierungen

Wenn Sie eine Klasse deklarieren, können Sie das Schlüsselwort `implements` verwenden, um anzugeben, dass sie ein bestimmtes Interface implementiert. Wie andere explizite Annotationen ist dies eine bequeme Methode, Ihre Klasse mit einer Beschränkung auf Typebene zu versehen. Dadurch wird die Klasse so nah wie möglich an der Implementierung selbst implementiert. Das kann verhindern, dass Implementierungsfehler sich erst dann zeigen, wenn der tatsächliche Grund nicht mehr so leicht erkennbar ist. Außerdem wird `implements` oft benutzt, um häufige Entwurfsmuster zu implementieren, z.B. Adapter, Factories und Strategies (weitere Beispiele hierzu am Ende des Kapitels).

Hier ein Beispiel:

```
interface Animal {
  eat(food: string): void
  sleep(hours: number): void
}

class Cat implements Animal {
  eat(food: string) {
    console.info('Ate some', food, '. Mmm!')
  }
  sleep(hours: number) {
    console.info('Slept for', hours, 'hours')
  }
}
```

`Cat` muss jede Methode implementieren, die `Animal` deklariert. Zusätzlich können bei Bedarf weitere Methoden und Eigenschaften hinzugefügt werden.

Interfaces können Instanzeigenschaften deklarieren, aber keine Sichtbarkeits-Modifier (`private`, `protected` und `public`). Auch das Schlüsselwort `static` funktioniert hier nicht. Außerdem können Sie Instanzeigenschaften als `readonly` (schreibgeschützt) kennzeichnen, wie wir das in Kapitel 3 für Objekttypen gemacht haben:

```
interface Animal {
  readonly name: string
  eat(food: string): void
  sleep(hours: number): void
}
```

Dabei können Sie beliebig viele Interfaces gemeinsam implementieren:

```
interface Animal {
  readonly name: string
  eat(food: string): void
  sleep(hours: number): void
}

interface Feline {
  meow(): void
}

class Cat implements Animal, Feline {
  name = 'Whiskers'
  eat(food: string) {
    console.info('Ate some', food, '. Mmm!')
  }
  sleep(hours: number) {
    console.info('Slept for', hours, 'hours')
  }
  meow() {
    console.info('Meow')
  }
}
```

Alle diese Merkmale sind vollständig typsicher. Wenn Sie vergessen, eine bestimmte Methode oder Eigenschaft zu implementieren, hilft Ihnen TypeScript, den Fehler zu finden (siehe Abbildung 5-3).

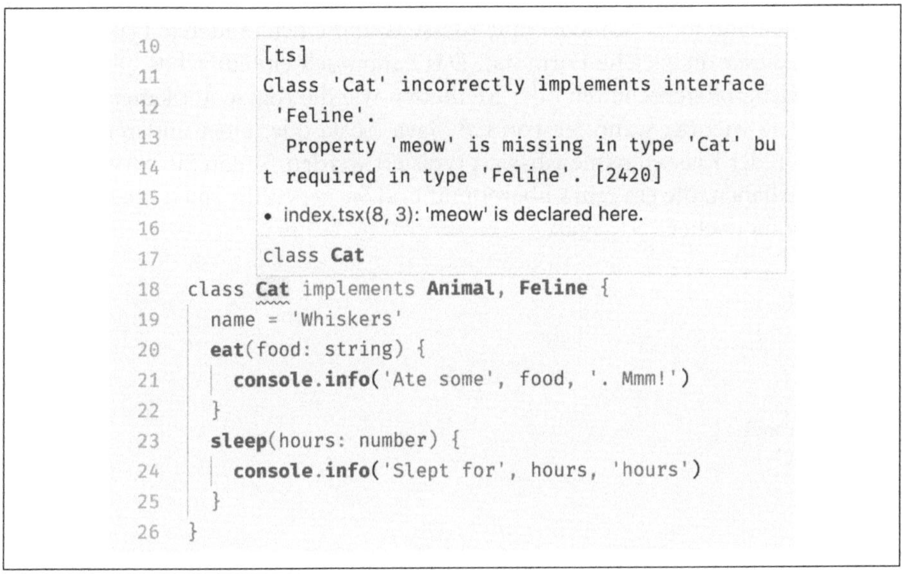

```
[ts]
Class 'Cat' incorrectly implements interface
 'Feline'.
  Property 'meow' is missing in type 'Cat' bu
t required in type 'Feline'. [2420]
• index.tsx(8, 3): 'meow' is declared here.
class Cat
class Cat implements Animal, Feline {
  name = 'Whiskers'
  eat(food: string) {
    console.info('Ate some', food, '. Mmm!')
  }
  sleep(hours: number) {
    console.info('Slept for', hours, 'hours')
  }
}
```

Abbildung 5-3: TypeScript gibt einen Fehler aus, wenn Sie vergessen, eine erforderliche Methode zu implementieren.

Implementierung von Interfaces im Vergleich mit der Erweiterung abstrakter Klassen

Die Implementierung eines Interface hat große Ähnlichkeit mit der Erweiterung einer abstrakten Klasse. Dabei sind Interfaces etwas schlanker, während abstrakte Klassen zweckgebundener sind und mehr Features besitzen.

Mit einem Interface können Sie Formen modellieren. Auf Werteebene bedeutet das: Objekte, Arrays, Funktionen, Klassen oder Klasseninstanzen. Interfaces erzeugen keinen JavaScript-Code und existieren nur während der Kompilierungsphase.

Eine abstrakte Klasse kann dagegen nur eine Klasse modellieren. Sie erzeugt Laufzeitcode, der – richtig geraten – eine JavaScript-Klasse ist. Abstrakte Klassen können Konstruktoren besitzen, Standardimplementierungen bereitstellen und Zugriffs-Modifier für Eigenschaften und Methoden festlegen. Interfaces verfügen über keine dieser Möglichkeiten.

Welchen Weg Sie gehen, hängt von Ihrem Anwendungsfall ab. Soll eine Implementierung von mehreren Klassen gemeinsam genutzt werden, verwenden Sie eine abstrakte Klasse. Brauchen Sie eine einfache Möglichkeit, zu sagen: »Diese Klasse ist ein `T`«, verwenden Sie ein Interface.

Klassen sind strukturell typisiert

Wie alle Typen in TypeScript vergleicht TypeScript Klassen anhand ihrer Struktur und nicht anhand ihres Namens. Eine Klasse ist mit einem anderen Typ kompatibel, wenn dieser die gleiche Form hat. Das kann auch ein einfaches Objekt sein, das die gleichen Eigenschaften oder Methoden wie die Klasse implementiert. Das ist besonders wichtig, wenn Sie von C#, Java, Scala oder einer anderen Sprache kommen, in der Klassen namensbasiert typisiert werden. Wenn Sie beispielsweise eine Klasse haben, die ein `Zebra` übernimmt und Sie geben Ihr einen `Poodle`, ist das TypeScript möglicherweise egal:

```
class Zebra {
  trot() {
    // ...
  }
}

class Poodle {
  trot() {
    // ...
  }
}

function ambleAround(animal: Zebra) {
  animal.trot()
}

let zebra = new Zebra
```

```
let poodle = new Poodle

ambleAround(zebra)   // OK
ambleAround(poodle)  // OK
```

Die Abstammungsforscher unter Ihnen wissen, dass ein Zebra kein Pudel (engl. poodle) ist. TypeScript macht das aber nichts aus! Solange `Poodle` an `Zebra` zugewiesen werden kann, hat TypeScript kein Problem damit, da sie aus Sicht der Funktion austauschbar sind. Es ist nur wichtig, dass beide die `.trot`-Methode implementieren. In fast allen anderen Sprachen, die Klassen nominell typisieren, hätte dieser Code einen Fehler ausgelöst. TypeScript dagegen ist durch und durch strukturell typisiert. Daher ist dieser Code vollkommen akzeptabel.

Eine Ausnahme dieser Regel besteht, wenn die Klasse Felder enthält, die als `private` oder `protected` gekennzeichnet sind. Ist das der Fall und die Form ist keine Instanz der Klasse (oder ein Subklasse), so kann die Form der Klasse nicht zugewiesen werden.

```
class A {
  private x = 1
}
class B extends A {}
function f(a: A) {}

f(new A)   // OK
f(new B)   // OK

f({x: 1})  // Error TS2345: Argument of type '{x: number}' is not
           // assignable to parameter of type 'A'. Property 'x' is
           // private in type 'A' but not in type '{x: number}'.
```

Klassen deklarieren Werte und Typen

Die meisten Dinge können in TypeScript als Werte *oder* Typen ausgedrückt werden:

```
// Werte
let a = 1999
function b() {}

// Typen
type a = number
interface b {
  (): void
}
```

In TypeScript haben Typen und Werte unterschiedliche Namensräume. Je nachdem, wie Sie einen Begriff (hier `a` oder `b`) verwenden, erkennt TypeScript, ob er als Typ oder Wert aufgelöst werden muss:

```
// ...
if (a + 1 > 3) //... // TypeScript leitet aus dem Kontext ab, dass hier der
                     // WERT a gemeint ist.
```

```
let x: a = 3            // TypeScript leitet aus dem Kontext ab, dass hier der
                        // TYP a gemeint ist.
```

Diese *kontextbasierte Begriffsauflösung* (contextual term resolution) ist sehr praktisch und kann für verschiedene coole Dinge benutzt werden, wie etwa die Implementierung von Companion-Typen (siehe »Das Companion-Objektmuster« auf Seite 141).

Ein Sonderfall sind Klassen und Enums, da sie sowohl einen Typ als auch einen Wert im jeweiligen Namensraum erzeugen:

```
class C {}
let c: C ❶
  = new C ❷

enum E {F, G}
let e: E ❸
  = E.F ❹
```

❶ In diesem Konztext bezieht sich `C` auf den Instanztyp unserer Klasse `C`.

❷ In diesem Konztext bezieht sich `C` auf den Wert `C`.

❸ In diesem Konztext bezieht sich `E` auf den Typ des Enums `E`.

❹ In diesem Konztext bezieht sich `E` auf den Wert `E`.

Bei der Arbeit mit Klassen müssen wir sagen können: »Diese Variable soll eine Instanz dieser Klasse sein.« Das Gleiche gilt für Enums (»Diese Variable soll ein Member dieses Enums sein.«). Da Klassen und Enums Typen auf Typebene erzeugen, kann diese IST-EIN-Beziehung einfach ausgedrückt werden.[2]

Außerdem brauchen wir eine Möglichkeit, Klassen zur Laufzeit abzubilden. Dadurch können wir sie per `new` instanziieren, statische Methoden daran aufrufen sowie Metaprogrammierung und Aufrufe von `instanceof` damit durchführen. Aus diesem Grund müssen Klassen auch einen Wert erzeugen.

Im vorigen Beispiel bezog sich `C` auf eine *Instanz* der Klasse `C`. Aber wie sprechen Sie die Klasse `C` selbst an? Hierfür verwenden wir das Schlüsselwort `typeof` (ein von TypeScript bereitgestellter Typoperator, der funktioniert wie das `typeof` aus JavaScript – nur eben für Typen).

Um das zu zeigen, erstellen wir `StringDatabase` – die einfachste Datenbank der Welt:

```
type State = {
  [key: string]: string
}

class StringDatabase {
  state: State = {}
```

2 Da TypeScript strukturell typisiert ist, ist die Beziehung für Klassen eher eine »SIEHT-AUS-WIE«-Beziehung. Jedes Objekt, das die gleiche Form wie seine Klasse implementiert, ist auf diesen Typ seiner Klasse zuweisbar.

```
  get(key: string): string | null {
    return key in this.state ? this.state[key] : null
  }
  set(key: string, value: string): void {
    this.state[key] = value
  }
  static from(state: State) {
    let db = new StringDatabase
    for (let key in state) {
      db.set(key, state[key])
    }
    return db
  }
}
```

Welche Typen erzeugt diese Klassendeklaration? Den Instanztyp `StringDatabase`:

```
interface StringDatabase {
  state: State
  get(key: string): string | null
  set(key: string, value: string): void
}
```

Und den Konstruktortyp typeof `StringDatabase`:

```
interface StringDatabaseConstructor {
  new(): StringDatabase
  from(state: State): StringDatabase
}
```

Das heißt, `StringDatabaseConstructor` hat nur eine Methode: `.from`. Der Aufruf des Konstruktors per `new` erzeugt eine neue Instanz von `StringDatabase`. Gemeinsam modellieren diese beiden Interfaces sowohl den Konstruktor als auch die Instanzseite einer Klasse.

Der `new()`-Teil wird als *Konstruktorsignatur* bezeichnet. Damit wird in TypeScript ausgedrückt, dass ein bestimmter Typ über den Operator `new` instanziiert werden kann. Da TypeScript strukturell typisiert ist, ist dies die beste Möglichkeit, eine Klasse zu beschreiben: Sie ist alles, was mit `new` angelegt werden kann.

In diesem Fall braucht der Konstruktor keine Argumente. Sie können dieses Verfahren aber auch benutzen, um Konstruktoren zu deklarieren, die Argumente übernehmen. Wir könnten `StringDatabase` beispielsweise so erweitern, dass ein optionaler Anfangszustand übergeben werden kann:

```
class StringDatabase {
  constructor(public state: State = {}) {}
  // ...
}
```

Dann könnten wir die Konstruktorsignatur von `StringDatabase` folgendermaßen typisieren:

```
interface StringDatabaseConstructor {
  new(state?: State): StringDatabase
```

```
  from(state: State): StringDatabase
}
```

Die Klassendeklaration erzeugt also nicht nur Begriffe auf Wert- und Typebene. Auf Typebene werden zwei weitere Begriffe erzeugt: Einer steht für eine Instanz der Klasse, der andere steht für den Konstruktor selbst (erreichbar über den Typoperator `typeof`).

Polymorphismus

Wie Funktionen und Typen verfügen Klassen und Interfaces über eine reichhaltige Unterstützung für generische Typparameter, inklusive Standardwerte und Begrenzungen (bounds). Sie können den Geltungsbereich für die gesamte Klasse öffnen oder auf eine bestimmte Methode beschränken.

```
class MyMap<K, V> { ❶
  constructor(initialKey: K, initialValue: V) { ❷
    // ...
  }
  get(key: K): V { ❸
    // ...
  }
  set(key: K, value: V): void {
    // ...
  }
  merge<K1, V1>(map: MyMap<K1, V1>): MyMap<K | K1, V | V1> { ❹
    // ...
  }
  static of<K, V>(k: K, v: V): MyMap<K, V> { ❺
    // ...
  }
}
```

❶ Bindet generische Typen bei der Deklaration von `class` im Geltungsbereich der Klasse. `K` und `V` stehen jeder Instanzmethode und -eigenschaft von `MyMap` zur Verfügung.

❷ Beachten Sie, dass generische Typen nicht in einem `constructor` deklariert werden können. Verwenden Sie hier stattdessen eine `class`-Deklaration.

❸ Generische Typen, deren Geltungsbereich die gesamte Klasse umfasst, können an beliebiger Stelle in der Klasse verwendet werden.

❹ Instanzmethoden haben Zugriff auf Generics auf Klassenebene. Zusätzlich können eigene Generics deklariert werden. `.merge` verwendet die klassenweit gültigen Generics `K` und `V` und deklariert zusätzlich seine eigenen Generics `K1` und `V1`.

❺ Statische Methoden können nicht auf die Generics der Klasse zugreifen. Wie auf der Werteebene haben sie keinen Zugriff auf die Instanzvariablen ihrer Klasse. Daher hat `of` keinen Zugriff auf die in ❶ deklarierten `K` und `V`. Stattdessen deklariert es seine eigenen Generics `K` und `V`.

Generics können auch an Interfaces gebunden werden:

```
interface MyMap<K, V> {
  get(key: K): V
  set(key: K, value: V): void
}
```

Und wie bei Funktionen können Sie auch konkrete Typen explizit an Generics binden oder TypeScript die Typen für Sie ableiten lassen:

```
let a = new MyMap<string, number>('k', 1) // MyMap<string, number>
let b = new MyMap('k', true) // MyMap<string, boolean>

a.get('k')
b.set('k', false)
```

Mixins

JavaScript und TypeScript besitzen keine eigenen `trait`- oder `mixin`-Schlüsselwörter. Wir können sie aber leicht selbst implementieren. Beide werden verwendet, um *Mehrfachvererbung* zu simulieren (Klassen, die mehr als eine Klasse erweitern) und *rollenorientierte Programmierung* durchzuführen. Das ist ein Programmierstil, bei dem wir nicht sagen: »Dieses Ding ist eine `Form`«, sondern die Eigenschaften des Dings beschreiben wie: »Das hier kann gemessen werden« oder »Es hat vier Seiten«. Anstelle einer IST-EIN-Beziehung wird hier eine KANN- oder eine HAT-EIN-Beziehung beschrieben.

Erstellen wir eine Mixin-Implementierung.

Mixins sind ein Muster, mit dem wir verschiedene Verhaltensweisen und Eigenschaften *in* einer Klasse mischen (engl. to *mix*) können. Per Konventionen können Mixins

- einen Zustand haben (z. B. Instanzeigenschaften),
- nur konkrete Methoden bereitstellen (keine abstrakten) oder
- Konstruktoren haben, die in der gleichen Reihenfolge aufgerufen werden, in der die jeweiligen Klassen eingebunden wurden.

TypeScript besitzt keine eigenen Mixins. Wir können sie aber leicht selbst implementieren. Als Beispiel wollen wir eine Debugging-Bibliothek für TypeScript erstellen. Wir nennen sie `EZDebug`. Die Bibliothek protokolliert, welche Klassen Ihre Bibliothek verwendet, damit Sie diese zur Laufzeit untersuchen können. Die Verwendung sieht so aus:

```
class User {
  // ...
}

User.debug() // ergibt 'User({"id": 3, "name": "Emma Gluzman"})'
```

Über eine einfache .debug-Schnittstelle können unsere Benutzer alles debuggen, was sie wollen! Also an die Arbeit. Wir modellieren das Interface mit einem Mixin, das wir withEZDebug nennen. Ein Mixin ist einfach nur eine Funktion, die einen Klassenkonstruktor übernimmt und einen Klassenkonstruktor wieder zurückgibt. Das könnte etwa so aussehen:

```
type ClassConstructor = new(...args: any[]) => {} ❶

function withEZDebug<C extends ClassConstructor>(Class: C) { ❷
  return class extends Class { ❸
    constructor(...args: any[]) { ❹
      super(...args) ❺
    }
  }
}
```

❶ Zu Beginn deklarieren wir den Typ ClassContructor, der für einen beliebigen Konstruktor steht. Da TypeScript komplett strukturell typisiert ist, können wir sagen, dass ein Konstruktor alles Mögliche sein kann, das mit dem new-Operator instanziiert werden kann. Wir wissen nicht, welche Parameter die Konstruktoren haben werden. Also geben wir an, dass eine beliebige Anzahl Argumente beliebigen Typs übergeben werden kann.[3]

❷ Wir deklarieren unser withEZDebug-Mixin mit einem einzelnen Parameter, C. C muss mindestens ein Klassenkonstruktor sein, was wir über eine extends-Klausel sicherstellen. Wir lassen TypeScript den Rückgabetyp von withEZDebug ableiten: Dies ist die Schnittmenge aus C und unserer neuen anonymen Klasse.

❸ Da ein Mixin eine Funktion ist, die einen Konstruktor übernimmt und einen Konstruktor zurückgibt, ist unser Rückgabewert ein anonymer Klassenkonstruktor.

❹ Der Klassenkonstruktor muss *mindestens* die Argumente der übergebenen Klasse übernehmen. Da wir nicht im Voraus wissen, welche Klasse übergeben wird, müssen wir möglichst allgemein bleiben. Das bedeutet, wie bei ClassConstructor muss eine beliebige Anzahl von Parametern möglich sein.

❺ Da diese anonyme Klasse eine andere Klasse erweitert, dürfen wir den Aufruf des Konstruktors von Class nicht vergessen, damit alles korrekt verbunden wird.

In unserem withEZDebug-Beispiel brauchen wir keine zusätzliche Logik und können die Zeilen ❹ und ❺ wie bei regulären JavaScript-Klassen weglassen.

Nachdem das Grundgerüst steht, können wir uns der Debugging-Magie widmen. Beim Aufruf von .debug soll der Name des Klassenkonstruktors und der Wert der Instanz protokolliert werden:

---

3 Aber Vorsicht! Hier ist TypeScript ziemlich pingelig: Der Typ der Argumente des Konstruktor-Typs muss any[] sein (nicht void[], unknown[] etc.), um ihn erweitern zu können.

```
type ClassConstructor = new(...args: any[]) => {}

function withEZDebug<C extends ClassConstructor>(Class: C) {
  return class extends Class {
    debug() {
      let Name = Class.constructor.name
      let value = this.getDebugValue()
      return Name + '(' + JSON.stringify(value) + ')'
    }
  }
}
```

Einen Moment! Wie stellen wir sicher, dass die Klasse eine aufrufbare `.getDebugValue`-Methode implementiert? Denken Sie vor dem Weiterlesen noch einmal genau nach. Kommen Sie drauf?

Anstatt eine beliebige Klasse zu akzeptieren, verwenden wir einen generischen Typ. So stellen wir sicher, dass die an `withEZDebug` übergebene Klasse eine `.getDebugValue`-Methode definiert:

```
type ClassConstructor<T> = new(...args: any[]) => T ❶

function withEZDebug<C extends ClassConstructor<{
  getDebugValue(): object ❷
}>>(Class: C) {
  // ...
}
```

❶ Wir erweitern `ClassConstructor` um einen generischen Typparameter.

❷ Wir binden eine Form (`C`) an `ClassConstructor`. Damit sorgen wir dafür, dass der an `withEZDebug` übergebene Konstruktor zumindes eine `.getDebugValue`-Methode definiert.

Das war schon alles! Und wie wird dieses unglaubliche Debuggingwerkzeug benutzt? So wie hier gezeigt:

```
class HardToDebugUser {
  constructor(
    private id: number,
    private firstName: string,
    private lastName: string
  ) {}
  getDebugValue() {
    return {
      id: this.id,
      name: this.firstName + ' ' + this.lastName
    }
  }
}

let User = withEZDebug(HardToDebugUser)
let user = new User(3, 'Emma', 'Gluzman')
user.debug() // evaluates to 'User({"id": 3, "name": "Emma Gluzman"})'
```

Ziemlich cool, was? Sie können eine Klasse mit beliebigen Mixins versehen. So lässt sich ihr Verhalten immer mehr erweitern – und zwar typsicher. Mixins helfen, Verhalten zu verkapseln, und sind eine ausdrucksstarke Möglichkeit, wiederverwendbares Verhalten zu definieren.[4]

Dekoratoren

Dekoratoren sind ein experimentelles TypeScript-Merkmal, das eine saubere Syntax für die Metaprogrammierung mit Klassen, Klassenmethoden, Eigenschaften und Methodenparametern ermöglicht. Dekoratoren sind schlicht eine Schreibweise für einen Funktionsaufruf an der Sache, die sie dekorieren.

TSC Flag: experimentalDecorators

Da Dekoratoren sich noch im experimentellen Stadium befinden (d.h., sie können möglicherweise die Rückwärtskompatibilität beeinträchtigen oder in Zukunft wieder komplett aus TypeScript entfernt werden), müssen Sie für ihre Verwendung ein spezielles TSC-Flag setzen. Wollen Sie dieses Merkmal ausprobieren, aktivieren Sie es per `"experimentalDecorators": true` in Ihrer *tsconfig.json* und lesen weiter.

Um einen Eindruck von der Funktionsweise der Dekoratoren zu bekommen, hier ein Beispiel:

```
@serializable
class APIPayload {
  getValue(): Payload {
    // ...
  }
}
```

Der Klassendekorator `@serializable` umgibt die Klasse `APIPayload` und gibt optional eine neue Klasse aus, die die ursprüngliche ersetzt. Ohne Dekoratoren könnten Sie das auch so ausdrücken:

```
let APIPayload = serializable(class APIPayload {
  getValue(): Payload {
    // ...
  }
})
```

Für jeden Dekorator-Typ benötigt TypeScript eine Funktion im gleichen Geltungsbereich, mit dem angegebenen Namen und der benötigten Signatur für diesen Dekoratortyp (siehe Tabelle 5-1).

---

4 Eine Handvoll Sprachen – darunter Scala, PHP, Kotlin und Rust – implementieren eine abgespeckte Version der Mixins, die als *Traits* bezeichnet werden. Traits funktionieren wie Mixins, besitzen aber keine Konstruktoren und unterstützen keine Instanzeigenschaften. Dadurch ist es einfacher, sie einzubinden und Kollisionen zwischen mehreren Traits zu verhindern, die auf Zustände zugreifen, die von ihnen und der Basisklasse gemeinsam genutzt werden.

Tabelle 5-1: Erwartete Typsignaturen für die verschiedenen Arten von Dekoratorfunktionen

Was Sie dekorieren	Erwartete Typsignatur
Klasse	`(Constructor: {new(...any[]) => any}) => any`
Methode	`(classPrototype: {}, methodName: string, descriptor: PropertyDescriptor) => any`
Statische Methode	`(Constructor: {new(...any[]) => any}, methodName: string, descriptor: PropertyDescriptor) => any`
Methoden- Parameter	`(classPrototype: {}, paramName: string, index: number) => void`
Statischer Methoden-Parameter	`(Constructor: {new(...any[]) => any}, paramName: string, index: number) => void`
Eigenschaft	`(classPrototype: {}, propertyName: string) => any`
Statische Eigenschaft	`(Constructor: {new(...any[]) => any}, propertyName: string) => any`
Getter/Setter für Eigenschaften	`(classPrototype: {}, propertyName: string, descriptor: PropertyDescriptor) => any`
Getter/Setter für statische Eigenschaften	`(Constructor: {new(...any[]) => any}, propertyName: string, descriptor: PropertyDescriptor) => any`

TypeScript besitzt keine eigenen Dekoratoren. Sie müssen sie bei Bedarf selbst implementieren (oder per NPM installieren). Die Implementierung für die einzelnen Dekoratoren – für Klassen, Methoden, Eigenschaften und Funktionsparameter – ist eine einfache Funktion, die je nachdem, was Sie dekorieren, eine bestimmte Signatur trägt. Unser `@serializable`-Dekorator könnte beispielsweise so aussehen:

```
type ClassConstructor<T> = new(...args: any[]) => T ❶

function serializable<
  T extends ClassConstructor<{
    getValue(): Payload ❷
  }>
>(Constructor: T) { ❸
  return class extends Constructor { ❹
    serialize() {
      return this.getValue().toString()
    }
  }
}
```

❶ Auch hier verwenden wir `new()`, um einen Klassenkonstruktor strukturell zu typisieren. Um einen Klassenkonstruktor (mit `extends`) zu erweitern, erwartet TypeScript, dass wir seine Argumente mit einem `any`-Spread typisieren: `new(...any[])`.

❷ `@serializable` kann beliebige Klassen dekorieren, deren Instanzen die Methode `.getValue` implementieren und ein `Payload`-Objekt zurückgeben.

❸ Klassendekoratoren sind Funktionen, die die Klasse als einziges Argument übernehmen. Gibt die Dekoratorfunktion eine Klasse zurück (wie in unserem Beispiel), ersetzt sie zur Laufzeit die dekorierte Klasse. Ansonsten wird die ursprüngliche Klasse zurückgegeben.

❹ Um die Klasse zu dekorieren, geben wir eine Klasse zurück, die sie erweitert und dabei eine `.serialize`-Methode hinzufügt.

Und was passiert beim Aufruf von `.serialize`?

```
let payload = new APIPayload
let serialized = payload.serialize() // Error TS2339: Property 'serialize' does
                                     // not exist on type 'APIPayload'.
```

TypeScript geht davon aus, dass der Dekorator die Form der dekorierten Sache nicht verändert, Sie also keine Methoden oder Eigenschaften hinzufügen oder entfernen. Bei der Kompilierung wird überprüft, ob die zurückgegebene Klasse der übergebenen Klasse zuweisbar ist. Als dieses Buch geschrieben wurde, wurden die in den Dekoratoren vorgenommenen Erweiterungen von TypeScript nicht beachtet.

Solange Dekoratoren in TypeScript noch nicht ausgereift sind, empfehle ich Ihnen deshalb, ihre Verwendung zu vermeiden und stattdessen bei regulären Funktionen zu bleiben:

```
let DecoratedAPIPayload = serializable(APIPayload)
let payload = new DecoratedAPIPayload
payload.serialize()                  // string
```

Wir werden uns in diesem Buch nicht weiter mit Dekoratoren befassen. Weitere Informationen finden Sie in der offiziellen Dokumentation (*http://bit.ly/2IDQd1U*).

Finale Klassen simulieren

Obwohl TypeScript das Schlüsselwort `final` für Klassen oder Methoden nicht unterstützt, kann es zumindest für Klassen leicht simuliert werden. In manchen objektorientierten Sprachen wird das Schlüsselwort `final` verwendet, um eine Klasse als nicht erweiterbar bzw. eine Methode als nicht überschreibbar zu kennzeichnen.

Um `final` für Klassen in TypeScript zu simulieren, können wir private Konstruktoren nutzen:

```
class MessageQueue {
  private constructor(private messages: string[]) {}
}
```

Ist ein `constructor` als `private` gekennzeichnet, kann die Klasse nicht erweitert oder per `new` instanziiert werden.

```
class BadQueue extends MessageQueue {}  // Error TS2675: Cannot extend a class
                                        // 'MessageQueue'. Class constructor is
                                        // marked as private.
```

```
new MessageQueue([])                    // Error TS2673: Constructor of class
                                        // 'MessageQueue' is private and only
                                        // accessible within the class
                                        // declaration.
```

Private Konstruktoren verhindern nicht nur, dass eine Klasse erweitert wird (was wir wollen), sondern auch, dass sie direkt instanziiert werden kann. Wenn wir Klassen als `final` markieren, wollen wir nur deren Erweiterung verhindern; eine Instanziierung soll dagegen möglich sein. Das geht ganz einfach:

```
class MessageQueue {
  private constructor(private messages: string[]) {}
  static create(messages: string[]) {
    return new MessageQueue(messages)
  }
}
```

Das verändert die API von `MessageQueue` ein wenig, verhindert aber ihre Erweiterung während der Kompilierung:

```
class BadQueue extends MessageQueue {}  // Error TS2675: Cannot extend a class
                                        // 'MessageQueue'. Class constructor is
                                        // marked as private.

MessageQueue.create([]) // MessageQueue
```

Entwurfsmuster (Design Patterns)

Dies wäre kein Kapitel über objektorientierte Programmierung, wenn wir nicht zumindest ein oder zwei Entwurfsmuster in TypeScript implementierten, oder?

Factory-Muster

Mit dem *Factory*-(Fabrik-)Entwurfsmuster können beliebige Objekte erzeugt werden. Dabei bleibt es der jeweiligen Factory überlassen, welche konkreten Objekte tatsächlich erzeugt werden.

Wir bauen eine Schuhfabrik. Wir beginnen mit der Definition eines `Shoe`-Typs und ein paar verschiedenen Modellen:

```
type Shoe = {
  purpose: string
}

class BalletFlat implements Shoe {
  purpose = 'dancing'
}

class Boot implements Shoe {
  purpose = 'woodcutting'
}
```

```
class Sneaker implements Shoe {
  purpose = 'walking'
}
```

In diesem Beispiel verwenden wir type. Wir hätten aber auch problemlos ein `interface` benutzen können.

Jetzt können wir die Schuhfabrik erstellen:

```
let Shoe = {
  create(type: 'balletFlat' | 'boot' | 'sneaker'): Shoe { ❶
    switch (type) { ❷
      case 'balletFlat': return new BalletFlat
      case 'boot': return new Boot
      case 'sneaker': return new Sneaker
    }
  }
}
```

❶ Durch die Verwendung eines Vereinigungs-Typs für type machen wir `.create` so typsicher wie möglich und verhindern, dass Kunden bei der Kompilierung einen ungültigen Typ für type angeben.

❷ Durch die `switch`-Anweisung kann TypeScript leichter erkennen, dass wir alle möglichen Varianten von `Shoe` berücksichtigt haben.

In diesem Beispiel verwenden wir das *Companion*-Objektmuster (siehe »Das Companion-Objektmuster« auf Seite 141), um einen Typ `Shoe` und einen Wert `Shoe` gleichen Namens zu deklarieren (schließlich verwendet TypeScript für Typen und Werte getrennte Namensräume). Auf diese Weise geben wir an, dass der Wert Methoden für Operationen am betreffenden Typ bereitstellt. Um die Factory zu verwenden, reicht ein Aufruf von `.create`:

```
Shoe.create('boot') // Shoe
```

Und schon haben wir unser Factory-Muster implementiert! Das ließe sich durchaus noch erweitern. So hätten wir in der Typsignatur von `Shoe.create` angeben können, dass die Übergabe von `'boot'` einen `Boot` (Stiefel) erzeugt, die Angabe von `'sneaker'` einen `Sneaker` etc. Das würde aber die Abstraktion zunichte machen, die durch das Factory-Muster möglich ist. (Die Benutzer müssen nicht wissen, welche konkrete Klasse sie zurückbekommen. Es reicht, wenn sie eine Klasse erhalten, die zu diesem konkreten Interface passt.)

Builder-Muster

Das *Builder-Muster* trennt die Konstruktion eines Objekts von seiner tatsächlichen Implementierung. Wenn Sie jQuery oder ES6-Datenstrukturen wie `Map` und `Set` schon einmal benutzt haben, dann sollte Ihnen diese Form der API bekannt vorkommen:

```
new RequestBuilder()
  .setURL('/users')
```

```
    .setMethod('get')
    .setData({firstName: 'Anna'})
    .send()
```

Für die Implementierung von RequestBuilder beginnen wir einfach mit einer leeren Klasse:

```
class RequestBuilder {}
```

Dann fügen wir die .setURL-Methode hinzu:

```
class RequestBuilder {

  private url: string | null = null ❶

  setURL(url: string): this { ❷
    this.url = url
    return this
  }
}
```

❶ Wir speichern den vom Benutzer angegebenen URL in der privaten Instanzvariablen url, die wir mit null initialisieren.

❷ Der Rückgabetyp von setURL ist this (siehe »this als Rückgabetyp verwenden« auf Seite 91). Das ist exakt die RequestBuilder-Instanz, an der der Benutzer setURL aufgerufen hat.

Jetzt können wir die anderen Methoden aus unserem Beispiel hinzufügen:

```
class RequestBuilder {

  private data: object | null = null
  private method: 'get' | 'post' | null = null
  private url: string | null = null

  setMethod(method: 'get' | 'post'): this {
    this.method = method
    return this
  }
  setData(data: object): this {
    this.data = data
    return this
  }
  setURL(url: string): this {
    this.url = url
    return this
  }

  send() {
    // ...
  }
}
```

Und das ist auch schon alles.

Dieses traditionelle Builer-Design ist nicht vollkommen sicher. Rufen wir `.send` auf, bevor wir die Methode, den URL oder andere Daten festlegen, kommt es zu einem Laufzeitfehler (das sind die von der ganz schlimmen Sorte). In Übung 4 finden Sie einige Ideen, wie dieses Design verbessert werden kann.

Zusammenfassung

Damit haben wir die Klassen in TypeScript von allen Seiten erforscht. Wir haben gesehen, wie Klassen deklariert werden, wie man von ihnen erbt und wie Interfaces implementiert werden. Wir wissen jetzt, wie Klassen als abstrakt (`abstract`) markiert werden können, um eine Instanziierung zu verhindern; wie der Zugriff auf Eigenschaften und Methoden mit den Zugriffs-Modifiern `private`, `protected` und `public` gesteuert werden kann und wie wir bestimmte Eigenschaften per `readonly` als schreibgeschützt kennzeichnen können. Wir haben gelernt, wie `this` und `super` sicher benutzt werden können, und erforscht, was es für Klassen bedeutet, gleichzeitig Typen und Werte gleichen Namens zu besitzen. Außerdem haben wir besprochen, was Typaliase und Interfaces unterscheidet; wir haben die Grundlagen der Deklarationsverschmelzung (declaration merging) und der Verwendung generischer Typen in Klassen kennengelernt. Gegen Ende haben wir einige fortgeschrittene Muster für die Arbeit mit Klassen untersucht: Mixins, Dekoratoren und die Simulation finaler Klassen mit `final`. Um das Kapitel abzuschließen, haben wir ein paar häufige Entwurfsmuster für die Arbeit mit Klassen in TypeScript umgesetzt.

Übungen

1. Welche Unterschiede gibt es zwischen einer Klasse und einem Interface?
2. Wenn Sie den Konstruktor einer Klasse als `private` kennzeichnen, können Sie die Klasse nicht instanziieren oder erweitern. Was passiert, wenn Sie die Klasse stattdessen als `protected` markieren? Spielen Sie ein wenig mit diesen Ideen in Ihrem Codeeditor und versuchen Sie, die Antwort zu finden.
3. Erweitern Sie die in »Factory-Muster« auf Seite 109 entwickelte Implementierung, um sie sicherer zu machen, auch wenn die Abstraktion darunter leidet. Aktualisieren Sie die Implementierung, sodass ein Consumer bei der Kompilierung weiß, dass der Aufruf von `Shoe.create('boot')` einen `Boot` zurückgibt und der Aufruf von `Shoe.create('balletFlat')` ein `BalletFlat` (anstatt nur einfach einen `Shoe`). Tipp: Werfen Sie noch einmal einen Blick auf »Überladene Funktionstypen« auf Seite 60.
4. [Schwer] Überlegen Sie, wie Sie ein typsicheres Builder-Muster umsetzen würden. Erweitern Sie das Builder-Muster aus »Builder-Muster« auf Seite 110 wie folgt:

a. Stellen Sie während der Kompilierung sicher, dass niemand `.send` aufrufen kann, ohne zumindest einen URL und eine Methode angegeben zu haben. Wäre das nicht einfacher zu garantieren, wenn Sie den Benutzer zwingen, die Methoden in einer bestimmten Reihenfolge aufzurufen? (Tipp: Was können Sie anstelle von `this` zurückgeben?)
b. [Schwerer] Wie würden Sie das Design ändern, wenn es trotz der Garantie möglich sein soll, die Methoden in beliebiger Reihenfolge aufzurufen? (Tipp: Welches TypeScript-Feature können Sie verwenden, damit dem Rückgabetyp der Methoden `this` noch etwas »hinzugefügt« werden kann?)

KAPITEL 6

Fortgeschrittene Typen

TypeScript besitzt ein Typsystem von Weltklasse, das leistungsstarke Programmiertechniken auf Typebene ermöglicht, die selbst den mürrischsten Haskell-Programmierer eifersüchtig machen. Wie Sie inzwischen wissen, ist das Typsystem nicht nur äußerst ausdrucksstark, sondern auch einfach zu benutzen. Die Deklaration von Typbeschränkungen und -beziehungen ist einfach und knapp und wird in den meisten Fällen automatisch abgeleitet.

Dieses ausdrucksstarke und ungewöhnliche Typsystem ist nötig, weil JavaScript so dynamisch ist. Die Modellierung von Prototypen, der dynamischen Bindung von `this`, dem Überladen von Funktionen und sich ständig ändernde Objekte erfordern ein reichhaltiges Typsystem und eine Werkzeugkiste an Typoperatoren, über die selbst Batman staunen würde.

Ich beginne dieses Kapitel mit einer eingehenden Betrachtung von Subtypen, Zuweisbarkeit (assignability), Varianz und Typerweiterung (type widening) in TypeScript, um Ihr in den letzten Kapiteln entwickeltes Verständnis zu vertiefen. Danach gehe ich detailliert auf die kontrollflussbasierten Typechecking-Möglichkeiten von TypeScript ein. Hierzu gehören Dinge wie Typpräzisierung (refinement) und Vollständigkeitsprüfungen (exhaustiveness checking, auch Totalität). Es geht weiter mit fortgeschrittenen Programmierkonzepten wie dem schlüsselbasierten Zugriff (»keying into«) auf Objekte, dem Umwandeln und dem Iterieren über Objekttypen anhand bedingungsabhängiger Typen. Außerdem sehen wir, wie Sie eigene Typschutz-(type guards-)Mechanismen und »Notausgänge«, Typzusicherungen (assertions) und definitive Zuweisungs-Zusicherungen (definitive assignment assertions) nutzen können. Zum Schluss komme ich zu fortgeschrittenen Mustern, um Ihre Typen noch sicherer zu machen: dem Companion-Objektmuster, Verbesserungen bei der Ableitung von Tupel-Typen, der Simulation namensbasierter (nomineller) Typen und der sicheren Erweiterung des Prototyps.

Beziehungen zwischen Typen

Wir beginnen mit einem genaueren Blick auf die Typbeziehungen in TypeScript.

Subtypen und Supertypen

In »Wo wir gerade von Typen sprechen ...« auf Seite 18 haben wir bereits über die Zuweisbarkeit von Typen gesprochen. Inzwischen kennen Sie die Eigenarten der meisten TypeScript-Typen, und wir können tiefer in die Materie eintauchen. Wir beginnen mit der Frage: Was ist ein Subtyp?

> **Subtyp**
>
> Angenommen, Sie haben zwei Typen `A` und `B`. Dabei ist `B` ein Subtyp von `A`. In diesem Fall können Sie `B` auf sichere Weise überall dort verwenden, wo ein `A` benötigt wird (Abbildung 6-1).

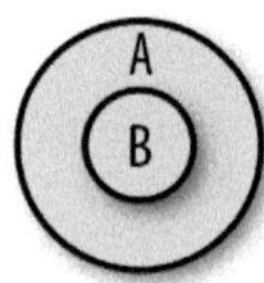

Abbildung 6-1: B ist ein Subtyp von A.

In Abbildung 3-1 am Anfang von Kapitel 3 können Sie sehen, welche Subtyp-Beziehungen es in TypeScript gibt. Zum Beispiel:

- `Array` ist ein Subtyp von `Object`.
- `Tuple` ist ein Subtyp von `Array`.
- Alles ist ein Subtyp von `any`.
- `never` ist ein Subtyp von allem.
- Wenn Sie eine Klasse namens `Bird` haben, die die Klasse `Animal` erweitert, dann ist `Bird` ein Subtyp von `Animal`.

Nach der oben gezeigten Subtyp-Definition bedeutet das:

- Überall, wo Sie ein `Object` benötigen, können Sie auch `Array` verwenden.
- Überall, wo ein `Array` gebraucht wird, kann auch ein `Tuple` verwendet werden.
- Überall, wo ein `any` gebraucht wird, können Sie auch ein `Object` verwenden.
- Sie können `never` überall benutzen.
- Überall, wo ein `Animal` benötigt wird, können Sie auch einen `Bird` verwenden.

Wie Sie sich denken können, ist ein Supertyp das Gegenteil eines Subtyps.

Supertyp

Angenommen, Sie haben zwei Typen A und B. Dabei ist B ein Supertyp von A. Dann können Sie überall auf sichere Weise ein A verwenden, wo ein B benötigt wird (Abbildung 6-2).

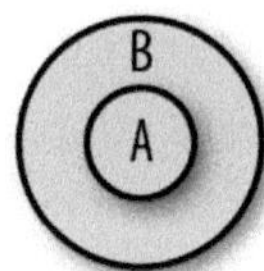

Abbildung 6-2: B ist ein Supertyp von A.

Bezogen auf das Flussdiagramm in Abbildung 3-1 bedeutet das:

- Array ist ein Supertyp von Tuple.
- Object ist ein Supertyp von Array.
- Any ist ein Supertyp von allem.
- never ist ein Supertyp von nothing.
- Animal ist ein Supertyp von Bird.

Dies ist einfach das Gegenteil der Funktionsweise von Subtypen, nichts weiter.

Varianz

Bei den meisten Typen lässt sich leicht ermitteln, ob ein Typ A ein Subtyp eines anderen Typs B ist. Bei einfachen Typen wie number, string etc. können Sie einfach im Flussdiagramm in Abbildung 3-1 nachsehen oder es durch logisches Denken herausbekommen (»number ist Teil der Vereinigungsmenge number | string, es muss also ein Subtyp davon sein«).

Bei parametrisierten (generischen) und anderen komplexen Typen ist das allerdings nicht so einfach. Hier einige Beispiele:

- Wann ist Array<A> ein Subtyp von Array<B>?
- Wann ist eine Form A ein Subtyp einer andere Form B?
- Wann ist eine Funktion (a: A) => B ein Subtyp einer anderen Funktion (c: C) => D?

Die Regeln für die Bestimmung von Subtypen für *verschachtelte* Typen (d.h. Dinge mit Typparametern wie Array<A>, Formen mit Feldern wie {a: number} oder Funktionen wie (a: A) => B) sind deutlich schwerer zu durchschauen, und die Antworten sind nicht immer klar. Tatsächlich unterscheiden sich die Regeln für die Subtypen-Bestimmung in fast allen Programmiersprachen.

Damit die folgenden Regeln einfacher lesbar sind, zeige ich eine Art Kurzschrift, die es uns erleichtert, Typen präziser und knapper zu beschreiben. Diese Schreibweise ist kein gültiges TypeScript. Sie soll nur sicherstellen, dass wir beim Sprechen über Typen eine gemeinsame Sprache sprechen. Und keine Sorge: Das ist keine Mathematik:

- A <: B heißt »A ist ein Subtyp von B oder der gleiche Typ wie B.«
- A >: B heißt »A ist ein Supertyp von B oder der gleiche Typ wie B.«

Form und Arrayvarianz

Um besser zu verstehen, warum die Regeln zur Bestimmung von Subtypen komplexer Typen bei den Programmiersprachen unterschiedlich sind, sehen wir uns am besten ein Beispiel an: Formen (shapes). Angenommen, eine Form beschreibt einen Benutzer in Ihrer Applikation. Mit ein paar Typen beschrieben, könnte das etwa so aussehen:

```
// Ein bereits vorhandener Benutzer, den wir vom Server erhalten haben
type ExistingUser = {
  id: number
  name: string
}

// Ein neuer Benutzer, der noch nicht auf dem Server gespeichert wurde
type NewUser = {
  name: string
}
```

Angenommen, ein Praktikant in Ihrem Unternehmen soll Code schreiben, um einen Benutzer zu löschen. Er beginnt so:

```
function deleteUser(user: {id?: number, name: string}) {
  delete user.id
}

let existingUser: ExistingUser = {
  id: 123456,
  name: 'Ima User'
}

deleteUser(existingUser)
```

deleteUser übernimmt ein Objekt des Typs {id?: number, name: string}. Dies wird an existingUser des Typs {id: number, name: string} weitergereicht. Hier ist der Typ der id-Eigenschaft (number) ein *Subtyp* des erwarteten Typs (number | undefined). Das gesamte Objekt {id: number, name: string} ist also ein Subtyp von {id?: number, name: string}, und TypeScript ist zufrieden.

Sehen Sie, wo hier das Problem liegt? Es ist subtil: Nach der Übergabe eines `ExistingUser` an `deleteUser` weiß TypeScript nicht, dass die `id` des Benutzers gelöscht wurde. Wenn wir versuchen, `existingUser.id` zu lesen, nachdem die ID per `deleteUser(existingUser)` gelöscht wurde, meint TypeScript immer noch, dass `existingUser.id` den Typ `number` hat!

Die Verwendung eines Objekttyps an Orten, an denen eigentlich der Supertyp erwartet wird, kann zu Problemen führen. Warum ist das in TypeScript trotzdem erlaubt? TypeScript ist nicht dafür entwickelt, *vollkommen* sicher zu sein. Das Typsystem soll tatsächliche Fehler abfangen, aber dennoch einfach zu benutzen sein. Sie sollen verstehen, warum ein Fehler auftritt, ohne hierfür einen Abschluss in Programmiersprachentheorie zu benötigen. Hier hat die Unsicherheit praktische Gründe: Da destruktive Updates (wie das Löschen einer Eigenschaft) in der Praxis recht selten vorkommen, ist TypeScript hier nicht so streng und erlaubt Ihnen die Zuweisung eines bestimmten Objekts, obwohl eigentlich dessen Supertyp erwartet wird.

Und wie ist das anders herum? Können Sie ein Objekt zuweisen, wo eigentlich dessen *Sub*typ erwartet wird?

Um das zu zeigen, erweitern wir unser Beispiel um einen Typ für Altbenutzer (»legacy users«). Stellen Sie sich vor, Sie erweitern Code, den Ihr Kollege vor der Verwendung von TypeScript geschrieben hat, mit Typen:

```
type LegacyUser = {
  id?: number | string
  name: string
}

let legacyUser: LegacyUser = {
  id: '793331',
  name: 'Xin Yang'
}

deleteUser(legacyUser) // Error TS2345: Argument of type 'LegacyUser' is not
                       // assignable to parameter of type '{id?: number |
                       // undefined, name: string}'. Type 'string' is not
                       // assignable to type 'number | undefined'.
```

TypeScript beschwert sich, wenn wir eine Form mit einer Eigenschaft übergeben, deren Typ ein Supertyp des erwarteten Typs ist. Der Grund ist, dass `id` den Typ `string | number | undefined` hat und `deleteUser` nur mit Fällen umgehen kann, in denen `id` den Typ `number | undefined` hat.

TypeScript verhält sich wie folgt: Wenn Sie eine Form erwarten, können Sie auch einen Typ übergeben, dessen Eigenschaftstypen das Verhältnis `<:` zu den erwarteten Typen haben. Die Übergabe einer Form mit Eigenschaftstypen, die Subtypen des erwarteten Typs sind, ist dagegen nicht möglich. Auf Typen bezogen sagen wir, dass TypeScript-Formen (Objekte und Klassen) in ihren Eigenschaftstypen *kovariant* sind. Damit ein Objekt `A` einem Objekt `B` zugewiesen werden kann, müssen sämtliche Eigenschaften im Verhältnis `<:` zu den entsprechenden Eigenschaften in `B` stehen.

Eigentlich ist die Kovarianz nur eine von vier Varianzformen:

Invarianz
: Sie wollen genau ein `T`.

Kovarianz
: Sie wollen ein `<:T`.

Kontravarianz
: Sie wollen ein `>:T`.

Bivarianz
: Sowohl `<:T` als auch `>:T` sind in Ordnung.

In TypeScript ist jeder komplexe Typ kovariant mit seinen Membern, Objekten, Klassen, Array und Rückgabetypen von Funktionen. Es gibt allerdings eine Ausnahme: Funktionsparametertypen. Sie sind *kontravariant*.

Nicht alle Sprachen treffen die gleichen Designentscheidungen. In manchen Sprachen sind Objekte in Eigenschaftstypen *invariant*, da kovariante Eigenschaftstypen zu unsicherem Verhalten führen können, wie wir gesehen haben. Einige Sprachen haben unterschiedliche Regeln für mutable und immutable Objekte (den Grund können Sie sich denken!). Einige Sprachen (wie Scala, Kotlin und Flow) besitzen eine explizite Syntax, mit der Programmierer die Varianz Ihrer eigenen Datentypen festlegen können.

Die Entwickler von TypeScript haben sich für ein Gleichgewicht zwischen einfacher Benutzbarkeit und Sicherheit entschieden. Es ist zwar sicherer, Objekte in ihren Eigenschaftstypen invariant zu machen, allerdings verschlechtert das auch die Benutzbarkeit. Schließlich werden Techniken verboten, die in der Praxis sicher verwendet werden können (hätten wir die `id` in `deleteUser` nicht per `delete` gelöscht, wäre es vollkommen sicher gewesen, ein Objekt zu übergeben, dessen Typ ein Supertyp des erwarteten Typs ist).

Funktionsvarianz

Beginnen wir mit ein paar Beispielen.

Eine Funktion `A` ist ein Subtyp einer Funktion `B`, wenn `A` die gleiche oder eine niedrigere Arität (Anzahl der Parameter) hat als `B` und:

1. `this` in `A` entweder nicht spezifiziert ist oder im Verhältnis `>:` zum Typ von `B`s `this` steht.
2. alle Parameter von `A` im Verhältnis `>:` zu den entsprechenden Parametern in `B` stehen.
3. der Rückgabetyp von `A` im Verhältnis `<: B` zum Rückgabetyp von B steht.

Lesen Sie das ruhig ein paarmal, bis Sie die Bedeutung der einzelnen Regeln verstehen. Damit eine Funktion `A` ein Subtyp der Funktion `B` sein kann, sagen wir, dass der Typ von `A`s `this` und ihrer Parameter im Verhältnis `>:` zu ihren Entsprechungen in `B` stehen muss, ihr Rückgabetyp dagegen im Verhältnis `<:`! Warum ändert sich hier die Richtung? Warum gilt hier nicht `<:` für alle Bestandteile (die Typen von this, Parametern und des Rückgabewerts) wie es für Objekte, Arrays, Vereinigungsmengen etc. auch gilt?

Lassen Sie uns die Antwort selbst herausfinden. Wir beginnen mit der Definition von drei Typen (aus Gründen der Klarheit benutzen wir hier class, auch wenn dieses Vorgehen für alle möglichen Typen funktioniert, bei denen A <: B <: C gilt):

```
class Animal {}
class Bird extends Animal {
  chirp() {}
}
class Crow extends Bird {
  caw() {}
}
```

In diesem Beispiel ist Crow (Krähe) ein Subtyp von Bird (Vogel), das wiederum ein Subtyp von Animal (Tier) ist: Crow <: Bird <: Animal.

Als Nächstes definieren wir eine Funktion, die einen Vogel zum Zwitschern (chirp) bringt:

```
function chirp(bird: Bird): Bird {
  bird.chirp()
  return bird
}
```

Das ist schon nicht schlecht. Was können wir laut TypeScript an chirp übergeben?

```
chirp(new Animal) // Error TS2345: Argument of type 'Animal' is not assignable
chirp(new Bird)   // to parameter of type 'Bird'.
chirp(new Crow)
```

Sie können entweder eine Instanz von Bird übergeben (wie im Parameter für den Typ von bird festgelegt) oder eine Instanz von Crow (weil es ein Subtyp von Bird ist). Prima, die Übergabe eines Subtyps funktioniert wie erwartet.

Jetzt schreiben wir eine neue Funktion. Diesmal wollen wir jedoch eine *Funktion* übergeben:

```
function clone(f: (b: Bird) => Bird): void {
  // ...
}
```

clone benötigt eine Funktion f, die ein Bird-Objekt übernimmt und ein Bird-Objekt zurückgibt. Welche Funktionstypen können sicher an f übergeben werden? Auf jeden Fall eine Funktion, die einen Bird übernimmt und einen Bird wieder zurückgibt:

```
function birdToBird(b: Bird): Bird {
  // ...
}
clone(birdToBird) // OK
```

Was ist mit einer Funktion, die ein Bird-Objekt übernimmt und ein Crow- oder Animal-Objekt zurückgibt?

```
function birdToCrow(d: Bird): Crow {
  // ...
}
clone(birdToCrow) // OK

function birdToAnimal(d: Bird): Animal {
  // ...
}
clone(birdToAnimal) // Error TS2345: Argument of type '(d: Bird) => Animal' is
                    // not assignable to parameter of type '(b: Bird) => Bird'.
                    // Type 'Animal' is not assignable to type 'Bird'.
```

`birdToCrow` funktioniert wie erwartet. `birdToAnimal` löst dagegen einen Fehler aus. Warum? Angenommen, unsere Implementierung von `clone` sähe so aus:

```
function clone(f: (b: Bird) => Bird): void {
  let parent = new Bird
  let babyBird = f(parent)
  babyBird.chirp()
}
```

Hätten wir der `clone`-Funktion ein `f` übergeben, das ein `Animal`-Objekt zurückgibt, könnten wir `.chirp` daran nicht aufrufen! Deshalb stellt TypeScript bei der Kompilierung sicher, dass die übergebene Funktion *mindestens* ein `Bird`-Objekt zurückgibt.

Wir sagen, die Funktionen sind in ihren Rückgabetypen *kovariant*. Das heißt: Damit eine Funktion ein Subtyp einer anderen Funktion sein kann, muss ihr Rückgabetyp im Verhältnis `<:` zum Rückgabetyp der anderen Funktion stehen.

Und wie sieht es mit Parametertypen aus?

```
function animalToBird(a: Animal): Bird {
  // ...
}
clone(animalToBird) // OK

function crowToBird(c: Crow): Bird {
  // ...
}
clone(crowToBird) // Error TS2345: Argument of type '(c: Crow) => Bird' is not
                  // assignable to parameter of type '(b: Bird) => Bird'.
```

Damit eine Funktion an eine andere Funktion zugewiesen werden kann, müssen alle Parametertypen (inklusive `this`) im Verhältnis `>:` zu den Parametertypen der empfangenden Funktion stehen. Um das zu verstehen, stellen wir uns vor, wie jemand `crowToBird` implementiert hätte, bevor die Funktion an `clone` übergeben wird. Zum Beispiel so:

```
function crowToBird(c: Crow): Bird {
  c.caw()
  return new Bird
}
```

Wenn `clone` ein neues `Bird`-Objekt benutzt, um `crowToBird` aufzurufen, wird eine Ausnahme ausgelöst, weil `.caw()` (krächzen) nur für `Crows` (Krähen), aber nicht für alle `Birds` definiert ist.

Das heißt, Funktionen sind in ihren Typen für `this` und ihre Parameter kontravariant. Ist eine Funktion ein Subtyp einer anderen Funktion, müssen sämtliche Parameter und ihr `this` im Verhältnis `>:` zur anderen Funktion stehen.

Glücklicherweise müssen Sie sich diese Regeln nicht merken oder sie gar wiederholen. Denken Sie einfach daran, wenn Ihr Codeeditor wieder einmal eine rote Unterschlängelung anzeigt, weil Sie eine falsch typisierte Funktion übergeben haben.

TSC Flag: strictFunctionTypes

Aus Gründen der Rückwärtskompatibilität sind TypeScript-Funktionen in ihren Parameter- und `this`-Typen tatsächlich kovariant. Um das gerade gesehene sicherere kontravariante Verhalten zu aktivieren, sollten Sie das Flag `{"strictFunctionTypes": true}` in Ihrer *tsconfig.json* aktivieren.

Wenn Sie per `{"strict": true}` den `strict`-Modus nutzen, ist `strictFunctionTypes` bereits für Sie gesetzt, und Sie können direkt loslegen.

Zuweisbarkeit

Die Beziehungen zwischen Sub- und Supertypen sind Kernkonzepte jeder statisch typisierten Sprache. Sie spielen außerdem eine wichtige Rolle, wenn es um das Verständnis der Zuweisbarkeit geht. Damit sind die TypeScript-Regeln gemeint, die festlegen, ob Sie einen Typ `A` verwenden können, wo eigentlich ein Typ `B` benötigt wird.

Um die Frage »Ist Typ `A` an Typ `B` zuweisbar?« zu beantworten, folgt TypeScript ein paar einfachen Regeln. Für alle Typen, die *kein Enum* sind (also Arrays, boolesche Werte, Zahlen, Objekte, Funktionen, Klassen, Klasseninstanzen und Strings, inklusive literaler Typen) gilt: `A` ist an `B` zuweisbar, wenn eine der folgenden Regeln wahr ist:

1. `A <: B`.
2. `A` ist `any`.

Regel 1 ist einfach die Definition eines Subtyps: Ist `A` ein Subtyp von `B`, dann können Sie `B` überall verwenden, wo sonst ein `A` benutzt wird.

Regel 2 ist die Ausnahme zu Regel 1 und soll die Zusammenarbeit mit JavaScript-Code erleichtern.

Für Enum-Typen, die mit den Schlüsselwörtern `enum` oder `const enum` erzeugt wurden, ist `A` an `B` zuweisbar, wenn eine der folgenden Regeln zutrifft:

1. `A` ist ein Member von `B`.
2. `B` hat mindestens ein Member vom Typ `number`, und `A` hat den Typ `number`.

Regel 1 ist exakt die gleiche wie für einfache Typen (ist `A` ein Member des Enums `B`, dann sind der Typ von `A` und der Typ von `B` gleich; wir sagen im Prinzip nur: `B <: B`).

Regel 2 soll die Arbeit mit Enums erleichtern. Wie in »Enums« auf Seite 40 erklärt wurde, kann Regel 2 für viel Unsicherheit in TypeScript sorgen. Dies ist der einzige Grund, warum ich empfehle, das Kind mit dem Bade auszuschütten und Enums komplett zu vermeiden.

Typerweiterung

Die *Typerweiterung* (type widening) ist der Schlüssel zum Verständnis von TypeScripts Typableitung. Allgemein ist TypeScript bei der Ableitung von Typen eher nachsichtig und irrt sich manchmal, indem es einen allgemeineren Typ anstelle eines möglichst spezifischen Typs ableitet. Das erleichtert Ihr Leben als Programmierer, weil Sie sich nicht so oft mit dem Genörgel des Typecheckers herumschlagen müssen.

Unter Kapitel 3 haben Sie bereits ein paar Beispiele für die Typerweiterung in Aktion gesehen. Sehen wir uns hierzu ein paar weitere Beispiele an.

Wenn Sie eine Variable (etwa mit `let` oder `var`) so deklarieren, dass sie später verändert werden kann, wird ihr Typ von ihrem literalen Wert auf den Basistyp des Literals erweitert:

```
let a = 'x'                  // string
let b = 3                    // number
var c = true                 // boolean
const d = {x: 3}             // {x: number}

enum E {X, Y, Z}
let e = E.X                  // E
```

Bei immutablen Deklarationen funktioniert das nicht:

```
const a = 'x'                // 'x'
const b = 3                  // 3
const c = true               // true

enum E {X, Y, Z}
const e = E.X                // E.X
```

Sie können die Typerweiterung verhindern, indem Sie explizite Typannotationen verwenden:

```
let a: 'x' = 'x'             // 'x'
let b: 3 = 3                 // 3
var c: true = true           // true
const d: {x: 3} = {x: 3}     // {x: 3}
```

Wenn Sie einen nicht erweiterten Typ per `let` oder `var` neu zuweisen, erweitert TypeScript ihn bei Bedarf für Sie. Um TypeScript davon abzuhalten, erweitern Sie Ihre ursprüngliche Deklaration um eine explizite Annotation:

```
const a = 'x'              // 'x'
let b = a                  // string

const c: 'x' = 'x'         // 'x'
let d = c                  // 'x'
```

Mit null oder undefined initialisierte Variablen werden zu any erweitert:

```
let a = null               // any
a = 3                      // any
a = 'b'                    // any
```

Wenn eine mit null oder undefinedinitialisierte Variable den Geltungsbereich verlässt, in dem sie deklariert wurde, weist TypeScript ihr dagegen einen definitiven Typ zu:

```
function x() {
  let a = null             // any
  a = 3                    // any
  a = 'b'                  // any
  return a
}

x()                        // string
```

Der Typ const

TypeScript besitzt einen speziellen Typ namens const. Diesen können Sie verwenden, um die Typerweiterung für bestimmte Deklarationen zu umgehen. Verwenden Sie const als Typzusicherung (mehr dazu unter »Typzusicherungen (type assertions)« auf Seite 149):

```
let a = {x: 3}               // {x: number}
let b: {x: 3}                // {x: 3}
let c = {x: 3} as const      // {readonly x: 3}
```

const verhindert die Erweiterung Ihres Typs und markiert seine Member rekursiv (also auch für verschachtelte Datenstrukturen) per readonly als schreibgeschützt:

```
let d = [1, {x: 2}]           // (number | {x: number})[]
let e = [1, {x: 2}] as const  // readonly [1, {readonly x: 2}]
```

Verwenden Sie as const, wenn TypeScript ihren Typ so eng wie möglich ableiten soll.

Prüfung auf zusätzliche Eigenschaften (excess property checking)

Die Typerweiterung spielt auch eine Rolle, wenn TypeScript überprüft, ob ein Objekttyp einem anderen zuweisbar ist.

In »Form und Arrayvarianz« auf Seite 118 haben wir gesehen, dass Objekttypen in ihren Membern kovariant sind. Wenn TypeScript sich aber ohne zusätzliche Tests streng an diese Regel hielte, könnte das zu Problemen führen.

Nehmen wir zum Beispiel ein `Options`-Objekt, das Sie an eine Klasse übergeben wollen, um sie zu konfigurieren:

```
type Options = {
  baseURL: string
  cacheSize?: number
  tier?: 'prod' | 'dev'
}

class API {
  constructor(private options: Options) {}
}

new API({
  baseURL: 'https://api.mysite.com',
  tier: 'prod'
})
```

Was passiert bei einem Tippfehler?

```
new API({
  baseURL: 'https://api.mysite.com',
  tierr: 'prod'      // Error TS2345: Argument of type '{tierr: string}'
})                   // is not assignable to parameter of type 'Options'.
                     // Object literal may only specify known properties,
                     // but 'tierr' does not exist in type 'Options'.
                     // Did you mean to write 'tier'?
```

In JavaScript kann das schnell passieren. Daher ist es besonders praktisch, dass TypeScript uns bei der Fehlersuche hilft. Aber wie kann TypeScript das überhaupt erkennen, wenn Objekttypen in ihren Members kovariant sind?

- Erwartet haben wir den Typ `{baseURL: string, cacheSize?: number, tier?: 'prod' | 'dev'}`.
- Übergeben haben wir den Typ `{baseURL: string, tierr: string}`.
- Der übergebene Typ ist ein Subtyp des erwarteten Typs. Aber aus irgendeinem Grund gibt TypeScript eine Fehlermeldung aus.

Durch die *Überprüfung auf zusätzliche Eigenschaften* (excess property checking) konnte TypeScript das Problem erkennen. Die Überprüfung funktioniert in etwa so: Wenn Sie einen »frischen« literalen Objekttyp `T` einem anderen Typ `U` zuweisen und `T` Eigenschaften besitzt, die es in `U` nicht gibt, dann gibt TypeScript einen Fehler aus.

Einen *»frischen« literalen Objekttyp* leitet TypeScript von einem Objektliteral ab. Verwendet das Objektliteral eine Typzusicherung (siehe »Typzusicherungen (type assertions)« auf Seite 149) oder wird es einer Variablen zugewiesen, dann wird der frische literale Objekttyp zu einem regulären Objekttyp *erweitert*, und er gilt nicht mehr als »frisch«.

Diese Definition ist recht komplex. Daher wollen wir uns hierzu ein weiteres Beispiel ansehen und ein paar Variationen des Themas ausprobieren:

```
type Options = {
  baseURL: string
  cacheSize?: number
  tier?: 'prod' | 'dev'
}

class API {
  constructor(private options: Options) {}
}

new API({ ❶
  baseURL: 'https://api.mysite.com',
  tier: 'prod'
})

new API({ ❷
  baseURL: 'https://api.mysite.com',
  badTier: 'prod'     // Error TS2345: Argument of type '{baseURL: string; badTier:
})                    // string}' is not assignable to parameter of type 'Options'.

new API({ ❸
  baseURL: 'https://api.mysite.com',
  badTier: 'prod'
} as Options)

let badOptions = { ❹
  baseURL: 'https://api.mysite.com',
  badTier: 'prod'
}
new API(badOptions)

let options: Options = { ❺
  baseURL: 'https://api.mysite.com',
  badTier: 'prod'     // Error TS2322: Type '{baseURL: string; badTier: string}'
}                     // is not assignable to type 'Options'.
new API(options)
```

❶ Wir instanziieren `API` mit einem `baseURL` und einer der beiden optionalen Eigenschaften, `tier`. Das funktioniert wie erwartet.

❷ Hier verwenden wir anstelle von `tier` die falsche Schreibweise `badTier`. Das an `new API` übergebene Objekt gilt als »frisch« (weder wird sein Typ abgeleitet oder einer Variablen zugewiesen, noch müssen wir Annahmen über seinen Typ anstellen). Also führt TypeScript eine Überprüfung auf zusätzliche Eigenschaften durch und findet die Eigenschaft `badTier` (die im übergebenen Objekt, aber nicht im `Options`-Typ definiert wurde).

❸ Wir geben an, dass unser ungültiges Objekt den Typ `Options` hat. TypeScript sieht es nicht länger als »frisch« an und bricht den Test auf zusätzliche Eigenschaften ohne Fehlermeldung ab. Wenn Ihnen die `as T`-Schreibweise nicht bekannt ist, finden Sie weitere Informationen unter »Typzusicherungen (type assertions)« auf Seite 149.

❹ Wir weisen unser Objekt, das die Optionen enthält, der Variablen `badOptions` zu. Dadurch sieht TypeScript es nicht länger als »frisch« an und bricht den Test auf zusätzliche Eigenschaften ohne Fehlermeldung ab.

❺ Wir weisen der Variablen `options` explizit den Typ `Options` zu. Das an `options` (die Variable) zugewiesene Objekt ist »frisch«, also führt TypeScript den Test auf zusätzliche Eigenschaften durch und findet unseren Fehler. Wenn wir die `options`-Variable an `new API` übergeben, wird dagegen kein Test auf zusätzliche Eigenschaften durchgeführt. Wenn wir versuchen, unser Objekt mit den Optionen der Variablen `options` zuzuweisen, dagegen schon.

Keine Sorge. Sie brauchen sich diese Regeln nicht zu merken. Das sind TypeScripts interne Mechanismen, um möglichst viele Fehler zu finden, damit Sie als Programmierer sich nicht damit befassen müssen. Behalten Sie sie einfach im Hinterkopf, falls Sie sich wundern, wie TypeScript es schafft, sich über einen Fehler zu beschweren, den selbst Ivan, der kampferprobte Bewacher der Codebasis Ihres Unternehmens, nicht bemerkt hätte.

Typverfeinerung (refinement)

Die Typableitung von TypeScript ist flussbasiert. Das ist eine Art symbolische Ausführung. Hierbei verwendet der Typechecker Kontrollfluss-Anweisungen wie `if`, `?`, `||` und `switch` sowie Typabfragen wie `typeof`, `instanceof` und `in`, um die Typen während seiner Arbeit zu *verfeinern* (refine), wie es ein Programmierer beim Lesen des Codes auch tun würde.[1]

Diese Fähigkeit des Typecheckers kann sehr praktisch sein und ist nur in wenigen Sprachen möglich.[2]

Sehen wir uns hierzu ein Beispiel an. Angenommen, wir haben eine API für die Definition von CSS-Regeln erstellt und ein Mitarbeiter will damit die `width`-Eigenschaft eines HTML-Elements festlegen. Er übergibt einen entsprechenden Wert, der anschließend geparst und überprüft werden soll.

Wir beginnen mit der Implementierung einer Funktion, die einen CSS-String in einen Wert und einige mögliche Maßeinheit aufteilt:

---

1 Die symbolische Ausführung ist eine Form der Programmanalyse, bei der ein spezielles Programm namens *symbolischer Evaluator* benutzt wird, um Ihr Programm auf die gleiche Weise wie eine Laufzeitumgebung auszuführen. Dabei werden allerdings keine definitiven Werte und Variablen zugewiesen. Stattdessen wird jede Variable als *Symbol* modelliert, dessen Wert beim Ausführen des Programms beschränkt wird. Durch die symbolische Ausführung lassen sich Dinge sagen wie: »Diese Variable wird nie benutzt.« oder »Diese Funktion kehrt nie zurück.« oder »Im positiven Zweig der `if`-Anweisung in Zeile 102 hat die Variable `x` garantiert nicht den Wert `null`.«

2 Die flussbasierte Typableitung wird von einer Handvoll Sprachen unterstützt, wie beispielsweise TypeScript, Flow, Kotlin und Ceylon. Die flussbasierte Typableitung ist eine Möglichkeit, die Typen in einem Codeblock zu verfeinern, und stellt eine Alternative zur expliziten Typannotation, wie in C und Java, und der Mustererkennung aus Sprachen wie Haskell, OCaml und Scala dar. Die Idee ist, eine symbolische Ausführungs-Engine direkt in den Typechecker zu integrieren, um diesem Rückmeldungen zu geben und ein Programm so zu analysieren, wie es auch ein Programmierer tun würde.

```
// Wir benutzen eine Vereinigungsmenge aus Strings, um
// die möglichen CSS-Maßeinheiten anzugeben
type Unit = 'cm' | 'px' | '%'

// Die möglichen Werte werden enumeriert
let units: Unit[] = ['cm', 'px', '%']

// Einheiten überprüfen und null ausgeben, wenn es keinen Treffer gab
function parseUnit(value: string): Unit | null {
  for (let i = 0; i < units.length; i++) {
    if (value.endsWith(units[i])) {
      return units[i]
    }
  }
  return null
}
```

Jetzt können wir `parseUnit` verwenden, um einen vom Benutzer übergebenen Wert für die Breite zu parsen. Dabei kann `width` eine Zahl (die wir als Pixel interpretieren) sein, ein String, der mit einer bestimmten Maßeinheit endet, oder auch `null` oder `undefined`.

In diesem Beispiel kommt die Typverfeinerung gleich mehrmals zum Einsatz:

```
type Width = {
  unit: Unit,
  value: number
}

function parseWidth(width: number | string | null | undefined): Width | null {
  // Ist width null oder undefined, kehrt die Funktion sofort zurück
  if (width == null) { ❶
    return null
  }

  // Enthält width nur eine Zahl, nehmen wir Pixel als Einheit an
  if (typeof width === 'number') { ❷
    return {unit: 'px', value: width}
  }

  // Versuchen, aus width eine Maßeinheit zu ermitteln
  let unit = parseUnit(width)
  if (unit) { ❸
    return {unit, value: parseFloat(width)}
  }

  // Ansonsten null zurückgeben
  return null ❹
}
```

❶ Testen Sie `null` in JavaScript (per ==) auf nicht-strikte Gleichheit, erhalten Sie sowohl für `null`, aber auch für `undefined` das Ergebnis `true`. TypeScript weiß das. Ist die Überprüfung erfolgreich, kehrt die Funktion zurück. Tut sie das nicht, war die Überprüfung also nicht erfolgreich. Dadurch hat `width` ab hier den Typ `number | string` (und kann nicht mehr `null` oder `undefined` sein).

Der Typ wurde also von number | string | null | undefined zu number | string verfeinert.

❷ Mit typeof wird der Wert zur Laufzeit überprüft, um festzustellen, welchen Typ er hat. Dabei nutzt TypeScript typeof auch schon bei der Kompilierung: Ist der Test erfolgreich, weiß TypeScript, dass width im if-Zweig eine Zahl (number) sein muss. Ansonsten muss es ein string sein (da der Zweig per return beendet wird) – es ist der einzige Typ, der noch übrig bleibt.

❸ Da der Aufruf von parseUnit auch null zurückgeben kann, überprüfen wir diese Möglichkeit mit einem Test auf nicht-strikte Wahrheit (»truthy«).[3] TypeScript weiß: Ist die Variable unit truthy, so muss sie im if-Zweig den Typ Unit haben – ansonsten muss unit falsy (nicht-strikt falsch) sein, und ihr Typ ist demnach null (verfeinert aus Unit | null).

❹ Zum Schluss geben wir null zurück. Das kann nur passieren, wenn der Benutzer einen string für width übergeben hat, der eine nicht unterstützte Einheit enthält.

Ich habe hier noch einmal genau erklärt, welche Typverfeinerungen TypeScript durchgeführt hat. Ich hoffe allerdings, dass Ihnen als Programmierer, der den Code liest, dies ohnehin schon klar war. TypeScript ist besonders gut darin, Ihre Gedanken beim Schreiben und Lesen von Code zu erkennen und in Typechecking- und Ableitungsregeln umzusetzen.

Unterscheidung von Vereinigungstypen

Wie wir gerade gesehen haben, besitzt TypeScript ein tiefgehendes Verständnis von der Funktionsweise von JavaScript. Dadurch ist es in der Lage, Ihnen bei der Verfeinerung Ihrer Typen so zu folgen, als würden Sie das Programm im Kopf durchgehen.

Im nächsten Beispiel bauen wir ein spezielles Eventsystem für eine Applikation. Wir beginnen mit der Definition einiger Event-Typen und einer Funktion, die eingehende Events verarbeiten kann. Hierbei modelliert UserTextEvent eine Tastatureingabe (z.B. indem der Benutzer etwas in ein <input />-Feld eingibt), während UserMouseEvent für ein Maus-Event steht (z.B. indem der Benutzer den Mauszeiger zu den Koordinaten [100, 200] bewegt):

```
type UserTextEvent = {value: string}
type UserMouseEvent = {value: [number, number]}

type UserEvent = UserTextEvent | UserMouseEvent

function handle(event: UserEvent) {
  if (typeof event.value === 'string') {
    event.value  // string
```

3 JavaScript besitzt sieben Werte, die nicht-strikt falsch (falsy) sind: null, undefined, NaN, 0, -0, "" und natürlich false. Alles andere ist nicht-strikt wahr (truthy).

```
    // ...
    return
  }
  event.value     // [number, number]
}
```

TypeScript weiß (durch den Test per typeof), dass event.value innerhalb des if-Blocks den Typ string haben muss. Das heißt, nach dem if-Block muss event.value ein Tupel des Typs [number, number] sein (wegen der return-Anweisung im if-Block).

Was passiert, wenn wir das etwas komplizierter machen? Wir erweitern unsere Event-Typen um zusätzliche Informationen, um zu sehen, wie TypeScript sich schlägt, wenn wir unsere Typen verfeinern:

```
type UserTextEvent = {value: string, target: HTMLInputElement}
type UserMouseEvent = {value: [number, number], target: HTMLElement}

type UserEvent = UserTextEvent | UserMouseEvent

function handle(event: UserEvent) {
  if (typeof event.value === 'string') {
    event.value  // string
    event.target // HTMLInputElement | HTMLElement (!!!)
    // ...
    return
  }
  event.value     // [number, number]
  event.target    // HTMLInputElement | HTMLElement (!!!)
}
```

Obwohl die Verfeinerung für event.value funktioniert hat, schlägt sie für event.target fehl. Aber warum? Wenn die handle-Funktion einen Parameter des Typs UserEvent übernimmt, sind wir nicht gezwungen, explizit einen UserTextEvent oder UserMouseEvent zu übergeben. Der übergebene Typ hätte auch UserMouseEvent | UserTextEvent lauten können. Da sich die Member eines Vereinigungstyps überschneiden können, benötigt TypeScript eine verlässlichere Möglichkeit, herauszufinden, ob es sich um einen Vereinigungstyp oder einen anderen Fall handelt.

Dafür wird jede mögliche Variante des Vereinigungstyps mit einem literalen Typ oder »Tag« *markiert*. Ein gutes Tag hat folgende Eigenschaften:

- Es befindet sich in beiden Varianten des Vereinigungstyps an der gleichen Stelle, d.h. im gleichen Objektfeld, sofern es sich um eine Vereinigung von Objekttypen handelt, oder am gleichen Index, sofern es eine Vereinigung von Tupel-Typen ist. In der Praxis verwenden markierte Vereinigungen meistens Objekttypen.
- Das Tag ist als literaler Typ typisiert (ein literaler String, eine Zahl oder ein boolescher Wert). Grundsätzlich können Sie verschiedene Literale mischen. In der Praxis sollten Sie sich aber auf einen Typ beschränken, üblicherweise ein String-Literal.

- Es ist nicht generisch. Gute Tags sollten keine generischen Typargumente übernehmen.
- Sie sollten sich gegenseitig ausschließen (d.h. innerhalb eines Vereinigungstyps einmalig sein).

Mit diesem Wissen können wir unsere Eventtypen weiter verbessern:

```
type UserTextEvent = {type: 'TextEvent', value: string, target: HTMLInputElement}
type UserMouseEvent = {type: 'MouseEvent', value: [number, number],
                       target: HTMLElement}

type UserEvent = UserTextEvent | UserMouseEvent

function handle(event: UserEvent) {
  if (event.type === 'TextEvent') {
    event.value  // string
    event.target // HTMLInputElement
    // ...
    return
  }
  event.value    // [number, number]
  event.target   // HTMLElement
}
```

Wenn wir den Typ von event anhand des Werts des markierten Felds (`event.type`) verfeinern, weiß TypeScript, dass event im `if`-Zweig den Typ `UserTextEvent` haben und nach dem `if`-Zweig ein `UserMouseEvent` sein muss. Da das Tag per Vereinigungstyp einmalig ist, weiß TypeScript, dass beide Typen sich gegenseitig ausschließen.

Verwenden Sie markierte Vereinigungstypen beim Schreiben von Funktionen, die mit unterschiedlichen Fällen einer Vereinigung umgehen müssen. Für die Arbeit mit Flux-Actions, Redux-Reactions und Reacts `useReducer`-Hook sind sie von unschätzbarem Wert.

Totalität

> Ein Programmierer stellt vor dem Schlafengehen zwei Gläser auf den Nachttisch: ein volles, falls er Durst bekommt, und ein leeres, falls nicht.
>
> – *Anonym*

Totalität, auch als *Vollständigkeitsprüfung* (exhaustiveness checking) bezeichnet, ermöglicht es dem Typechecker, zu überprüfen, ob Sie wirklich alle Fälle abgedeckt haben. Dieses Konzept stammt aus Haskell, OCaml und anderen Sprachen, die auf Mustererkennung basieren.

TypeScript testet in verschiedenen Situationen auf Vollständigkeit und gibt Ihnen hilfreiche Warnungen, wenn Sie einen Fall übersehen haben. Das ist eine große Unterstützung bei der Fehlervermeidung. Zum Beispiel:

```
type Weekday = 'Mon' | 'Tue'| 'Wed' | 'Thu' | 'Fri'
type Day = Weekday | 'Sat' | 'Sun'
```

```
function getNextDay(w: Weekday): Day {
  switch (w) {
    case 'Mon': return 'Tue'
  }
}
```

Wir haben offenbar ein paar Tage ausgelassen (die Woche war ziemlich lang). Hier kommt uns TypeScript zu Hilfe:

```
Error TS2366: Function lacks ending return statement and
return type does not include 'undefined'.
```

TSC Flag: noImplicitReturns

Sie können TypeScript anweisen, zu überprüfen, ob alle Ihre Funktionen einen Wert zurückgeben (und bei Bedarf eine entsprechende Warnung ausgeben). Aktivieren Sie hierfür das Flag `noImplicitReturns` in Ihrer *tsconfig.json*. Ob Sie das tun, ist Ihre Entscheidung. Manche Programmierer verwenden lieber weniger explizite `return`-Anweisungen, anderen haben kein Problem damit, wenn es der Typsicherheit dient und der Typechecker mehr Fehler finden kann.

Diese Fehlermeldung teilt uns mit, dass wir entweder einige Fälle übergangen haben, die Sie mit einer allgemeinen (»catchall«) `return`-Anweisung behandeln können oder bei der Sie den Rückgabetyp anpassen sollten. Im ersten Fall könnte der Rückgabewert etwas sein wie `'Sat'` (das wäre schön, was?); im zweiten Fall könnte der Typ `Day | undefined` lauten. Nachdem wir für jeden Wochentag eine `case`-Anweisung eingebaut haben, tritt die Warnmeldung nicht mehr auf (probieren Sie's!). Da wir den Rückgabetyp von `getNextDay` annotiert haben und nicht alle Zweige garantiert einen Wert dieses Typs zurückgeben, warnt TypeScript uns.

Die Details der Implementierung sind in diesem Beispiel nicht wichtig: Egal, welche Kontrollstruktur Sie verwenden – `switch`, `if`, `throw` etc. –, TypeScript passt auf Sie auf, damit Sie nicht versehentlich etwas vergessen.

Hier ein weiteres Beispiel:

```
function isBig(n: number) {
  if (n >= 100) {
    return true
  }
}
```

Vielleicht haben Sie die ständigen Sprachnachrichten eines Kunden durcheinandergebracht und vergessen, Zahlen unter `100` in Ihrer geschäftskritischen `isBig`-Funktion zu berücksichtigen. Auch hier brauchen Sie keine Sorge zu haben: TypeScript ist für Sie da:

```
Error TS7030: Not all code paths return a value.
```

Oder Sie konnten das Wochenende nutzen, um den Kopf freizubekommen, und Ihnen ist eingefallen, dass Sie das `getNextDay`-Beispiel noch effizienter schreiben können. Wie wäre es mit festen Werten anstelle einer `switch`-Anweisung?

```
let nextDay = {
  Mon: 'Tue'
}

nextDay.Mon // 'Tue'
```

Vielleicht hat das Gekläffe von Nachbars Bichon Frise Sie abgelenkt und Sie haben vergessen, die anderen Tage ins neue `nextDay`-Objekt einzubauen, bevor Sie den Code veröffentlicht und mit wichtigeren Dingen weitergemacht haben.

Auch wenn TypeScript Sie beim Zugriff auf `nextDay.Tue` auf den Fehler aufmerksam macht, hätten Sie bei der Deklaration von `nextDay` auch gleich etwas proaktiver sein können. Dafür gibt es zwei Wege, wie wir in »Der Record-Typ« auf Seite 138 und »Abgebildete Typen« auf Seite 139 sehen werden. Zuvor machen wir aber noch einen kleinen Ausflug zu den Typoperatoren für Objekttypen.

Fortgeschrittene Objekttypen

Objekte sind ein zentrales Konzept in JavaScript. Daher gibt Ihnen TypeScript eine ganze Reihe von Möglichkeiten, sie auszudrücken und auf sichere Weise zu bearbeiten.

Typoperatoren für Objekttypen

Erinnern Sie sich noch an die beiden Typoperatoren `|` und `&`, die ich in »Vereinigungs- und Schnittmengentypen« auf Seite 32 vorgestellt habe? Davon gibt es in TypeScript noch eine ganze Menge mehr. Sehen wir uns ein paar weitere Typoperatoren an, die bei Ihrer Arbeit mit Formen hilfreich sein können.| (Pipe-Zeichen), für Vereinigungstypen

Der Operator für schlüsselbasierten Zugriff

Angenommen, Sie haben einen komplexen verschachtelten Typ erstellt, um die Antwort einer GraphQL-API zu modellieren, die Sie von einer Socical-Media-API Ihrer Wahl zurückbekommen haben:

```
type APIResponse = {
  user: {
    userId: string
    friendList: {
      count: number
      friends: {
        firstName: string
        lastName: string
      }[]
    }
  }
}
```

Danach können Sie die Antwort der API entgegennehmen und rendern:

```
function getAPIResponse(): Promise<APIResponse> {
  // ...
}

function renderFriendList(friendList: unknown) {
  // ...
}

let response = await getAPIResponse()
renderFriendList(response.user.friendList)
```

Welchen Typ sollte `friendsList` in diesem Fall haben? (Im Moment haben wir den Typ als `unknown` skizziert.) Sie könnten das durchtypisieren und den Typ Ihrer `APIResponse` entsprechend neu implementieren:

```
type FriendList = {
  count: number
  friends: {
    firstName: string
    lastName: string
  }[]
}

type APIResponse = {
  user: {
    userId: string
    friendList: FriendList
  }
}

function renderFriendList(friendList: FriendList) {
  // ...
}
```

Dann müsste Sie aber jedem Typ auf der obersten Ebene mit einem Namen versehen, was nicht immer gewünscht ist (vielleicht haben Sie ein Build-Werkzeug benutzt, um die TypeScript-Typen aus dem GraphQL-Schema zu erzeugen). Stattdessen können Sie den Typ schlüsselbasiert angeben.

```
type APIResponse = {
  user: {
    userId: string
    friendList: {
      count: number
      friends: {
        firstName: string
        lastName: string
      }[]
    }
  }
}
```

```
type FriendList = APIResponse['user']['friendList']

function renderFriendList(friendList: FriendList) {
  // ...
}
```

Der schlüsselbasierte Zugriff funktioniert für beliebige Formen (Objekte, Klassenkonstruktoren oder Klasseninstanzen) und jede Art von Array. Um an den Typ eines einzelnen Freunds zu kommen, könnten Sie beispielsweise schreiben:

```
type Friend = FriendList['friends'][number]
```

`number` ist hierbei der Schlüssel zum gewünschten Arraytyp. Für Tupel verwenden Sie `0`, `1` oder eine andere Zahl, die dem benötigten Index entspricht.

Die Ähnlichkeit der Syntax für den schlüsselbasierten Zugriff mit dem Zugriff auf Felder in JavaScript-Objekte ist beabsichtigt. Der Typ einer Form kann auf die gleiche Weise ermittelt werden wie der Wert in einem Objekt. Beachten Sie, dass Sie für den schlüsselbasierten Zugriff eckige Klammern anstelle der Punktnotation verwenden müssen.

Der keyof-Operator

Verwenden Sie `keyof`, um alle Schlüssel eines Objekts als Vereinigungsmenge aus literalen Stringtypen zu erhalten. Das vorige `APIResponse`-Beispiel würde dann so aussehen:

```
type ResponseKeys = keyof APIResponse // 'user'
type UserKeys = keyof APIResponse['user'] // 'userId' | 'friendList'
type FriendListKeys =
  keyof APIResponse['user']['friendList'] // 'count' | 'friends'
```

Durch die Kombination aus schlüsselbasiertem Zugriff und `keyof`-Operatoren können Sie eine typsichere Getter-Funktion implementieren, die den Wert eines bestimmten Schlüssels in einem Objekt ausliest:

```
function get< ❶
  O extends object,
  K extends keyof O ❷
>(
  o: O,
  k: K
): O[K] { ❸
  return o[k]
}
```

❶ `get` ist eine Funktion, die ein Objekt `o` und einen Schlüssel `k` übernimmt.

❷ `keyof O` ist die Vereinigungsmenge aus literalen Stringtypen, die für alle Schlüssel des Objekts `o` steht. Der generische Typ `K` erweitert diese Vereinigungsmenge und ist gleichzeitig ein Subtyp davon. Hat `o` beispielsweise den Typ `{a: number, b: string, c: boolean}`, dann ist `keyof o` der Typ `'a' | 'b' | 'c'`. `K` (das keyof o erweitert) könnte dann beispielsweise den Typ 'a', 'b', 'a' | 'c' oder einen anderen Subtyp von keyof o haben.

❸ O[K] ist der Rückgabetyp, den Sie erhalten, wenn Sie in O nach K suchen. Ist K ein 'a', dann wissen wir bei der Kompilierung, dass get den Typ number zurückgibt. Hat K den Inhalt 'b' | 'c', dann wissen wir, dass get den Typ string | boolean zurückgibt.

Mit diesen Typoperatoren können Sie präzise und sicher beschreiben, welchen Typ die Formen haben:

```
type ActivityLog = {
  lastEvent: Date
  events: {
    id: string
    timestamp: Date
    type: 'Read' | 'Write'
  }[]
}

let activityLog: ActivityLog = // ...
let lastEvent = get(activityLog, 'lastEvent') // Date
```

Hierbei verifiziert TypeScript *bei der Kompilierung*, dass der lastEvent den Typ Date hat. Natürlich können Sie das erweitern, um auf die Schlüssel eines tiefer liegenden Objekts zugreifen zu können. Im nächsten Beispiel überladen wir get, sodass drei Schlüssel übernommen werden:

```
type Get = { ❶
  <
    O extends object,
    K1 extends keyof O
  >(o: O, k1: K1): O[K1] ❷
  <
    O extends object,
    K1 extends keyof O,
    K2 extends keyof O[K1] ❸
  >(o: O, k1: K1, k2: K2): O[K1][K2] ❹
  <
    O extends object,
    K1 extends keyof O,
    K2 extends keyof O[K1],
    K3 extends keyof O[K1][K2]
  >(o: O, k1: K1, k2: K2, k3: K3): O[K1][K2][K3] ❺
}

let get: Get = (object: any, ...keys: string[]) => {
  let result = object
  keys.forEach(k => result = result[k])
  return result
}

get(activityLog, 'events', 0, 'type') // 'Read' | 'Write'
```

```
get(activityLog, 'bad') // Error TS2345: Argument of type '"bad"'
                        // is not assignable to parameter of type
                        // '"lastEvent" | "events"'.
```

❶ Wir deklarieren eine überladene Funktionssignatur für get, um die Funktion mit einem, zwei oder drei Schlüsseln aufrufen zu können.

❷ Der Aufruf mit einem Schlüssel funktioniert wie im vorigen Beispiel: O ist ein Subtyp von object, K1 ist ein Subtyp der Schlüssel dieses Objekts. Der Rückgabetyp ist der Typ, den Sie erhalten, wenn Sie mit K1 als Schlüssel auf O zugreifen.

❸ Beim Aufruf mit zwei Schlüsseln deklarieren wir einen weiteren generischen Typ K2, um alle möglichen Schlüssel des verschachtelten Objekts zu modellieren, das bei der Abfrage von O mit K1 entsteht.

❹ Aufbauend auf ❷ führen wir zwei schlüsselbasierte Abfragen durch. Zuerst finden wir den Typ von O[K1] heraus, danach ermitteln wir am Ergebnis den Typ von [K2].

❺ Für dieses Beispiel arbeiten wir mit bis zu drei Schlüsseln. Wenn Sie eine Bibliothek für den Produktionseinsatz schreiben, werden Sie wahrscheinlich mehr Fälle abdecken wollen.

Nicht schlecht, was? Wenn Sie eine Minute Zeit haben, zeigen Sie dieses Beispiel Ihren Java-Freunden. Und verbergen Sie nicht Ihre Freude, wenn Sie den Code zusammen durchgehen.

TSC Flag: keyofStringsOnly

In JavaScript können Objekte und Arrays sowohl Strings wie auch Symbole als Schlüssel verwenden. Per Konventionen benutzen wir für Arrays normalerweise zahlenbasierte Schlüssel, die zur Laufzeit in Strings umgewandelt werden.

Aus diesem Grund gibt die TypeScript-Version von keyof standardmäßig den Typ number | string | symbol zurück. (Wenn Sie keyof dagegen an einer spezifischeren Form aufrufen, kann TypeScript auch einen spezifischeren Subtyp dieser Vereinigungsmenge ableiten).

Dieses Verhalten ist korrekt. Allerdings wird für die Arbeit mit keyof viel Code gebraucht, weil Sie TypeScript erst beweisen müssen, dass der eine Schlüssel, mit dem Sie gerade arbeiten, den Typ string hat und nicht etwa number oder symbol.

Früher mussten die Schlüssel in TypeScript Strings sein. Um dieses Verhalten zu nutzen, können Sie das keyofStringsOnly-Flag in Ihrer *tsconfig.json* aktivieren.

Der Record-Typ

Der TypeScript-eigene Typ Record ist ein Weg, ein Objekt als »Map« zu beschreiben, die eine Sache auf eine andere abbildet.

Im Weekday-Beispiel des Abschnitts »Totalität« auf Seite 132 haben wir gesehen, dass es zwei Möglichkeiten gibt, zu erzwingen, dass ein Objekt ganz bestimmte Schlüssel definiert. Record-Typen sind die erste Möglichkeit.

Im folgenden Beispiel verwenden wir Record, um eine Map zu erstellen, die jeden Wochentag auf den jeweils folgenden abbildet. Mit Record können Sie die Schlüssel und Werte in nextDay beschränken:

```
type Weekday = 'Mon' | 'Tue'| 'Wed' | 'Thu' | 'Fri'
type Day = Weekday | 'Sat' | 'Sun'

let nextDay: Record<Weekday, Day> = {
  Mon: 'Tue'
}
```

Und schon erhalten Sie eine nette, hilfreiche Fehlermeldung:

```
Error TS2739: Type '{Mon: "Tue"}' is missing the following properties
from type 'Record<Weekday, Day>': Tue, Wed, Thu, Fri.
```

Sobald wir unserem Objekt die fehlenden Wochentage (Weekdays) hinzufügen, verschwinden auch die Fehler.

Im Vergleich zu regulären Indexsignaturen gibt Record Ihnen mehr Freiheit: Bei regulären Indexsignaturen können Sie zwar die Typen der Objektwerte beschränken, der Schlüssel kann aber nur den regulären Typ string, number oder symbol haben. Mit Record können Sie die Typen eines Objektschlüssels auf Subtypen von string und number beschränken.

Abgebildete Typen

TypeScript besitzt noch einen zweiten, mächtigeren Weg, einen sichereren Typ für nextDay zu deklarieren: abgebildete Typen (mapped types). Im folgenden Beispiel verwenden wir abgebildete Typen, um festzulegen, dass nextDay ein Objekt ist, das für jeden Wochentag (Weekday) einen Schlüssel vom Typ Day besitzt:

```
let nextDay: {[K in Weekday]: Day} = {
  Mon: 'Tue'
}
```

Dies ist eine weitere Möglichkeit, einen hilfreichen Hinweis auf mögliche Fehler zu erhalten:

```
Error TS2739: Type '{Mon: "Tue"}' is missing the following properties
from type '{Mon: Weekday; Tue: Weekday; Wed: Weekday; Thu: Weekday;
Fri: Weekday}': Tue, Wed, Thu, Fri.
```

Abgebildete Typen gibt es nur in TypeScript. Wie literale Typen sind sie ein Hilfsmittel, das nur einen Sinn ergibt, wenn man versucht, JavaScript statisch zu typisieren.

Dabei haben abgebildete Typen ihre spezielle Syntax. Und wie bei Indexsignaturen kann es höchstens einen abgebildeten Typ pro Objekt geben:

```
type MyMappedType = {
  [Schlüssel in  Vereinigungstyp]: TypDesWerts
}
```

Wie der Name schon sagt, ist dies eine Art, ein »Mapping« über die Typen von Schlüsseln und Werten auszuführen. Tatsächlich verwendet TypeScript abgebildete Typen, um seinen `Record`-Typ zu implementieren.

```
type Record<K extends keyof any, T> = {
  [P in K]: T
}
```

Abgebildete Typen sind leistungsstärker als einfache `Record`-Typen, da Sie nicht nur Schlüssel und Werte eines Objekts mit Typen versehen können. Wenn Sie abgebildete Typen mit dem schlüsselbasierten Zugriff kombinieren, können Sie genau festlegen, welcher Wertetyp zu welchem Schlüsselnamen gehört.

Hier ein paar Beispiele für die Dinge, die Sie mit abgebildeten Typen tun können:

```
type Account = {
  id: number
  isEmployee: boolean
  notes: string[]
}

// Alle Felder als optional kennzeichnen
type OptionalAccount = {
  [K in keyof Account]?: Account[K] ❶
}

// Alle Felder nullwertfähig machen
type NullableAccount = {
  [K in keyof Account]: Account[K] | null ❷
}

// Alle Felder als schreibgeschützt kennzeichnen
type ReadonlyAccount = {
  readonly [K in keyof Account]: Account[K] ❸
}

// Alle Felder wieder beschreibbar machen (äquivalent zu Account)
type Account2 = {
  -readonly [K in keyof ReadonlyAccount]: Account[K] ❹
}

// Alle Felder wieder erforderlich machen (äquivalent mit Account)
type Account3 = {
  [K in keyof OptionalAccount]-?: Account[K] ❺
}
```

❶ Wir erstellen den neuen Objekttyp `OptionalAccount`, indem wir über `Account` ein Mapping ausführen und dabei die einzelnen Felder als optional kennzeichnen.

❷ Wir erstellen den neuen Objekttyp `NullableAccount`, indem wir ein Mapping über `Account` ausführen und dabei `null` als möglichen Wert für die einzelnen Felder hinzufügen.

❸ Wir erstellen den neuen Objekttyp `ReadonlyAccount`, indem wir alle Felder in `Account` durchgehen und als schreibgeschützt (`readonly`) kennzeichnen.

❹ Wir können Felder als optional (`?`) oder `readonly` kennzeichnen und diese Markierungen auch wieder entfernen. Da der Minus-Operator (`-`) nur für abgebildete Typen benutzbar ist, können wir `?` und `readonly` entfernen und die Felder wieder als erforderlich und beschreibbar kennzeichnen. Hier erstellen wir den neuen Objekttyp `Account2`, der dem ursprünglichen `Account`-Typ entspricht, indem wir über `ReadonlyAccount` ein Mapping ausführen und die `readonly`-Markierungen mithilfe des Minus-Operators wieder entfernen.

❺ Wir erstellen den neuen Objekttyp `Account3`, der dem ursprünglichen `Account`-Typ entspricht, indem wir ein Mapping über `OptionalAccount` ausführen und die Markierung als optional (`?`) mit dem Minus (`-`)-Operator wieder entfernen.

Das Gegenstück zum Minus-Operator (`-`) ist der Plus-Operator (`+`). Sie werden ihn vermutlich nie direkt verwenden, weil er implizit ist: In einem abgebildeten Typ entspricht `readonly` der Schreibweise `+readonly`, und `?` kann man auch als `+?` definieren. `+` existiert nur der Vollständigkeit halber.

Eingebaute abgebildete Typen

Die im vorigen Abschnitt vorgestellten abgebildeten Typen sind so nützlich, dass viele von ihnen direkt in TypeScript integriert sind:

`Record<Keys, Values>`
: Ein Objekt mit Schlüsseln vom Typ `Keys` und Werten des Typs `Values`

`Partial<Object>`
: Markiert alle Felder in `Object` als optional

`Required<Object>`
: Markiert alle Felder in `Object` als erforderlich

`Readonly<Object>`
: Markiert alle Felder in `Object` als schreibgeschützt

`Pick<Object, Keys>`
: Gibt, basierend auf `Keys`, einen Subtyp von `Object` zurück

Das Companion-Objektmuster

Das Companion-Objektmuster ist aus Scala (*http://bit.ly/2I9Nqg2*) bekannt und stellt eine Möglichkeit dar, gleichnamige Objekte und Klassen miteinander zu kombinieren. In TypeScript gibt es ein ähnlich nützliches Muster, das hier ebenfalls »Companion-Objektmuster« heißt. Wir verwenden es, um einen Typ und ein Objekt miteinander zu verknüpfen.

Hier ein Beispiel:

```
type Currency = {
  unit: 'EUR' | 'GBP' | 'JPY' | 'USD'
  value: number
}

let Currency = {
  DEFAULT: 'USD',
  from(value: number, unit = Currency.DEFAULT): Currency {
    return {unit, value}
  }
}
```

Wie Sie wissen, verwendet TypeScript für Typen und Werte separate Namensräume. Mehr hierzu finden Sie unter »Deklarationsverschmelzung (declaration merging)« auf Seite 229. Das heißt, im gleichen Geltungsbereich kann der gleiche Name (hier: Currency) sowohl an einen Typ als auch an einen Wert gebunden sein. Anhand des Companion-Objektmusters können wir diese getrennten Namensräume nutzen, um einen Namen zweimal zu deklarieren: zuerst als Typ und dann als Wert.

Dieses Muster hat einige praktische Eigenschaften: Sie können Informationen zu Typ und Wert unter einem Namen (z.B. Currency) gruppieren. Außerdem kann ein Consumer beide gleichzeitig importieren.

```
import {Currency} from './Currency'

let amountDue: Currency = { ❶
  unit: 'JPY',
  value: 83733.10
}

let otherAmountDue = Currency.from(330, 'EUR') ❷
```

❶ Verwendet Currency als Typ

❷ Verwendet Currency als Wert

Verwenden Sie das Companion-Objektmuster, wenn ein Objekt und ein Typ semantisch verwandt sind und das Objekt die Methoden für die Arbeit mit dem Typ bereitstellt.

Fortgeschrittene Funktionstypen

Sehen wir uns nun ein paar fortgeschrittene Techniken für die Arbeit mit Funktionstypen an.

Typinferenz für Tupel verbessern

Wenn Sie in TypeScript einen Tupel deklarieren, ist TypeScript bei der Ableitung des Tupel-Typs nachsichtig. Basierend auf dem, was Sie übergeben haben, wird es einen möglichst allgemeinen Typ ableiten. Dabei ignoriert TypeScript die Länge des Tupels und auch, an welcher Position sich welcher Typ befindet:

```
let a = [1, true] // (number | boolean)[]
```

Gelegentlich soll die Ableitung trotzdem strenger sein, und a soll als Tupel mit fester Länge und nicht als Array behandelt werden. Natürlich könnten Sie eine Typzusicherung verwenden, um Ihrem Tupel explizit den gewünschten Typ zuzuweisen (mehr dazu unter »Typzusicherungen (type assertions)« auf Seite 149). Oder Sie könnten Ihren Tupel per `as const` (siehe »Der Typ const« auf Seite 125) als schreibgeschützt markieren und dadurch dafür sorgen, dass sein Typ möglichst eng abgeleitet wird.

Aber was tun Sie, wenn Sie beide Möglichkeiten vermeiden wollen und den Tupel dennoch als solchen typisieren wollen? Dann können Sie darauf zurückgreifen, wie TypeScript Typen für Restparameter ableitet (mehr dazu finden Sie unter »Begrenzten Polymorphismus für die Modellierung von Arität verwenden« auf Seite 78):

```
function tuple< ❶
  T extends unknown[] ❷
>(
  ...ts: T ❸
): T { ❹
  return ts ❺
}

let a = tuple(1, true) // [number, boolean]
```

❶ Wir deklarieren eine `tuple`-Funktion, die wir (anstelle der eingebauten `[]`-Syntax) für die Erstellung von Tupel-Typen nutzen wollen.

❷ Wir deklarieren den einzelnen Typparameter `T`. Er ist ein Subtyp von `unknown[]` (d.h., `T` ist ein Array eines beliebigen Typs).

❸ `tuple` übernimmt eine beliebige Anzahl von Parametern, `ts`. Da `T` einen Restparameter beschreibt, leitet TypeScript daraus einen Tupel-Typ ab.

❹ Der Rückgabewert von `tuple` hat den gleichen Tupel-Typ wie der von `ts` abgeleitete.

❺ Unsere Funktion gibt das übergebene Argument wieder zurück. Die Magie liegt in den Typen.

Diese Technik kann Ihnen helfen, Typzusicherungen zu vermeiden, wenn Ihr Code viele Tupel-Typen verwendet.

Benutzerdefinierte Type Guards (Typschutz)

Für manche Funktionen, die boolesche Werte zurückgeben, reicht es nicht, den Rückgabetyp einfach als `boolean` festzulegen. Als Beispiel schreiben wir eine Funktion, die mitteilt, ob Sie einen `string` übergeben haben oder nicht:

```
function isString(a: unknown): boolean {
  return typeof a === 'string'
}

isString('a') // ergibt true
isString([7]) // ergibt false
```

So weit, so gut. Was passiert, wenn Sie `isString` in echtem Code verwenden?

```
function parseInput(input: string | number) {
  let formattedInput: string
  if (isString(input)) {
    formattedInput = input.toUpperCase() // Error TS2339: Property 'toUpperCase'
  }                                      // does not exist on type 'number'.
}
```

Was ist hier los? Wenn `typeof` für die reguläre Typverfeinerung funktioniert (siehe »Typverfeinerung (refinement)« auf Seite 128), warum dann nicht auch hier?

Das Problem ist, dass die Typverfeinerung nur den Typ einer Variablen im aktuellen Geltungsbereich verfeinern kann. Beim Verlassen des aktuellen Geltungsbereichs wird die Verfeinerung nicht in den neuen Geltungsbereich übernommen. In unserer `isString`-Implementierung haben wir `typeof` verwendet, um den Typ des Eingabeparameters zu `string` zu verfeinern. Da die Typverfeinerung aber nur im aktuellen Geltungsbereich funktioniert, wird sie nicht übernommen und geht verloren. TypeScript weiß nur, dass `isString` einen Wert vom Typ `boolean` zurückgegeben hat.

Wir können dem Typechecker aber mitteilen, dass `isString` nicht nur einen Wert vom Typ `boolean` zurückgibt, sondern dass das an `isString` übergebene Argument – sofern dieser boolesche Wert wahr (`true`) ist – den Typ `string` hat.

```
function isString(a: unknown): a is string {
  return typeof a === 'string'
}
```

Type Guards sind Teil von TypeScript. Durch sie können Sie Typen mit `typeof` und `instanceof` verfeinern. Manchmal müssen Sie aber auch eigene Type Guards deklarieren, und genau dafür gibt es den `is`-Operator. Wenn Sie eine Funktion haben, die ihre Parametertypen verfeinert und einen Wert vom Typ `boolean` zurückgibt, können Sie einen benutzerdefinierten Type Guard verwenden, um sicherzustellen, dass die Verfeinerung überallhin übernommen wird, wo Sie diese Funktion benutzen.

Benutzerdefinierte Type Guards können nur einen Parameter haben, sind aber nicht auf einfache Typen beschränkt:

```
type LegacyDialog = // ...
type Dialog = // ...

function isLegacyDialog(
  dialog: LegacyDialog | Dialog
): dialog is LegacyDialog {
  // ...
}
```

Benutzerdefinierte Type Guards kommen nicht oft zum Einsatz. Falls doch, sind sie aber großartig. Ohne sie müssen Sie alle `typeof`- oder `instanceof`-Tests explizit verwenden. Mit Type Guards können Sie dagegen Funktionen wie `isLegacyDialog` und `isString` benutzen, um diese Tests in einer besser verkapselten und lesefreundlicheren Art durchzuführen.

Konditionale Typen

Konditionale (bedingungsabhängige) Typen sind vermutlich das Merkmal, das TypeScript wirklich einmalig macht. An der Oberfläche können Sie mit konditionalen Typen Aussagen treffen wie: »Deklariere einen Typ `T`, der von den Typen `U` und `V` abhängt; falls `U <: V`, weise `T` an `A` zu, ansonsten weise `T` an `B` zu.«

Der Code könnte etwa so aussehen:

```
type IsString<T> = T extends string ❶
  ? true ❷
  : false ❸

type A = IsString<string> // true
type B = IsString<number> // false
```

Das sehen wir uns am besten der Reihe nach an:

❶ Wir deklarieren einen neuen konditionalen Typ namens `IsString`, der einen generischen Typ `T` übernimmt. Die »Bedingung« dieses konditionalen Typs ist `T extends string`, also die Frage »Ist `T` ein Subtyp von `string`?«.

❷ Ist `T` ein Subtyp von `string`, lösen wir den Typ zu `true` auf.

❸ Ansonsten lösen wir den Typ zu `false` auf.

Die Syntax sieht aus wie ein einfacher ternärer Ausdruck auf Wertebene, nur dass wir hier auf Typebene arbeiten. Und wie normale ternäre Ausdrücke können sie auch auf Typebene verschachtelt werden.

Konditionale Typen sind nicht auf Typaliase beschränkt. Sie können sie fast überall verwenden, wo Typen benutzt werden können: in Typaliasen, Interfaces, Klassen, Parametertypen und generischen Standardangaben in Funktionen und Methoden.

Distributive Bedingungen

Wie in den vorigen Beispielen gezeigt, lassen sich einfache Bedingungen in TypeScript auf vielerlei Arten ausdrücken. Hierzu gehören konditionale Typen, überladene Funktionssignaturen und abgebildete (mapped) Typen. Konditionale Typen können aber noch mehr. Der Grund ist, dass sie dem Distributivgesetz folgen (kennen Sie das noch aus dem Algebraunterricht?). Das heißt, bei einem konditionalen Typ entspricht der Ausdruck auf der rechten Seite den Angaben auf der linken Seite, wie in Tabelle 6-1 gezeigt.

Tabelle 6-1: Distribution bei konditionalen Typen

Dies ...	**entspricht**
`string extends T ? A : B`	`string extends T ? A : B`
`(string | number) extends T ? A : B`	`(string extends T ? A : B) |` `(number extends T ? A : B)`

`(string | number | boolean) extends T ? A : B`	`(string extends T ? A : B) |`
	`(number extends T ? A : B) |`
	`(boolean extends T ? A : B)`

Schon klar. Sie haben dieses Buch nicht gekauft, um Mathematik zu lernen – Sie wollen etwas über Typen erfahren. Werden wir also etwas konkreter. Angenommen, wir haben eine Funktion, die eine Variable des Typs `T` übernimmt. Sie wird zu einem Array des Typs `T[]` erhöht. Was passiert wohl, wenn wir einen Vereinigungstyp für `T` übergeben? Sehen Sie selbst:

```
type ToArray<T> = T[]
type A = ToArray<number>          // number[]
type B = ToArray<number | string> // (number | string)[]
```

Und was passiert, wenn wir einen konditionalen Typ hinzufügen? (Beachten Sie, dass die Bedingung hier nichts tut, weil beide Zweige den gleichen Typ, `T[]`, ergeben. Sie dient hier nur dem Zweck, `T` auf den Tupel zu verteilen.) Das könnte so aussehen:

```
type ToArray2<T> = T extends unknown ? T[] : T[]
type A = ToArray2<number> // number[]
type B = ToArray2<number | string> // number[] | string[]
```

Ist Ihnen etwas aufgefallen? Wenn Sie einen konditionalen Typ verwenden, verteilt TypeScript die Vereinigungstypen auf die Zweige der Bedingung. Das ist, als würden wir den konditionalen Typ auf die einzelnen Elemente der Vereinigungsmenge abbilden (Verzeihung, *verteilen*).

Und warum ist das wichtig? Weil Sie dadurch eine Reihe häufiger Operationen sicher ausdrücken können.

TypeScript besitzt die Operatoren `&` (um zu berechnen, was zwei Typen gemeinsam haben) und `|` (um die Vereinigung zweier Typen zu ermitteln). Als Beispiel erstellen wir `Without<T, U>`, das errechnet, welche Typen sich in `T`, aber nicht in `U` befinden.

```
type Without<T, U> = T extends U ? never : T
```

`Without` wird verwendet, wie hier gezeigt:

```
type A = Without<
  boolean | number | string,
  boolean
> // number | string
```

Am besten sehen wir uns Schritt für Schritt an, wie TypeScript diesen Typ berechnet:

1. Zuerst die Eingaben:

```
type A = Without<boolean | number | string, boolean>
```

2. Die Bedingung über die Vereinigungsmenge verteilen:

```
type A = Without<boolean, boolean>
       | Without<number, boolean>
       | Without<string, boolean>
```

3. In der Definition von `Without` ersetzen; `T` und `U` anwenden:

```
type A = (boolean extends boolean ? never : boolean)
       | (number extends boolean ? never : number)
       | (string extends boolean ? never : string)
```

4. Die Bedingungen auswerten:

```
type A = never
       | number
       | string
```

5. Vereinfachen:

```
type A = number | string
```

Ohne die Fähigkeit der Verteilung von konditionalen Typen lautete das Ergebnis jetzt `never` (wenn Sie nicht sicher sind, warum, gehen Sie die Schritte noch einmal in Ruhe durch).

Das Schlüsselwort infer

Das letzte Merkmal konditionaler Typen ist die Fähigkeit, generische Typen als Teil einer Bedingung zu deklarieren. Bisher kennen wir nur eine Möglichkeit, generische Typparameter mithilfe spitzer Klammern (`<T>`) zu deklarieren. Konditionale Typen haben ihre eigene Syntax, um generische Typen »inline« zu deklarieren. Sie verwenden das Schlüsselwort `infer`.

Auch hierzu ein Beispiel. Wir deklarieren den konditionalen Typ `ElementType`, der den Typ eines Arrayelements ermittelt:

```
type ElementType<T> = T extends unknown[] ? T[number] : T
type A = ElementType<number[]> // number
```

Und jetzt noch einmal, aber unter Verwendung von `infer`:

```
type ElementType2<T> = T extends (infer U)[] ? U : T
type B = ElementType2<number[]> // number
```

In diesem einfachen Beispiel sind `ElementType` und `ElementType2` gleichbedeutend. Wie Sie sehen, deklariert `infer` eine neue Typvariable namens `U`. Den Typ von `U` leitet TypeScript aus dem Kontext ab, basierend darauf, was für ein `T` Sie an `ElementType2` übergeben haben.

Anstatt `U` gleich zu Beginn zusammen mit `T` zu deklarieren, haben wir es hier »inline« deklariert. Was wäre passiert, wenn wir `U` zu Beginn deklariert hätten?

```
type ElementUgly<T, U> = T extends U[] ? U : T
type C = ElementUgly<number[]> // Error TS2314: Generic type 'ElementUgly'
                               // requires 2 type argument(s).
```

Autsch! Da `ElementUgly` die generischen Typen `T` und `U` definiert, müssen wir bei der Instanziierung von `ElementUgly` auch beide Typen übergeben. Das ergibt aber keinen Sinn, denn es überlässt die Berechnung von `U` dem Aufrufer, obwohl `ElementUgly` den Typ eigentlich selbst berechnen sollte.

Zugegeben, dieses Beispiel war etwas albern, da wir bereits den Operator für schlüsselbasierten Zugriff (`[]`) verwenden, um herauszufinden, welchen Typ die Arrayelemente haben. Wie wäre es mit einem etwas komplizierteren Beispiel?

```
type SecondArg<F> = F extends (a: any, b: infer B) => any ? B : never

// Den Typ von Array.slice ermitteln
type F = typeof Array['prototype']['slice']

type A = SecondArg<F> // number | undefined
```

Das zweite Argument für `[].slice` lautet `number | undefined`. Und das wissen wir bereits bei der Kompilierung. Versuchen Sie *das* mal in Java.

Eingebaute konditionale Typen

Mit konditionalen Typen können Sie sehr mächtige Operationen auf Typebene durchführen. Aus diesem Grund enthält TypeScript bereits von Haus aus einige global verfügbare konditionale Typen:

`Exclude<T, U>`
: Wie unser selbstgestrickter `Without`-Typ berechnet `Exclude`, welche Typen in `T` vorkommen, aber nicht in `U`:

```
type A = number | string
type B = string
type C = Exclude<A, B>  // number
```

`Extract<T, U>`
: Berechnet die Typen in `T`, die Sie an `U` zuweisen können:

```
type A = number | string
type B = string
type C = Extract<A, B>  // string
```

`NonNullable<T>`
: Berechnet eine Version von T, die `null` und `undefined` ausschließt:

```
type A = {a?: number | null}
type B = NonNullable<A['a']>  // number
```

ReturnType<F>
: Berechnet den Rückgabetyp einer Funktion (Obacht: Für generische und überladene Funktionen funktioniert das nicht wie erwartet!):

```
type F = (a: number) => string
type R = ReturnType<F>  // string
```

InstanceType<C>
: Berechnet den Instanztyp eines Klassenkonstruktors:

```
type A = {new(): B}
type B = {b: number}
type I = InstanceType<A>  // {b: number}
```

Notausgänge

Manchmal haben Sie einfach keine Zeit, alles perfekt zu typisieren, und TypeScript soll einfach darauf vertrauen, dass Sie schon wissen, was Sie tun. Vielleicht ist eine Typdeklaration in einem von Ihnen genutzten Dritthersteller-Modul nicht korrekt, und Sie wollen Ihren Code testen, bevor Sie wieder zu strenger Typisierung wechseln,[4] oder Sie erhalten Daten aus einer API und haben die Typdeklarationen noch nicht mit Apollo (*https://www.apollographql.com/*) regeneriert.

Glücklicherweise weiß TypeScript, dass wir Menschen sind, und bietet uns ein paar Notausgänge für Fälle, wenn wir etwas tun wollen, aber keine Zeit haben, TypeScript zu beweisen, dass es sicher ist.

Für alle Fälle: Benutzen Sie die folgenden TypeScript-Features so selten wie möglich. Wenn Sie merken, dass Sie ohne diese Merkmale nicht auskommen, machen Sie wahrscheinlich etwas falsch.

Typzusicherungen (type assertions)

Angenommen, Sie haben einen Typ `B` und es gilt `A <: B <: C`, dann können Sie dem Typechecker verbindlich mitteilen, dass `B` eigentlich ein `A` oder `C` ist.Dabei können Sie nur angeben, dass ein Typ ein Super- oder Subtyp seiner selbst ist, aber nicht behaupten, dass eine Zahl (`number`) eine Zeichenkette (`string`) ist, da diese Typen nicht verwandt sind.

TypeScript stellt zwei Schreibweisen für Typzusicherungen zu Verfügung:

```
function formatInput(input: string) {
  // ...
}
```

4 DefinitelyTyped (*https://github.com/DefinitelyTyped/DefinitelyTyped*) ist das Open-Source-Repository für Typdeklarationen von Drittanbieter-JavaScript. Mehr hierzu finden Sie unter »JavaScript, für das es Typdeklarationen auf DefinitelyTyped gibt« auf Seite 249.

```
function getUserInput(): string | number {
  // ...
}

let input = getUserInput()

// Angeben, dass input ein String ist
formatInput(input as string) ❶

// Das entspricht
formatInput(<string>input) ❷
```

❶ Wir verwenden eine Typzusicherung (`as`), um TypeScript mitzuteilen, dass `input` den Typ `string` hat, und nicht etwa `string | number`, wie die Typisierung uns glauben machen will. Das kann beispielsweise hilfreich sein, wenn Sie Ihre `formatInput`-Funktion schnell testen wollen und mit Sicherheit wissen, dass `getUserInput` für Ihren Test einen `string` zurückgibt.

❷ Die veraltete Syntax für Typzusicherungen verwendet spitze Klammern (<>). Beide Schreibweisen sind funktional gleichbedeutend.

Anstelle der veralteten Schreibweise mit spitzen Klammern (<>) sollten Sie die `as`-Syntax verwenden, weil sie nicht verwechselt werden kann. Bei der Verwendung spitzer Klammern besteht die Gefahr, dass es zu Konflikten mit der TSX-Syntax kommt (siehe »TSX = JSX + TypeScript« auf Seite 204). Um dies für Ihre Codebasis zu erzwingen, können Sie die TSLint-Regel `no-angle-bracket-type-assertion` (*http://bit.ly/2WEGGKe*) verwenden.

Manchmal sind zwei Typen nicht ausreichend verwandt, und Sie können nicht einfach behaupten, dass beide im Grunde gleich sind. Das lässt sich umgehen, indem Sie den Typ als `any` zusichern (aus »Zuweisbarkeit« auf Seite 123 wissen Sie, dass `any` auf alles zuweisbar ist). Danach sollten Sie sich ein paar Minuten Zeit nehmen und überlegen, was Sie da gerade getan haben:

```
function addToList(list: string[], item: string) {
  // ...
}

addToList('this is really,' as any, 'really unsafe')
```

Typzusicherungen sind auf keinen Fall sicher. Daher sollten Sie sie nach Möglichkeit vermeiden.

Nicht-null-Zusicherungen

Für den Sonderfall der nullwertfähigen Typen – d.h. `T | null` oder `T | null | undefined` – gibt es in TypeScript eine spezielle Schreibweise, mit der Sie zusichern können, dass ein Wert eines bestimmten Typs wirklich ein `T` ist und ganz bestimmt nicht `null` oder `undefined`. Das kann an verschiedenen Stellen vorkommen.

Vielleicht haben wir ein Framework geschrieben, das Dialoge in einer Web-App anzeigen oder verbergen soll. Jeder Dialog erhält eine einmalige ID, die wir als Referenz auf den DOM-Knoten des jeweiligen Dialogs verwenden. Sobald ein Dialog aus dem DOM entfernt wird, löschen wir seine ID, um anzuzeigen, dass er sich nicht mehr im DOM befindet:

```
type Dialog = {
  id?: string
}

function closeDialog(dialog: Dialog) {
  if (!dialog.id) { ❶
    return
  }
  setTimeout(() => ❷
    removeFromDOM(
      dialog,
      document.getElementById(dialog.id) // Error TS2345: Argument of type
                                         // 'string | undefined' is not assignable
                                         // to parameter of type 'string'. ❸
    )
  )
}

function removeFromDOM(dialog: Dialog, element: Element) {
  element.parentNode.removeChild(element) // Error TS2531: Object is possibly
                                          //'null'. ❹
  delete dialog.id
}
```

❶ Ist der Dialog bereits entfernt (d.h., es existiert keine `id`), kehren wir vorzeitig zurück.

❷ Beim nächsten Durchlauf der Eventschleife entfernen wir den Dialog aus dem DOM, sodass anderer Code, der `dialog` benötigt, sauber beendet werden kann.

❸ Innerhalb der Pfeil-Funktion befinden wir uns in einem neuen Geltungsbereich. TypeScript weiß nicht, ob der Code `dialog` zwischen ❶ und ❸ verändert hat, und ignoriert daher die Verfeinerung ❶. Ist `dialog.id` definiert, wissen *wir*, dass ein Element mit dieser ID auf jeden Fall im DOM existieren muss (weil wir unser Framework so angelegt haben). TypeScript weiß dagegen nur, dass der Aufruf von `document.getElementById` einen Wert vom Typ `HTMLElement | null` zurückgibt. *Wir* wissen, dass der Rückgabewert grundsätzlich ein nicht-nullwertfähiges `HTMLElement` ist, nicht aber TypeScript. Es weiß nur, welche Typen wir ihm gegeben haben.

❹ Auf ähnliche Weise wissen wir, dass sich der Dialog im DOM befindet und auf jeden Fall einen DOM-Elternknoten besitzt. TypeScript dagegen weiß nur, dass `element.parentNode` den Typ `Node | null` hat.

Das Problem könnte man durch eine Reihe von `if (_ === null)`-Tests umgehen. Grundsätzlich ist das der richtige Weg, um zu testen, ob etwas `null` ist oder nicht.

Für Fälle, in denen es nicht klar ist, ob etwas den Typ `null | undefined` hat, besitzt TypeScript allerdings auch eine spezielle Syntax:

```
type Dialog = {
  id?: string
}

function closeDialog(dialog: Dialog) {
  if (!dialog.id) {
    return
  }
  setTimeout(() =>
    removeFromDOM(
      dialog,
      document.getElementById(dialog.id!)!
    )
  )
}

function removeFromDOM(dialog: Dialog, element: Element) {
  element.parentNode!.removeChild(element)
  delete dialog.id
}
```

Hier haben wir an verschiedenen Stellen den »Nicht-`null`-Zusicherungs«-Operator (`!`) benutzt, um TypeScript mitzuteilen, dass wir sicher sind, dass `dialog.id`, das Ergebnis unseres Aufrufs von `document.getElementById` und `element.ParentNode` tatsächlich definiert sind. Wurde einem Typ, der `null` oder `undefined` sein kann, der `!`-Operator nachgestellt, geht TypeScript davon aus, dass dieser Typ auf jeden Fall definiert ist. Das heißt, `T | null | undefined` wird zu `T`, `number | string | null` wird zu `number | string` etc.

Wenn Sie merken, dass Sie viele Nicht-`null`-Zusicherungen verwenden, ist das oft ein Zeichen dafür, dass Sie Ihren Code refaktorieren sollten. Wenn wir `Dialog` in die Vereinigungsmenge zweier Typen aufteilen, können wir beispielsweise auf eine Zusicherung verzichten:

```
type VisibleDialog = {id: string}
type DestroyedDialog = {}
type Dialog = VisibleDialog | DestroyedDialog
```

Danach können wir `closeDialog` so anpassen, dass es die Vereinigungsmenge nutzt:

```
function closeDialog(dialog: Dialog) {
  if (!('id' in dialog)) {
    return
  }
  setTimeout(() =>
    removeFromDOM(
      dialog,
      document.getElementById(dialog.id)!
    )
  )
}
```

```
function removeFromDOM(dialog: VisibleDialog, element: Element) {
  element.parentNode!.removeChild(element)
  delete dialog.id
}
```

Nach der Überprüfung, ob dialog eine definierte id-Eigenschaft besitzt (und es sich also um einen VisibleDialog handelt), weiß TypeScript – selbst innerhalb der Pfeil-Funktion –, dass sich die Referenz auf dialog nicht verändert hat. Der dialog in der Pfeil-Funktion ist also der gleiche dialog wie außerhalb der Funktion, und die Verfeinerung wird tatsächlich berücksichtigt.

Zusicherungen für definitive Zuweisungen

Für den Sonderfall einer Nicht-null-Zusicherung für die Überprüfung definitiver Zusicherungen (auf diese Weise stellt TypeScript sicher, dass eine Variable bei ihrer Verwendung auch wirklich einen Wert hat) besitzt TypeScript eine spezielle Syntax. Zum Beispiel:

```
let userId: string

userId.toUpperCase() // Error TS2454: Variable 'userId' is used
                     // before being assigned.
```

Mit dem Abfangen dieses Fehlers hat TypeScript uns einen besonders großen Gefallen getan. Wir haben die Variable userId zwar deklariert, aber vergessen, ihr vor der Umwandlung in Großbuchstaben einen Wert zuzuweisen. Hätte TypeScript das nicht bemerkt, wäre es hier zu einem Laufzeitfehler gekommen!

Was passiert aber, wenn unser Code eher so aussieht?

```
let userId: string
fetchUser()

userId.toUpperCase() // Error TS2454: Variable 'userId' is used
                     // before being assigned.

function fetchUser() {
  userId = globalCache.get('userId')
}
```

Wir haben den besten Cache der Welt und erhalten in 100 % aller Fälle auch ein Ergebnis zurück. Nach dem Aufruf von fetchUser gibt es also garantiert einen Wert für userId. Das kann TypeScript aber weder wissen noch statistisch herausfinden. Also löst es den gleichen Fehler aus wie zuvor. Das können wir verhindern, indem wir zusichern, dass userId auf jeden Fall einen Wert besitzt, wenn wir die Variable auslesen (beachten Sie das Ausrufungszeichen):

```
let userId!: string
fetchUser()

userId.toUpperCase() // OK
```

```
function fetchUser() {
  userId = globalCache.get('userId')
}
```

Wie bei Typ- und Nicht-null-Zusicherungen gilt auch bei Zusicherungen einer definitiven Zuweisung: Wenn Sie diese Zusicherungen oft einsetzen, machen Sie sehr wahrscheinlich etwas falsch.

Nominale Typen simulieren

Wir sind in diesem Buch schon recht weit gekommen. Wenn ich Sie um drei Uhr morgens wachrüttle und brülle: »IST DAS TYPSYSTEM VON TYPESCRIPT STRUKTURELL ODER NOMINAL?!«, würden Sie, ohne zu zögern, zurückbrüllen: »TYPESCRIPT IST NATÜRLICH STRUKTURELL! UND JETZT RAUS HIER, ODER ICH RUFE DIE POLIZEI!!« Das wäre eine angemessene Reaktion, wenn ich früh morgens bei Ihnen einbreche, um Sie mit TypeScript-Fragen zu malträtieren.

Lassen wir die rechtliche Situation einmal außen vor, gibt es tatsächlich Fälle, in denen nominale Typen nützlich sein können. Angenommen, Ihre Applikation enthält mehrere ID-Typen, die für verschiedene Arten von Objekten in Ihrem System stehen:

```
type CompanyID = string
type OrderID = string
type UserID = string
type ID = CompanyID | OrderID | UserID
```

Der Wert des Typs UserID könnte ein einfacher Hashwert sein, der etwa so aussieht: "d21b1dbf". Selbst wenn Sie das Alias UserID verwenden, bleibt es hinter den Kulissen ein einfacher string. Eine Funktion, die eine UserID übernimmt, könnte beispielsweise so aussehen:

```
function queryForUser(id: UserID) {
  // ...
}
```

Dies ist ein gutes Beispiel für selbst dokumentierenden Code. Er zeigt anderen Entwicklern in Ihrem Team sofort, welche Art von ID hier übergeben werden soll. Da UserID aber nur ein Alias für string ist, verhindert dieser Ansatz Fehler nur scheinbar. Ein Entwickler könnte versehentlich die falsche Art von ID übergeben, und das Typsystem kann nichts daran ändern.

```
let id: CompanyID = 'b4843361'
queryForUser(id) // OK (!!!)
```

Und genau hier können *nominale Typen* tatsächlich hilfreich sein.[5] TypeScript unterstützt *nominale Typen* nicht von Haus aus. Wir können sie aber mit dem

5 In manchen Sprachen werden sie auch als *opake Typen* bezeichnet.

sogenannten *Type Branding* (wörtlich: »Typen mit Brandzeichen versehen«, d.h. sie eindeutig kennzeichnen) simulieren. Die Verwendung von Type Branding in TypeScript erfordert etwas Vorbereitung und ist nicht so einfach wie in Sprachen, die nominale Typaliase von Haus aus unterstützen. Dennoch kann das Type Branding Ihr Programm deutlich schneller machen.

Je nach Applikation und Größe Ihres Entwicklerteams kann dieses Vorgehen hilfreich sein oder nicht. (Je größer das Team, desto eher hilft diese Technik bei der Fehlervermeidung.)

Beginnen Sie mit der Erstellung eines künstlichen *Type Brands* für alle Ihre nominalen Typen:

```
type CompanyID = string & {readonly brand: unique symbol}
type OrderID = string & {readonly brand: unique symbol}
type UserID = string & {readonly brand: unique symbol}
type ID = CompanyID | OrderID | UserID
```

Eine Schnittmenge aus `string` und `{readonly brand: unique symbol}` ist natürlich Unsinn. Ich verwende diesen Typ, weil es unmöglich ist, ihn auf natürliche Weise zu konstruieren. Die einzige Möglichkeit, einen Wert dieses Typs zu erstellen, besteht in der Verwendung einer Zusicherung (assertion). Das ist eine der wichtigen Eigenschaften von mit Type Branding erstellten Typen. Es ist schwer, an ihrer Stelle versehentlich einen falschen Typ zu verwenden. Ich habe hier `unique symbol` als »Brandzeichen« verwendet, da es einer der beiden tatsächlich nominalen Typen in TypeScript ist (der andere ist `enum`). Ich habe die Schnittmenge aus diesem »Brandzeichen« und `string` gebildet, um zusichern zu können, dass `string` tatsächlich ein »branded type« ist.

Jetzt brauchen wir eine Möglichkeit, Werte der Typen `CompanyID`, `OrderID` und `UserID` zu erzeugen. Hierfür verwenden wir das Companion-Objektmuster (siehe »Das Companion-Objektmuster« auf Seite 141). Für jeden »branded type« erstellen wir einen Konstruktor. Dabei verwenden wir eine Typzusicherung, um einen Wert für jeden unserer unsinnigen Typen zu konstruieren:

```
function CompanyID(id: string) {
  return id as CompanyID
}

function OrderID(id: string) {
  return id as OrderID
}

function UserID(id: string) {
  return id as UserID
}
```

Und so sieht die Verwendung dieser Typen aus:

```
function queryForUser(id: UserID) {
  // ...
}

let companyId = CompanyID('8a6076cf')
let orderId = OrderID('9994acc1')
let userId = UserID('d21b1dbf')

queryForUser(userId)     // OK
queryForUser(companyId) // Error TS2345: Argument of type 'CompanyID' is not
                        // assignable to parameter of type 'UserID'.
```

Das Schöne an diesem Ansatz ist, dass er zur Laufzeit kaum zusätzliche Ressourcen benötigt: nur ein Funktionsaufruf pro `ID`-Erstellung, der sehr wahrscheinlich von Ihrer JavaScript-VM ohnehin per Inlining wegoptimiert wird. Zur Laufzeit ist jede `ID` einfach ein `string` – das »branding« existiert also nur während der Kompilierung.

Für die meisten Programme ist dieser Aufwand vermutlich zu groß. Bei umfangreichen Applikationen und bei der Arbeit mit Typen, die leicht verwechselt werden können, z .B. verschiedene Arten von IDs, können »branded types« deutlich zur Sicherheit beitragen.

Prototypen sicher erweitern

Üblicherweise gilt es als unsicher, bei der Erstellung von JavaScript-Applikationen Prototypen für eingebaute Typen zu erweitern. Diese Faustregel stammt noch aus der Zeit vor jQuery, als weise JavaScript-Zauberer Bibliotheken wie MooTools (*https://mootools.net*) geschaffen haben, die eingebaute Prototyp-Methoden erweitert und direkt überschrieben haben. Als zu viele Magier am gleichen Zaubertrank mitkochen wollten, kam es jedoch zu Problemen. Ohne statische Typsysteme wurden diese Konflikte erst sichtbar, wenn sich verärgerte Benutzer zur Laufzeit darüber beschwerten.

Wenn Sie keinen JavaScript-Hintergrund haben, überrascht es Sie vielleicht, dass JavaScript-eigene Methoden zur Laufzeit beliebig verändert werden können (wie `[].push`, `'abc'.toUpperCase` oder `Object.assign`). Weil JavaScript so dynamisch ist, gibt es Ihnen für jedes eingebaute Objekt Zugriff auf dessen Prototyp – `Array.prototype`, `Function.prototype`, `Object.prototype` etc.

Damals war die Erweiterung dieser Prototypen ziemlich unsicher. Durch statische Typsysteme wie TypeScript sind Erweiterungen inzwischen deutlich sicherer geworden.[6]

6 Daneben gibt es noch weitere Gründe, Prototypen nicht zu erweitern. Hierzu gehören Code-Portabilität, die Verwendung expliziterer Abhängigkeits-Graphen oder die Steigerung der Performance, indem nur die tatsächlich benötigten Methoden geladen werden. Sicherheit ist jedenfalls kein Grund mehr.

Im folgenden Beispiel wollen wir den Array-Prototyp auf sichere Weise um eine zip-Methode erweitern. Dafür werden zwei Dinge gebraucht: Zuerst muss der Typ des Array-Prototyps in einer *.ts*-Datei (z.B. *zip.ts*) erweitert werden. Danach können wir den Prototyp mit unserer neuen zip-Methode versehen:

```
// TypeScript über .zip informieren
interface Array<T> { ❶
  zip<U>(list: U[]): [T, U][]
}

// .zip implementieren
Array.prototype.zip = function<T, U>(
  this: T[], ❷
  list: U[]
): [T, U][] {
  return this.map((v, k) =>
    tuple(v, list[k]) ❸
  )
}
```

❶ Wir beginnen, indem wir TypeScript mitteilen, dass wir Array um zip erweitern wollen. Hierbei verwenden wir das »Interface Merging« (»Deklarationen verschmelzen« auf Seite 94), um das globale Interface Array<T> mit unserer zip-Methode zu erweitern.

Da unsere Datei keine expliziten Im- oder Exporte enthält (d.h., sie befindet sich im Skriptmodus, wie in »Modulmodus oder Skriptmodus« auf Seite 224 beschrieben), können wir das globale Array-Interface direkt erweitern. Hierfür deklarieren wir ein Interface mit exakt dem gleichen Namen (Array<T>) und überlassen es TypeScript, beide Interfaces miteinander zu kombinieren. Befänden sich unserer Dateien im Modulmodus (z.B. weil wir für unsere zip-Implementierung etwas importieren müssen), hätten wir unsere globale Erweiterung mit einer declare global-Typdeklaration umgeben müssen (siehe »Typdeklarationen« auf Seite 234):

```
declare global {
  interface Array<T> {
    zip<U>(list: U[]): [T, U][]
  }
}
```

global ist ein spezieller Namensraum, der alle global definierten Werte enthält (also alles, was Sie in einer Datei im Modulmodus verwenden können, ohne es zuvor per import zu laden, siehe Kapitel 10), mit dem Sie Namen im globalen Geltungsbereich aus einer Datei im Modulmodus erweitern können.

❷ Dann implementieren wir die zip-Methode am Prototyp von Array. Hierfür verwenden wir den Typ this, damit TypeScript den Typ von T korrekt aus dem Array ableiten kann, aus dem heraus wir .zip aufrufen.

❸ Da TypeScript den Rückgabetyp der Mapping-Funktion als (T | U)[] ableitet (TypeScript merkt nicht, dass es sich immer um einen Tupel handelt, bei dem

T am Index 0 und U beim Index 1 steht), verwenden wir die tuple-Hilfsfunktion (aus »Typinferenz für Tupel verbessern« auf Seite 142), um einen Tupel-Typ ohne die Verwendung einer Typzusicherung zu erstellen.

Beachten Sie, dass wir durch die Deklaration von interface Array<T> den globalen Namensraum von Array für unser gesamtes TypeScript-Projekt erweitern. Das heißt, selbst wenn Sie *zip.ts* nicht aus Ihrer Datei importieren, geht TypeScript davon aus, dass [].zip zur Verfügung steht. Um Array.prototype zu erweitern, müssen wir aber sicherstellen, dass jede Datei, die zip verwendet, zuerst *zip.ts* lädt, um die zip-Methode an Array.prototype zu installieren. Wie können wir sicherstellen, dass *zip.ts* auf jeden Fall zuerst geladen wird?

Ganz einfach: Wir aktualisieren unsere *tsconfig.json*, sodass *zip.ts* explizit von unserem Projekt *ausgeschlossen* ist. Auf diese Weise müssen Consumer *zip.ts* auf jeden Fall explizit per import laden:

```
{
  *exclude*: [
    "./zip.ts"
  ]
}
```

Jetzt können wir zip nach Belieben und vollkommen sicher verwenden:

```
import './zip'

[1, 2, 3]
  .map(n => n * 2)         // number[]
  .zip(['a', 'b', 'c'])   // [number, string][]
```

Wenn wir das ausführen, wird zuerst map auf das Array angewandt; im zweiten Schritt behandeln wir das Ergebnis mit zip.

```
[
  [2, 'a'],
  [4, 'b'],
  [6, 'c']
]
```

Zusammenfassung

In diesem Kapitel haben wir die am weitesten fortgeschrittenen Merkmale des Typsystems von TypeScript behandelt: die verschiedenen Aspekte der Varianz, flussbasierte Typableitung, Verfeinerung, Typerweiterung, Totalität, abgebildete und bedingungsabhängige Typen. Danach haben wir einige fortgeschrittene Muster für die Arbeit mit Typen hergeleitet: Type Branding für die Simulation nominaler Typen, die Nutzung der distributiven Eigenschaft konditionaler Typen für die Arbeit an Typen auf Typebene und die sichere Erweiterung von Prototypen.

Es ist nicht schlimm, wenn Sie nicht alles verstanden haben oder sich nicht alles merken konnten. Lesen Sie dieses Kapitel einfach später noch einmal durch und verwenden Sie es als Referenz, wenn Sie Schwierigkeiten haben, etwas sicherer auszudrücken.

Übungen

1. Entscheiden Sie für alle unten stehenden Typpaare, ob der erste Typ auf den zweiten zuweisbar ist und warum bzw. warum nicht. Bedenken Sie dabei die Möglichkeiten von Subtypen und Varianz. Wenn Sie sich nicht sicher sind, lesen Sie noch einmal die Regeln am Anfang dieses Kapitels. Wenn das auch nicht hilft, geben Sie die Beispiele einfach in Ihren Codeeditor ein und sehen nach:
   a. 1 und number
   b. number und 1
   c. string und number | string
   d. boolean und number
   e. number[] und (number | string)[]
   f. (number | string)[] und number[]
   g. {a: true} und {a: boolean}
   h. {a: {b: [string]}} und {a: {b: [number | string]}}
   i. (a: number) => string und (b: number) => string
   j. (a: number) => string und (a: string) => string
   k. (a: number | string) => string und (a: string) => string
   l. E.X (definiert im Enum enum E {X = 'X'}) und F.X (definiert im Enum enum F {X = 'X'})
2. Angenommen, Sie haben ein Objekt des Typs type O = {a: {b: {c: string}}}. Welchen Typ hat dann keyof O? Was ist mit O['a']['b']?
3. Schreiben Sie einen Exclusive<T, U>-Typ, der berechnet, ob sich die Typen entweder in T oder U oder in beiden befinden. Das Ergebnis von Exclusive<1 | 2 | 3, 2 | 3 | 4> sollte beispielsweise 1 | 4 sein. Notieren Sie Schritt für Schritt, wie der Typechecker Exclusive<1 | 2, 2 | 4> auswertet.
4. Schreiben Sie das Beispiel (aus »Zusicherungen für definitive Zuweisungen« auf Seite 153) neu, sodass eine definitive Zuweisungs-Zusicherung vermieden wird.

KAPITEL 7

Fehlerbehandlung

Ein Physiker, ein Statiker und ein Programmierer fahren über einen steilen Alpenpass, als plötzlich die Bremsen versagen. Das Auto wird schneller und schneller. Es wird immer schwieriger, um die Kurven zu kommen. Ein-, zweimal verhindert nur noch die Leitplanke, dass sie in den Abgrund stürzen. Sie werden sicher alle sterben. Plötzlich kommt eine Nothaltespur in Sicht. Sie schaffen es, und das Auto kommt gerade noch zum Stehen.

Der Physiker sagt: »Wir brauchen ein Modell der Reibung in den Bremsscheiben und des resultierenden Temperaturanstiegs, um herauszufinden, was passiert ist.«

Der Statiker sagt: »Ich glaube, wir haben etwas Werkzeug im Kofferraum. Ich sehe mal nach, ob ich herausfinden kann, was nicht stimmt.«

Der Programmierer sagt: »Warum versuchen wir nicht, das Problem zu reproduzieren?«

– Anonym

TypeScript tut alles, um Laufzeitfehler bereits in der Kompilierungsphase abzufangen: Vom umfangreichen Typsystem bis hin zu mächtigen statischen und symbolischen Analysen setzt TypeScript alles in seiner Macht stehende ein, um zu verhindern, dass Sie den Freitagabend wieder einmal mit dem Debuggen falsch geschriebener Variablennamen und Null-Pointer-Exceptions verbringen müssen (und Ihr Mitarbeiter auf Bereitschaft doch noch rechtzeitig zum Geburtstag seiner Tante kommt).

Leider schaffen es Laufzeitfehler, unabhängig von der verwendeten Sprache, aber immer wieder, sich trotzdem einzuschleichen. TypeScript tut, was es kann. Netzwerk- und Dateisystemfehler, Probleme beim Parsen von Benutzereingaben, Stacküberläufe und Speicherfehler kann es aber auch nicht verhindern. Dank des üppigen Typsystems gibt es allerdings eine Vielzahl von Möglichkeiten, mit Laufzeitfehlern umzugehen, die trotz aller Vorsicht durchkommen.

In diesem Kapitel zeige ich Ihnen die gängigsten Muster für die Darstellung und Behandlung von Fehlern in TypeScript:

- Die Rückgabe von `null`
- Das Auslösen von Ausnahmen (Exceptions)

- Die Rückgabe von Ausnahmen
- Den Option-Typ

Welchen Weg Sie tatsächlich wählen, liegt bei Ihnen und hängt von Ihrer Applikation ab. Ich werde zu jedem Weg die jeweiligen Vor- und Nachteile nennen, damit Sie selbst die richtigen Entscheidungen treffen können.

Die Rückgabe von null

Unser Beispielprogramm fragt den Benutzer nach seinem Geburtsdatum, das wir in ein Date-Objekt umwandeln wollen:

```
function ask() {
  return prompt('When is your birthday?')
}

function parse(birthday: string): Date {
  return new Date(birthday)
}

let date = parse(ask())
console.info('Date is', date.toISOString())
```

Das vom Benutzer eingegebene Datum sollten wir vermutlich validieren. Schließlich ist es nur eine einfache Texteingabe:

```
// ...
function parse(birthday: string): Date | null {
  let date = new Date(birthday)
  if (!isValid(date)) {
    return null
  }
  return date
}

// Überprüft, ob das eingegebene Datum gültig ist
function isValid(date: Date) {
  return Object.prototype.toString.call(date) === '[object Date]'
      && !Number.isNaN(date.getTime())
}
```

Wenn wir diesen Code verwenden, sind wir gezwungen, vor der Verwendung zu testen, ob das Ergebnis null ist:

```
// ...
let date = parse(ask())
if (date) {
  console.info('Date is', date.toISOString())
} else {
  console.error('Error parsing date for some reason')
}
```

Die Rückgabe von null ist der einfachste Weg, typsicher mit Fehlern umzugehen. Gültige Benutzereingaben ergeben ein Date-Objekt, ungültige Eingaben ergeben null. Dabei überprüft das Typsystem, ob wir auch wirklich beide Fälle behandeln.

Bei dieser Vorgehensweise verlieren wir allerdings einige Informationen, weil parse nicht mitteilt, warum genau die Operation fehlgeschlagen ist. Das ärgert nicht nur die Person, die Ihre Logs durchkämmen muss (meistens Sie selbst), sondern auch den Benutzer, der nur den Fehler erhält: »Konnte das Datum aus irgendeinem Grund nicht parsen« (»Error parsing date for some reason«). Eine verständliche und aussagekräftige Meldung wäre hier deutlich besser, zum Beispiel: »Geben Sie das Datum in der Form YYYY/MM/DD ein.«

Die Rückgabe von null ist außerdem schwer zu konstruieren: Sobald Sie beginnen, Operationen zu verschachteln und zu verketten, führt der Test auf null nach jeder Operation schnell zu unübersichtlichem Code.

Ausnahmen auslösen

Anstelle der Rückgabe von null wollen wir eine Ausnahme auslösen. So können wir auf die verschiedenen Ursachen besser eingehen und erhalten außerdem zusätzliche Metadaten über das Problem, dass wir dadurch leichter debuggen können.

```
// ...
function parse(birthday: string): Date {
  let date = new Date(birthday)
  if (!isValid(date)) {
    throw new RangeError('Enter a date in the form YYYY/MM/DD')
  }
  return date
}
```

Bei der Verwendung dieses Codes müssen wir darauf achten, den Fehler abzufangen, um ihn sauber behandeln zu können, ohne dass unsere Applikation gleich abstürzt:

```
// ...
try {
  let date = parse(ask())
  console.info('Date is', date.toISOString())
} catch (e) {
  console.error(e.message)
}
```

Vermutlich sollen andere Ausnahmen erneut ausgelöst werden, damit wir nicht aus Versehen jeden möglichen Fehler verschlucken:

```
// ...
try {
  let date = parse(ask())
  console.info('Date is', date.toISOString())
} catch (e) {
  if (e instanceof RangeError) {
```

```
    console.error(e.message)
  } else {
    throw e
  }
}
```

Vielleicht sollen für den Fehler spezifischere Subklassen verwendet werden. Ändert ein Programmierer parse oder ask, sodass andere Ausnahmen vom Typ RangeError ausgelöst werden, können wir zwischen unserem Fehler und den anderen besser unterscheiden:

```
// ...

// Eigene Ausnahmetypen
class InvalidDateFormatError extends RangeError {}
class DateIsInTheFutureError extends RangeError {}

function parse(birthday: string): Date {
  let date = new Date(birthday)
  if (!isValid(date)) {
    throw new InvalidDateFormatError('Enter a date in the form YYYY/MM/DD')
  }
  if (date.getTime() > Date.now()) {
    throw new DateIsInTheFutureError('Are you a timelord?')
  }
  return date
}

try {
  let date = parse(ask())
  console.info('Date is', date.toISOString())
} catch (e) {
  if (e instanceof InvalidDateFormatError) {
    console.error(e.message)
  } else if (e instanceof DateIsInTheFutureError) {
    console.info(e.message)
  } else {
    throw e
  }
}
```

Nicht schlecht. Zusätzlich dazu können wir eigene Ausnahmen nutzen, um zu zeigen, *warum* es schiefgegangen ist. Diese Fehler können bei der Fehlersuche in den Logdateien nützlich sein, aber auch, um unseren Benutzern aussagekräftige Rückmeldungen darüber zu geben, was sie falsch gemacht haben und wie sie das Problem beheben können. Wir können Operationen effektiv verschachteln und verketten, indem wir sie in einem gemeinsamen try/catch-Block zusammenfassen (dabei müssen wir nicht jede einzelne Operation auf Fehler überprüfen wie bei der Rückgabe von null).

Angenommen, der try/catch-Teil befindet sich in einer Datei und der restliche Code liegt in einer Bibliothek, die von woanders importiert wird. Wie kann ein Programmierer in diesem Fall auf spezifische Fehler (InvalidDateFormatError und

DateIsInTheFutureError) oder auch nur einen einfachen RangeError testen? (Bedenken Sie, dass Ausnahmen in TypeScript nicht als Teil der Funktionssignatur codiert werden.) Wir könnten in unserem Funktionsnamen darauf hinweisen (parseThrows) oder Informationen in einem Docblock[1] hinzufügen:

```
/**
 * @throws {InvalidDateFormatError} Benutzer hat Geburtsdatum falsch angegeben.
 * @throws {DateIsInTheFutureError} Benutzer hat ein Geburtsdatum angegeben,
 * das in der Zukunft liegt.
 */
function parse(birthday: string): Date {
  // ...
```

In der Praxis würden Programmierer eher keinen try/catch-Block verwenden bzw. auf Ausnahmen testen, weil Programmierer faul sind (jedenfalls bin ich es). Das Typsystem informiert Sie nicht darüber, dass Sie einen Fall übersehen haben. Manchmal (wie hier) sind Fehler so wahrscheinlich, dass Downstream-Code sich auf jeden Fall darum kümmern sollte, um zu verhindern, dass das Programm abstürzt.

Können wir den Benutzern unseres Codes auch auf andere Weise mitteilen, dass sie nicht nur auf die erfolgreiche, sondern auch auf die fehlgeschlagene Ausführung eingehen müssen?

Ausnahmen zurückgeben

TypeScript ist nicht Java. Es unterstützt keine throws-Klauseln.[2] Immerhin können wir etwas Ähnliches mit Vereinigungstypen erreichen:

```
// ...
function parse(
  birthday: string
): Date | InvalidDateFormatError | DateIsInTheFutureError {
  let date = new Date(birthday)
  if (!isValid(date)) {
    return new InvalidDateFormatError('Enter a date in the form YYYY/MM/DD')
  }
  if (date.getTime() > Date.now()) {
    return new DateIsInTheFutureError('Are you a timelord?')
  }
  return date
}
```

1 Ein Standard für das Einbetten von Dokumentation direkt in den dokumentierten Code.

2 Falls Sie noch nicht mit Java gearbeitet haben: Eine throws-Klausel gibt an, welche Arten von Laufzeit-Ausnahmen eine Methode auslösen kann, damit klar ist, welche Ausnahmen der aufrufende Code selbst behandeln muss.

Jetzt ist der aufrufende Code gezwungen, sich mit allen drei Fällen zu befassen – InvalidDateFormatError, DateIsInTheFutureError und dem erfolgreichen Parsen –, sonst wird bei der Kompilierung ein TypeError ausgelöst:

```
// ...
let result = parse(ask()) // Entweder ein Datum oder ein Fehler
if (result instanceof InvalidDateFormatError) {
  console.error(result.message)
} else if (result instanceof DateIsInTheFutureError) {
  console.info(result.message)
} else {
  console.info('Date is', result.toISOString())
}
```

Hier haben wir das Typsystem von TypeScript erfolgreich eingesetzt, um:

- mögliche Ausnahmen in der Signatur von parse zu codieren.
- aufrufendem Code mitzuteilen, welche spezifischen Ausnahmen zu erwarten sind.
- aufrufenden Code zu zwingen, alle diese Ausnahmen zu behandeln (oder neu auszulösen).

Ein fauler Aufrufer kann die Fehlerbehandlung individuell vermeiden. Das muss allerdings explizit passieren:

```
// ...
let result = parse(ask()) // Entweder ein Datum oder ein Fehler
if (result instanceof Error) {
  console.error(result.message)
} else {
  console.info('Date is', result.toISOString())
}
```

Natürlich kann Ihr Programm immer noch durch Speicherfehler oder Stacküberläufe abstürzen. Diese lassen sich aber nur sehr begrenzt abfangen.

Dieser Ansatz erfordert wenig Aufwand und braucht keine speziellen Datenstrukturen. Trotzdem ist er so informativ, dass Aufrufer wissen, für welche Art von Fehler eine Ausnahme steht und wo man bei Bedarf weitere Informationen findet.

Der Nachteil ist, dass das Verketten und Verschachteln von Fehler auslösenden Operationen schnell unübersichtlich werden kann. Gibt eine Funktion T | Error zurück, so hat eine aufrufende Funktion zwei Möglichkeiten:

1. Explizit mit Error1 umgehen.
2. Die Behandlung von T (dem Erfolgsfall) und das Weiterreichen von Error1 an die eigenen Consumer zur Behandlung. Wenn Sie das tun, kann die Menge der Fehler, mit denen die Aufrufer umgehen müssen, jedoch schnell wachsen:

```
function x(): T | Error1 {
  // ...
}
function y(): U | Error1 | Error2 {
```

```
  let a = x()
  if (a instanceof Error) {
    return a
  }
  // Irgendwas mit a anstellen
}
function z(): U | Error1 | Error2 | Error3 {
  let a = y()
  if (a instanceof Error) {
    return a
  }
  // Irgendwas mit a anstellen
}
```

Dieser Ansatz benötigt mehr Code. Gleichzeitig bietet er ausgezeichnete Sicherheit.

Der Option-Typ

Ausnahmen können auch anhand spezieller Datentypen beschrieben werden. Im Vergleich zur Rückgabe von Vereinigungstypen aus Werten und Fehlern hat dieser Ansatz gewisse Nachteile (namentlich die Interoperabilität mit Code, der diese Datentypen nicht verwendet). Andererseits erhalten Sie die Möglichkeit, Operationen auch über möglicherweise fehlerhafte Berechnungen zu verketten. Die drei beliebtesten Optionen sind die Typen `Try`, `Option` und `Either`[3]. In diesem Kapitel kümmern wir uns allerdings nur um `Option`.[4] Die anderen Optionen sind aber eng verwandt.

Im Gegensatz zu `Array`, `Error`, `Map` oder `Promise` sind die Datentypen `Try`, `Option` und `Either` nicht Teil der JavaScript-Umgebungen. Wenn Sie diese Typen verwenden wollen, müssen Sie die passenden Implementierungen im NPM finden oder selbst schreiben.

Den `Option`-Typ kennen wir aus Sprachen wie Haskell, OCaml, Scala und Rust. Anstelle eines Werts wird ein *Container* zurückgegeben, der einen Wert enthalten kann oder nicht. Der Container besitzt verschiedene Methoden, mit denen Sie Operationen verketten können, selbst wenn er keinen Wert enthält. Dabei kann der Container aus einer beliebigen Datenstruktur bestehen, solange sie einen Wert enthalten kann. Im folgenden Beispiel benutzen wir ein Array als Container:

```
// ...
function parse(birthday: string): Date[] {
  let date = new Date(birthday)
  if (!isValid(date)) {
    return []
  }
```

3 Auch als `Maybe`-Typ bezeichnet.

4 Googlen Sie nach »try type« oder »either type« um weitere Informationen zu diesen Typen zu erhalten.

```
  return [date]
}

let date = parse(ask())
date
  .map(_ => _.toISOString())
  .forEach(_ => console.info('Date is', _))
```

Vermutlich haben Sie gemerkt, dass ein Nachteil von `Option` darin besteht, dass er – so ähnlich wie bei der Rückgabe von `null` – dem Consumer nicht mitteilt, warum der Fehler aufgetreten ist. Er gibt nur an, dass etwas schiefgelaufen ist.

Seine Stärken spielt `Option` aus, wenn mehrere Operationen hintereinander durchgeführt werden sollen, die alle fehlschlagen können.

Vorher sind wir davon ausgegangen, dass `prompt` immer erfolgreich ist und `parse` möglicherweise fehlschlagen kann. Was aber, wenn `prompt` nicht immer erfolgreich ist, beispielsweise weil der Benutzer die Eingabe abbricht. Auch das ist ein Fehler, nach dem unsere Berechnungen nicht fortgesetzt werden sollten. Um das darzustellen, brauchen wir ... noch eine `Option`!

```
function ask() {
  let result = prompt('When is your birthday?')
  if (result === null) {
    return []
  }
  return [result]
}
// ...
ask()
  .map(parse)
  .map(date => date.toISOString())
    // Error TS2339: Property 'toISOString' does not exist on type 'Date[]'.
  .forEach(date => console.info('Date is', date))
```

Autsch! Das hat nicht funktioniert. Da wir ein Array mit `Date`-Objekten (`Date[]`) auf ein verschachteltes Array mit `Date`-Objekten abgebildet haben (`Date[][]`), müssen wir es auf ein einfaches Array reduzieren, bevor wir weitermachen können:

```
flatten(ask()
  .map(parse))
  .map(date => date.toISOString())
  .forEach(date => console.info('Date is', date))

// Reduziert ein verschachteltes Array auf ein einfaches Array
function flatten<T>(array: T[][]): T[] {
  return Array.prototype.concat.apply([], array)
}
```

Das wird schnell unhandlich. Da die Typen nicht besonders aussagekräftig sind (alles ist ein reguläres Array), ist es schwer, auf den ersten Blick zu sehen, was im Code passiert. Das können wir verbessern, indem wir einen speziellen Datentypen verwenden, der uns hilft, unseren Ansatz zu dokumentieren: Der Wert wird in einem Container gespeichert. Es gibt die Möglichkeit, diesen Wert zu verändern und ein Ergebnis vom Container zurückzuerhalten. Sobald die Implementierung fertig ist, sollten Sie den Datentyp folgendermaßen benutzen können:

```
ask()
  .flatMap(parse)
  .flatMap(date => new Some(date.toISOString()))
  .flatMap(date => new Some('Date is ' + date))
  .getOrElse('Error parsing date for some reason')
```

Wir definieren unseren `Option`-Typ wie folgt:

- `Option` ist ein Interface, das von zwei Klassen implementiert wird: `Some<T>` und `None` (siehe Abbildung 7-1). Es gibt zwei Arten von Optionen: `Some<T>` ist eine `Option`, die einen Wert des Typs `T` enthält, `None` ist eine `Option` ohne einen Wert, die für einen Fehler steht.
- `Option` ist sowohl ein Typ als auch eine Funktion. Ihr Typ ist ein Interface, das einfach als Supertyp für `Some` und `None` dient. So erhalten wir die Möglichkeit, einen neuen Wert des Typs `Option` zu erzeugen.

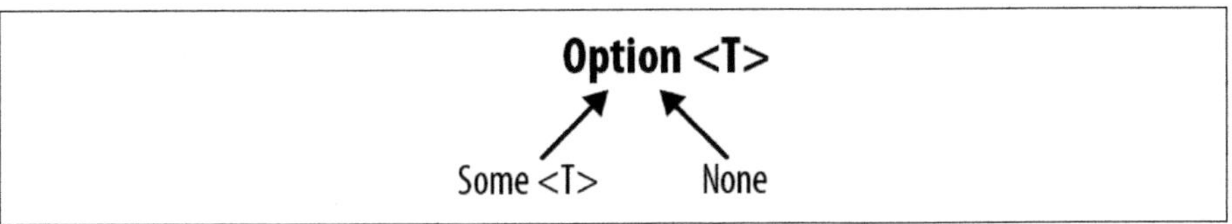

Abbildung 7-1: Option<T> hat zwei Zustände: Some<T> und None.

Skizzieren wir zunächst die Typen:

```
interface Option<T> {} ❶
class Some<T> implements Option<T> { ❷
  constructor(private value: T) {}
}
class None implements Option<never> {} ❸
```

❶ `Option<T>` ist ein Interface, das `Some<T>` und `None` gemeinsam nutzen.

❷ `Some<T>` steht für eine erfolgreiche Operation, die einen Wert ergeben hat. Wie das zuvor verwendete Array ist `Some<T>` ein Container für diesen Wert.

❸ `None` steht für eine fehlgeschlagene Operation und enthält keinen Wert.

Diese Typen sind gleichbedeutend mit folgender arraybasierter Implementierung von `Option`:

- `Option<T>` ist `[T] | []`.
- `Some<T>` ist `[T]`.
- `None` ist `[]`.

Was können Sie mit einer `Option` anstellen? Für unsere rudimentäre Implementierung definieren wir nur zwei Operationen:

`flatMap`
: Eine Möglichkeit, Operationen zu verketten, auch wenn `Option` möglicherweise leer ist

`getOrElse`
: Eine Möglichkeit, einen Wert aus einer `Option` auszulesen

Wir beginnen mit der Definition dieser Operationen an unserem `Option`-Interface. Das heißt, `Some<T>` und `None` müssen hierfür konkrete Implementierungen bereitstellen.

```
interface Option<T> {
  flatMap<U>(f: (value: T) => Option<U>): Option<U>
  getOrElse(value: T): T
}
class Some<T> extends Option<T> {
  constructor(private value: T) {}
}
class None extends Option<never> {}
```

Das bedeutet:

- `flatMap` übernimmt eine Funktion `f`, die einen Wert des Typs `T` übernimmt (der Typ des in `Option` enthaltenen Werts). Es gibt eine `Option` des Typs `U` zurück. `flatMap` ruft `f` mit dem Wert der `Option` auf und gibt eine neue `Option<U>` zurück.
- `getOrElse` übernimmt einen Standardwert des gleichen Typs `T` wie der in `Option` enthaltene Wert. Es gibt entweder diesen Standardwert (sofern `Option` ein leeres `None` ist) oder den Wert von `Option` zurück (sofern `Option` den Typ `Some<T>` hat).

Basierend auf den Typen können wir diese Methoden jetzt für `Some<T>` und `None` implementieren:

```
interface Option<T> {
  flatMap<U>(f: (value: T) => Option<U>): Option<U>
  getOrElse(value: T): T
}
class Some<T> implements Option<T> {
  constructor(private value: T) {}
  flatMap<U>(f: (value: T) => Option<U>): Option<U> { ❶
    return f(this.value)
  }
  getOrElse(): T { ❷
    return this.value
  }
}
class None implements Option<never> {
  flatMap<U>(): Option<U> { ❸
    return this
  }
  getOrElse<U>(value: U): U { ❹
    return value
  }
}
```

❶ Wenn wir flatMap an einem Some<T> aufrufen, übergeben wir eine Funktion f, die flatMap mit dem Wert von Some<T> aufruft, um eine neue Option eines neuen Typs zu erhalten.

❷ Der Aufruf von getOrElse an einem Some<T> gibt einfach den Wert von Some<T> zurück.

❸ Da None für eine fehlgeschlagene Berechnung steht, ergibt der Aufruf von flatMap daran immer ein None: Sobald die Berechnung fehlschlägt, lässt sich der Fehler nicht mehr beheben (zumindest nicht mit dieser Implementierung von Option).

❹ Der Aufruf von getOrElse an einem None gibt grundsätzlich den an getOrElse übergebenen Wert zurück.

Wir können diese einfache Implementierung verbessern, indem wir unsere Typen besser spezifizieren. Wenn Sie nur wissen, dass es eine Option und eine Funktion gibt, die ein T auf eine Option<U> abbildet, dann resultiert der Aufruf von flatMap an einer Option<T> grundsätzlich in einer Option<U>. Wenn Sie dagegen wissen, dass Sie Some<T> oder None haben, können Sie etwas genauere Angaben machen:

Tabelle 7-1 zeigt, welche Ergebnistypen wir beim Aufruf von flatMap an den beiden Option-Typen erwarten:

Tabelle 7-1: Ergebnisse des Aufrufs von .flatMap(f) an Some<T> und None

	Von Some<T>	**Von None**
Zu Some<U>	Some<U>	None
Zu None	None	None

Wir wissen, dass der Aufruf von flatMap an None immer ein None ergibt und dass der Aufruf an einem Some<T> entweder ein Some<T> oder ein None ergibt, abhängig davon, was der Aufruf von f zurückgibt. Das können wir ausnutzen. Wir verwenden überladene Signaturen, um flatMap mit spezifischeren Typen zu versehen:

```
interface Option<T> {
  flatMap<U>(f: (value: T) => None): None
  flatMap<U>(f: (value: T) => Option<U>): Option<U>
  getOrElse(value: T): T
}
class Some<T> implements Option<T> {
  constructor(private value: T) {}
  flatMap<U>(f: (value: T) => None): None
  flatMap<U>(f: (value: T) => Some<U>): Some<U>
  flatMap<U>(f: (value: T) => Option<U>): Option<U> {
    return f(this.value)
  }
  getOrElse(): T {
    return this.value
  }
}
```

```
class None implements Option<never> {
  flatMap(): None {
    return this
  }
  getOrElse<U>(value: U): U {
    return value
  }
}
```

Fast fertig. Jetzt müssen wir nur noch die `Option`-Funktion implementieren, mit der neue `Option`en erzeugt werden. Den *Typ* `Option` haben wir bereits als Interface implementiert. Jetzt erstellen wir eine *Funktion* mit gleichem Namen (wie Sie wissen, hat TypeScript zwei getrennte Namensräume für Typen und Werte). Das Verfahren hat Ähnlichkeit mit der Vorgehensweise aus »Das Companion-Objektmuster« auf Seite 141. Übergibt ein Benutzer `null` oder `undefined`, ist der Rückgabewert ein `None`, ansonsten geben wir ein `Some` zurück. Auch hier überladen wir die Signatur, um das Ziel zu erreichen:

```
function Option<T>(value: null | undefined): None ❶
function Option<T>(value: T): Some<T> ❷
function Option<T>(value: T): Option<T> { ❸
  if (value == null) {
    return new None
  }
  return new Some(value)
}
```

❶ Ruft der Consumer `Option` mit `null` oder `undefined` auf, geben wir ein `None` zurück.

❷ Ansonsten geben wir ein `Some<T>` zurück, wobei `T` der Typ des vom Benutzer übergebenen Werts ist.

❸ Schließlich berechnen wir manuell die Obergrenze für die zwei überladenen Signaturen. Die Obergrenze von `null | undefined` und `T` ist `T | null | undefined`, was T vereinfacht. Die Obergrenze `None` und `Some<T>` ist `None | Some<T>`, das bereits einen Namen besitzt: `Option<T>`.

Das ist auch schon alles. Wir haben einen voll funktionsfähigen, minimalen `Option`-Typ abgeleitet, mit dem wir auch an Werten, die vielleicht `null` sind, sichere Operationen ausführen können. Die Verwendung sieht so aus:

```
let result = Option(6)          // Some<number>
  .flatMap(n => Option(n * 3))  // Some<number>
  .flatMap(n => new None)       // None
  .getOrElse(7)                 // 7
```

Jetzt funktioniert unsere Geburtstags-Eingabe wie erwartet:

```
ask()                                             // Option<string>
  .flatMap(parse)                                 // Option<Date>
  .flatMap(date => new Some(date.toISOString()))  // Option<string>
  .flatMap(date => new Some('Date is ' + date))   // Option<string>
  .getOrElse('Error parsing date for some reason') // string
```

`Option`en sind eine gute Möglichkeit, mit mehreren Operationen zu arbeiten, die möglicherweise fehlschlagen können. Sie bieten ausgezeichnete Typsicherheit und signalisieren dem Consumer über das Typsystem, dass eine bestimmte Operation möglicherweise fehlschlagen kann.

Trotzdem haben `Option`en auch Nachteile. Das Fehlschlagen wird durch ein `None` signalisiert. Weitere Details dazu, was fehlgeschlagen ist und warum, gibt es nicht. Außerdem ist die Zusammenarbeit mit Code, der keine `Option`en verwendet, nicht besonders gut (diese APIs benötigen einen expliziten Wrapper, um `Option`en zurückgeben zu können).

Trotzdem kann dieses Vorgehen praktisch sein. Die hier verwendeten Überladungen lassen sich in den meisten anderen Sprachen nicht ausdrücken – nicht in solchen, die den `Option`-Typ für nullwertfähige Werte verwenden. Dadurch, dass wir `Option` durch überladene Aufrufsignaturen nach Möglichkeit auf `Some` und `None` beschränken, wird Ihr Code deutlich sicherer, und viele Haskell-Programmierer werden ziemlich neidisch. Zeit für ein kühles Blondes – Sie haben es sich verdient.

Zusammenfassung

In diesem Kapitel haben wir die verschiedenen Möglichkeiten der Fehlerbehandlung betrachtet: die Rückgabe von `null`, das Auslösen von Ausnahmen und den `Option`-Typ. Damit besitzen Sie vielfältige Möglichkeiten, mit Dingen umzugehen, die fehlschlagen können. Welcher Ansatz für Sie der richtige ist, hängt von den folgenden Faktoren ab:

- ob Sie einfach nur signalisieren wollen, dass etwas schiefgegangen ist (`null`, `Option`) oder weitere Informationen über die Fehlerursache übergeben wollen (Ausnahmen auslösen und zurückgeben).
- ob Sie Consumer dazu zwingen wollen, jede mögliche Ausnahme zu behandeln (Ausnahmen zurückgeben) oder selbst weniger Code für die Fehlerbehandlung schreiben wollen (Ausnahmen auslösen).
- ob Sie eine Möglichkeit brauchen, Fehler in eine bestimmte Form zu bringen (`Option`) oder sie einfach nur damit umgehen wollen (`null`, Ausnahmen).

Übung

1. Entwickeln Sie für die folgende API eine Möglichkeit der Fehlerbehandlung. Verwenden Sie dafür eines der Muster aus diesem Kapitel. In dieser API können alle Operationen fehlschlagen. Bei Bedarf dürfen Sie die Methodensignaturen der API verändern, um auf Fehler einzugehen (oder auch nicht – wie Sie wollen). Denken Sie darüber nach, wie Sie eine Reihe von Aktionen durchführen und wie Sie mit möglicherweise auftretenden Fehlern umgehen wollen (z.B. das Entgegennehmen der ID eines eingeloggten Benutzers, danach das

Herausfinden einer Liste seiner Freunde, danach das Ermitteln der Namen dieser Freunde):

```
class API {
  getLoggedInUserID(): UserID
  getFriendIDs(userID: UserID): UserID[]
  getUserName(userID: UserID): string
}
```

KAPITEL 8

Asynchrone Programmierung, Nebenläufigkeit und Parallelismus

Bisher haben wir uns in diesem Buch hauptsächlich mit synchronen Programmen beschäftigt. Das sind Programme, die Eingaben entgegennehmen, verarbeiten und in einem Durchgang bis zum Ende durchlaufen. Die wirklich interessanten Programme, die Bausteine echter Applikationen, funktionieren dagegen anders. Sie führen Netzwerk-Anfragen durch, interagieren mit Datenbanken und Dateisystemen, reagieren auf Benutzerinteraktionen und lagern CPU-intensive Aufgabe in andere Threads aus. Sie alle verwenden asynchrone API-artige Callbacks, Promises und Streams.

Bei diesen asynchronen Aufgaben zeigt JavaScript seine wahre Stärke und unterscheidet sich von anderen beliebten Multithreading-fähigen Programmiersprachen wie Java und C++. Populäre JavaScript-Engines wie V8 und SpiderMonkey sind schlau genug, mehrere Aufgaben auf einem Thread laufen zu lassen, während andere Aufgaben sich gerade im »Leerlauf« befinden, und schaffen so mit einem Thread, wofür üblicherweise mehrere Threads gebraucht wurden. Diese *Eventschleife* gilt als Standardmodell für JavaScript-Engines, und wir gehen davon aus, dass auch Sie sie benutzen. Aus Sicht des Endbenutzers macht es keinen Unterschied, ob Sie eine Engine mit einer Eventschleife oder mit einem Multithreading-Ansatz verwenden. Allerdings hat es einen Einfluss darauf, wie ich die Funktionsweise verschiedener Dinge und bestimmte Designentscheidungen erkläre.

Mit dem Eventschleifen-basierten Concurrency-Modell vermeidet JavaScript elegant die üblichen Fallstricke, die bei der Programmierung mit mehreren Threads auftreten können. Außerdem wird der Overhead von synchronisierten Datentypen, Mutexes, Semaphoren und vielen anderen Stichwörtern aus dem Multithreading-Programming vermieden. Und wenn Sie JavaScript trotzdem auf mehrere Threads verteilen, wird nur selten der gleiche Speicher (»shared memory«) verwendet. Typischerweise werden Daten zwischen Threads stattdessen durch Message Passing und Datenserialisierung ausgetauscht. Dieses Design erinnert an Erlang, Aktorensysteme und andere rein funktionale Concurrency-Modelle und macht das Mulithreading in JavaScript quasi narrensicher.

Dennoch sind asynchrone Programme oft schwerer zu verstehen, weil Sie das Programm im Kopf nicht einfach Zeile für Zeile durchgehen können. Sie müssen wissen, wann Sie anhalten und die Ausführung auslagern sollten, und wann Sie weitermachen müssen.

TypeScript stellt uns die Werkzeuge zur Verfügung, asynchrone Programme zu verstehen und nachzuvollziehen: Anhand von Typen können wir den Verlauf asynchroner Vorgänge mitverfolgen. Durch die eingebaute Unterstützung für `async/await` können wir bekannte synchrone Denkmuster auf asynchrone Programme anwenden. Außerdem können wir TypeScript benutzen, um strikte Message-Passing-Protokolle zu definieren (das ist viel einfacher, als es hier klingt). Und wenn alles andere fehlschlägt, gibt TypeScript Ihnen notfalls auch eine Nackenmassage, falls der asynchrone Code Ihres Kollegen zu kompliziert wird und Sie spätabends noch mit dem Debugging beschäftigt sind (hinter einem Compiler-Flag, versteht sich).

Bevor wir beginnen, mit asynchronen Programmen zu arbeiten, wollen wir darauf eingehen, wie die asynchrone Programmierung in modernen JavaScript-Engines eigentlich funktioniert. Wie ist es möglich, die Ausführung anzuhalten und wieder anzustoßen, wenn es sich doch nur um einen Thread zu handeln scheint?

JavaScripts Eventschleife

Beginnen wir mit einem Beispiel. Wir definieren zwei Timer. Einer läuft nach einer Millisekunde ab, der andere nach zwei.

```
setTimeout(() => console.info('A'), 1)
setTimeout(() => console.info('B'), 2)
console.info('C')
```

Was wird jetzt wohl in der Konsole ausgegeben? Ist es `A`, `B`, `C`?

Als JavaScript-Programmierer wissen Sie intuitiv, dass die Antwort nein ist. Die tatsächliche Reihenfolge ist `C`, `A` und dann `B`. Wenn Sie bisher noch nicht mit JavaScript oder TypeScript gearbeitet haben, scheint Ihnen das vermutlich rätselhaft und nicht gerade intuitiv. In der Realität ist die Sache aber ziemlich klar. Es kommt hier einfach nicht das gleiche Concurrency-Modell zum Einsatz wie beispielsweise bei `sleep` in C oder das Scheduling von Aufgaben in einem anderen Thread in Java.

Von außen betrachtet, simuliert die JavaScript-VM Nebenläufigkeit wie folgt (siehe Abbildung 8-1):

- Der JavaScript-Hauptthread ruft native asynchrone APIs, z.B. `XMLHTTPRequest` (für AJAX-Anfragen), `setTimeout` (zum Pausieren), `readFile` (zum Lesen einer Datei von der Festplatte) etc., auf. Diese APIs werden von JavaScript bereitgestellt, Sie können sie nicht selbst erstellen.[1]

1 Na gut. Grundsätzlich geht es schon. Allerdings müssen Sie dafür einen Fork Ihrer Browser-Plattform erstellen und eine C++-Erweiterung für NodeJS schreiben.

- Sobald Sie eine native asynchrone API aufgerufen haben, wird die Kontrolle an den Hauptthread zurückgegeben, und die Ausführung läuft weiter, als hätte der API-Aufruf nie stattgefunden.
- Sobald die asynchrone Aufgabe (»task«) erledigt ist, fügt die Plattform ihrer *Event-Warteschlange* (»event queue«) einen neuen *Task* hinzu. Dabei besitzt jeder Thread seine eigene Warteschlange, die für die Rückgabe der Ergebnisse asynchroner Operationen an den Hauptthread verwendet wird. Ein Task enthält bestimmte Metainformationen über den Aufruf und eine Referenz auf eine Callback-Funktion aus dem Hauptthread.
- Sobald der Aufrufstack des Hauptthreads geleert ist, überprüft die Plattform, ob die Event-Warteschleife auf Ausführung wartende Tasks enthält. Gibt es einen Task, führt die Plattform ihn aus. Das löst einen Funktionsaufruf aus, und die Kontrolle wird an die Funktion des Hauptthreads zurückgegeben. Ist der aus dem Funktionsaufruf resultierende Aufrufstack wieder leer, testet die Plattform erneut die Event-Warteschlange auf neue Tasks, die auf Erledigung warten. Diese Schleife wird solange wiederholt, bis sowohl der Aufrufstack wie auch die Event-Warteschlange leer sind und sämtliche nativen asynchronen API-Aufrufe abgearbeitet wurden.

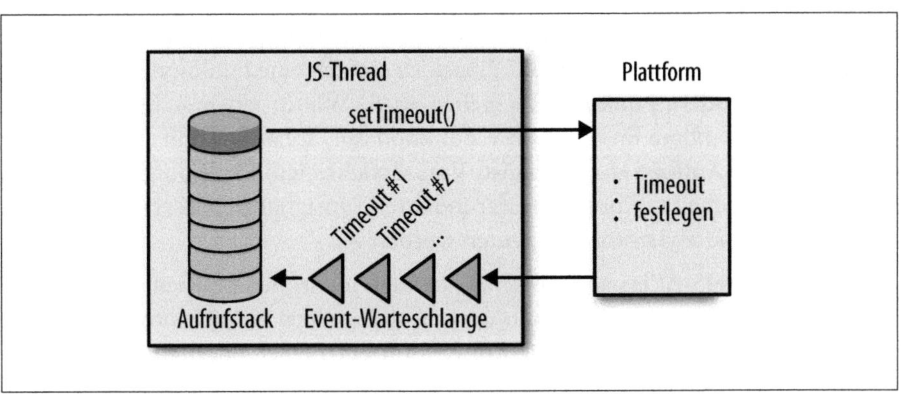

Abbildung 8-1: Die Eventschleife von JavaScript: Was beim Aufruf einer asynchronen API passiert.

Mit diesen Informationen im Hinterkopf können wir uns wieder unserem `setTimeout`-Beispiel zuwenden. Dabei passiert Folgendes:

1. Der Aufruf von `setTimeout` sorgt seinerseits für einen Aufruf einer nativen Timeout-API. Hierbei werden eine Referenz auf die übergebene Callback-Funktion und das Argument `1` übergeben.
2. Wir rufen `setTimeout` ein weiteres Mal auf. Die native Timeout-API wird nochmals aufgerufen. Diesmal wird eine Referenz auf die zweite Callback-Funktion und das Argument `2` übergeben.
3. Wir geben `C` auf der Konsole aus.

4. Nachdem mindestens eine Millisekunde vergangen ist, fügt JavaScript im Hintergrund der Event-Warteschleife einen Task hinzu, der anzeigt, dass das Timeout für den ersten Aufruf von `setTimeout` abgelaufen ist und die dazugehörige Callback-Funktion nun aufgerufen werden kann.
5. Nach einer weiteren Millisekunde fügt die Plattform der Event-Warteschlange einen zweiten Task für die zweite Callback-Funktion von `setTimeout` hinzu.
6. Da der Aufrufstack nach Schritt 3 leer ist, sieht die Plattform in ihrer Event-Warteschlange nach, ob sie irgendwelche Tasks enthält. Sind die Schritte 4 und 5 abgeschlossen, werden Tasks gefunden. Für jeden Task werden die entsprechenden Callback-Funktionen aufgerufen.
7. Da beide Timer abgelaufen sind und sowohl die Event-Warteschlange als auch der Aufrufstack leer sind, wird das Programm beendet.

Deshalb lautet die Ausgabe auf der Konsole `C`, `A`, `B` und nicht `A`, `B`, `C`. Nachdem wir diesen grundsätzlichen Punkt geklärt haben, können wir endlich darüber reden, wie asynchroner Code sicher typisiert werden kann.

Mit Callbacks arbeiten

Der Grundbaustein eines asynchronen JavaScript-Programms ist das *Callback* (oder die Callback-Funktion). Ein Callback ist einfach eine Funktion, die als Argument an eine andere Funktion übergeben wird. Wie in einem synchronen Programm ruft die andere Funktion Ihre Funktion auf, sobald sie mit ihrer Aufgabe (eine Netzwerk-Anfrage etc.) fertig ist. Von asynchronem Code aufgerufene Callbacks sind einfache Funktionen. Aufgrund ihrer Typsignaturen lässt sich nicht herausfinden, ob sie asynchron aufgerufen wurden.

Bei nativen NodeJS-APIs wie `fs.readFile` (zum asynchronen Lesen aus einer Datei) und `dns.resolveCname` (zum asynchronen Auflösen von `CNAME`-Einträgen) ist der erste Parameter für Callbacks per Konvention ein Fehler oder `null`. Der zweite Parameter ist ein Ergebnis oder `null`.

Hier die Signatur von `readFile`:

```
function readFile(
  path: string,
  options: {encoding: string, flag?: string},
  callback: (err: Error | null, data: string | null) => void
): void
```

Wie Sie sehen, gibt es weder für den Typ von `readFile` noch von `callback` etwas Besonderes: Beide sind reguläre JavaScript-Funktionen. Die Signatur enthält keinerlei Anzeichen dafür, dass `readFile` asynchron ist. Es ist nicht zu erkennen, dass die Kontrolle direkt nach dem Aufruf von `readFile` an die folgende Zeile übergeben wird (ohne auf das Ergebnis zu warten).

Um das folgende Beispiel selbst zu testen, müssen Sie zunächst die nötigen Typdeklarationen für NodeJS installieren:

```
npm install @types/node --save-dev
```

Weitere Informationen zu Typdeklarationen von Drittanbietern finden Sie unter »JavaScript, für das es Typdeklarationen auf DefinitelyTyped gibt« auf Seite 249.

Im folgenden Beispiel schreiben wir ein NodeJS-Programm, das lesend und schreibend auf Ihr Apache-Access-Log zugreift:

```
import * as fs from 'fs'

// Daten aus dem Access-Log von Apache lesen
fs.readFile(
  '/var/log/apache2/access_log',
  {encoding: 'utf8'},
  (error, data) => {
    if (error) {
      console.error('error reading!', error)
      return
    }
    console.info('success reading!', data)
  }
)

// Gleichzeitig Daten in dasselbe Access-Log schreiben
fs.appendFile(
  '/var/log/apache2/access_log',
  'New access log entry',
  error => {
    if (error) {
      console.error('error writing!', error)
    }
  })
```

Als TypeScript- oder JavaScript-Programmierer, der sich mit den NodeJS-eigenen APIs auskennt und weiß, dass diese asynchron sind, ist Ihnen bekannt, dass die Reihenfolge der API-Aufrufe im Code nicht unbedingt identisch sein muss mit der Reihenfolge, in der die Dateisystem-Operationen tatsächlich ausgeführt werden. Sind sie das nicht, hätten Sie nicht gemerkt, dass sich ein fieser kleiner Bug eingeschlichen hat: Je nachdem, wie beschäftigt das Dateisystem beim Ausführen unseres Codes ist, hat der Aufruf von `readFile` das Access-Log entweder mit oder ohne die angehängte Zeile zurückgegeben.

Vielleicht wissen Sie aus Erfahrung dass `readFile` asynchron ist. Vielleicht haben Sie es auch in der NodeJS-Dokumentation gelesen. Oder Sie haben erfahren, dass es folgende NodeJS-Konvention gibt: Ist das letzte Argument einer Funktion 1 eine Funktion 2, die ihrerseits zwei Argumente vom Typ `Error | null` bzw. `T | null` übernimmt, dann ist Funktion 1 üblicherweise asynchron. Vielleicht sind Sie aber auch nur schnell zum Nachbarn gegangen, um sich etwas Zucker zu borgen. Beim dazugehörigen Schwätzchen sind Sie dann auf das Thema asynchrone Programmierung in NodeJS gekommen, und Ihr Nachbar hat erzählt, wie er ein ähnliches Problem vor ein paar Monaten gelöst hat.

Wie auch immer, die Typen helfen hier jedenfalls nicht weiter.

Abgesehen davon, dass Typen kein Indikator dafür sind, ob eine Funktion synchron ist oder nicht, lassen sich Callbacks zudem nur schwer verketten und können möglicherweise zu sogenannten »Callback-Pyramiden« führen, wie hier:

```
async1((err1, res1) => {
  if (res1) {
    async2(res1, (err2, res2) => {
      if (res2) {
        async3(res2, (err3, res3) => {
          // ...
        })
      }
    })
  }
})
```

Beim Verketten von Operationen soll normalerweise mit dem nächsten Schritt weitergemacht werden, sofern eine Operation erfolgreich war, oder abgebrochen werden, falls es einen Fehler gab. Bei Callbacks müssen Sie das manuell erledigen. Wenn Sie außerdem noch auf synchrone Fehler eingehen wollen (in NodeJS wird bei einem falsch typisierten Argument üblicherweise ein Fehler per `throw` ausgelöst, anstatt das angegebene Callback mit einem `Error`-Objekt aufzurufen), kann die ordentliche Verkettung von Callbacks leicht zu Problemen führen.

Dabei ist die Verkettung nur eine der Aufgaben, die über asynchrone Tasks ausgeführt werden kann. Vielleicht wollen Sie bestimmte Funktionen parallel ausführen, um zu sehen, welche zuerst beendet wird, oder sie zu einem Wettrennen antreten lassen und das Ergebnis des Siegers weiterverwenden etc.

Die guten alten Callbacks haben aber auch ihre Grenzen. Ohne weitere Abstraktionen für die Arbeit mit asynchronen Aufgaben kann die Arbeit mit mehreren voneinander abhängigen Callbacks schnell für Unordnung sorgen.

Zur Erinnerung:

- Verwenden Sie Callbacks, um einfache asynchrone Aufgaben zu erledigen.
- Zwar sind Callbacks gut für die Modellierung einfacher Aufgaben geeignet. Versuchen Sie dagegen, *viele* asynchrone Ausgaben über Callbacks abzuwickeln, wird es schnell unübersichtlich.

Promises verwenden, damit die eigene Gesundheit nicht leidet

Glücklicherweise sind wir nicht die ersten Programmierer, die sich mit solchen Problemen herumschlagen müssen. In diesem Abschnitt entwickeln wir das Konzept der *Promises* (»Versprechen«). Promises bieten eine weitere Abstraktionsebene für die Komposition und Verkettung asynchroner Aufgaben. Auch wenn Sie schon mit Promises oder Futures gearbeitet haben, kann dieser Abschnitt beim Verständnis ihrer Funktionsweise helfen.

Die meisten modernen JavaScript-Plattformen haben die Unterstützung für Promises bereits an Bord. In diesem Abschnitt entwickeln wir als Übung eine eigene Teil-Implementierung von `Promise`. In der Praxis sollten Sie besser eine »bordeigene« oder vorprogrammierte Implementierung verwenden. Hier (*http://bit.ly/2uMxkk5*) können Sie überprüfen, ob die von Ihnen bevorzugte Plattform Promises unterstützt. Unter »lib« auf Seite 258 erfahren Sie außerdem, wie man Polyfills verwendet, falls eine Plattform Promises nicht nativ unterstützt.

Wir beginnen mit einem Beispiel. Wir verwenden `Promise`, um einer Datei am Ende etwas anzuhängen und das Ergebnis wieder auszulesen:

```
function appendAndReadPromise(path: string, data: string): Promise<string> {
  return appendPromise(path, data)
    .then(() => readPromise(path))
    .catch(error => console.error(error))
}
```

Wie Sie sehen, gibt es hier keine Callback-Pyramide. Wir haben unsere Aufgabe effektiv zu einer einzelnen, leicht verständlichen Kette asynchroner Aufgaben linearisiert. War eine Aufgabe erfolgreich, wird die nächste ausgeführt. Schlägt sie fehl, springen wir in die `.catch`-Klausel. Bei einer Callback-basierten API sähe das eher so aus:

```
function appendAndRead(
  path: string,
  data: string
  cb: (error: Error | null, result: string | null) => void
) {
  appendFile(path, data, error => {
    if (error) {
      return cb(error, null)
    }
    readFile(path, (error, result) => {
      if (error) {
        return cb(error, null)
      }
      cb(null, result)
    })
  })
}
```

Im nächsten Schritt entwickeln wir eine `Promise`-API, mit der das möglich ist.

Selbst `Promise` fängt klein und bescheiden an:

```
class Promise {
}
```

Ein neues (new) Promise übernimmt eine Funktion, die wir als *Executor* (das ist keine Metal-Band) bezeichnen. Sie wird von der Promise-Implementierung mit zwei Argumenten aufgerufen: einer resolve-Funktion und einer reject-Funktion:

```
type Executor = (
  resolve: Function,
  reject: Function
) => void

class Promise {
  constructor(f: Executor) {}
}
```

Wie funktionieren resolve und reject? Das zeigen wir, indem wir eine Callback-basierte NodeJS-API wie fs.readFile mit einem Promise-basierten API-Wrapper umgeben. Die NodeJS-eigene API fs.readFile wird verwendet, wie hier gezeigt:

```
import {readFile} from 'fs'

readFile(path, (error, result) => {
  // ...
})
```

Wenn wir die API mit unserer Promise-Implementierung umgeben, sieht das so aus:

```
import {readFile} from 'fs'

function readFilePromise(path: string): Promise<string> {
  return new Promise((resolve, reject) => {
    readFile(path, (error, result) => {
      if (error) {
        reject(error)
      } else {
        resolve(result)
      }
    })
  })
}
```

Der Parametertyp von resolve hängt also davon ab, welche spezifische API wir benutzen (in diesem Fall entspricht er dem Typ von result). Der Parametertyp von reject ist grundsätzlich eine Form von Error. In unserer Implementierung können wir die unsicheren Function-Typen jetzt durch spezifischere Typen ersetzen:

```
type Executor<T, E extends Error> = (
  resolve: (result: T) => void,
  reject: (error: E) => void
) => void
// ...
```

Da ein Blick auf Promise ausreichen soll, um herauszufinden, zu welchem Typ es aufgelöst wird (z.B. steht Promise<number>für einen asynchronen Task, dessen Ergebnis den Typ number hat) , machen wir Promise generisch und übergeben seinen Parametertyp an den Executor-Typ in seinem Konstruktor:

```
// ...
class Promise<T, E extends Error> {
  constructor(f: Executor<T, E>) {}
}
```

Bisher haben wir die Konstruktor-API für Promise definiert und verstehen, welche Typen hier eine Rolle spielen. Denken wir als Nächstes über die Verkettung nach. Welchen Operationen soll es möglich sein, eine Reihe von Promises auszuführen, ihre Ergebnisse weiterzugeben und Ausnahmen abzufangen? Wie im ursprünglichen Codebeispiel am Anfang dieses Abschnitts zu sehen, sind then und catch hierfür die richtigen Kandidaten. Also fügen wir sie unserem Promise-Typ hinzu:

```
// ...
class Promise<T, E extends Error> {
  constructor(f: Executor<T, E>) {}
  then<U, F extends Error>(g: (result: T) => Promise<U, F>): Promise<U, F>
  catch<U, F extends Error>(g: (error: E) => Promise<U, F>): Promise<U, F>
}
```

then und catch sind zwei Möglichkeiten, Promises zu verketten: then bildet das erfolgreiche Ergebnis eines Promise auf ein neues Promise ab[2], und catch fängt einen möglichen Fehler ab, indem es ihn auf ein neues Promise abbildet.

Die Verwendung von then sieht so aus:

```
let a: () => Promise<string, TypeError> = // ...
let b: (s: string) => Promise<number, never> = // ...
let c: () => Promise<boolean, RangeError> = // ...

a()
  .then(b)
  .catch(e => c()) // b won't error, so this is if a errors
  .then(result => console.info('Done', result))
  .catch(e => console.error('Error', e))
```

Da das zweite Arguments von b den Typ never hat (d.h., b löst niemals einen Fehler aus), wird die erste catch-Klausel nur aufgerufen, wenn a fehlerhaft ist. Bei der Verwendung eines Promise müssen wir uns keine Gedanken darum machen, dass a einen Fehler auslösen könnte, aber b nicht: Ist a erfolgreich, bilden wir das Promise auf b ab. Ansonsten springen wir zur ersten catch-Klausel und bilden das Promise auf c ab. Ist c erfolgreich, protokollieren wir Done. Wird es abgelehnt (reject), benutzen wir ein weiteres catch. Dieses Vorgehen entspricht dem guten alten try/catch bei synchronen Aufgaben (siehe Abbildung 8-2).

2 Aufmerksame Leser werden bemerkt haben, dass diese API große Ähnlichkeit mit der in »Der Option-Typ« auf Seite 167 entwickelten flatMap-API hat. Das ist kein Zufall! Sowohl Promise als auch Option sind vom Monad-Entwurfsmuster inspiriert, das durch die funktionale Programmiersprache Haskell bekannt geworden ist.

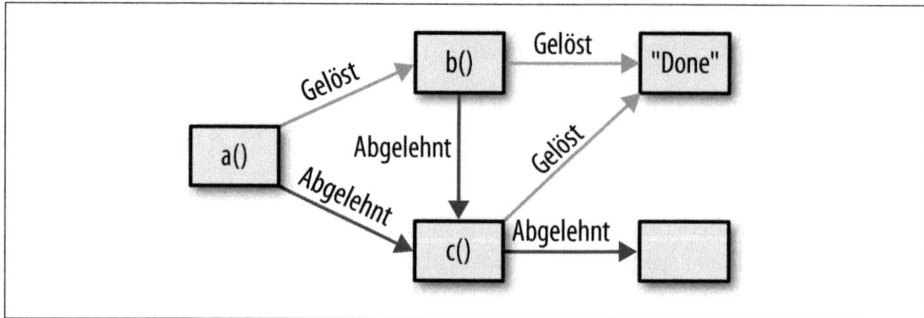

Abbildung 8-2: Die Promise-Zustandsmaschine

Außerdem brauchen wir eine Vorgehensweise für `Promises`, die tatsächlich Ausnahmen auslösen (wie bei `throw Error('foo')`). Das lösen wir bei der Implementierung von `then` und `catch`, indem Code mit `try`/`catch`-Blöcken umgeben wird und bei Bedarf in der `catch`-Klausel ablehnen. Daraus folgt allerdings:

1. Jedes `Promise` kann möglicherweise etwas ablehnen. Das können wir aber nicht statisch überprüfen (da TypeScript es nicht unterstützt, in einer Funktionssignatur anzugeben, welche Funktionen einen Fehler auslösen können).
2. Ein `Promise` wird nicht immer mit einem `Error` abgelehnt. Der Grund ist, dass TypeScript nur das Verhalten von JavaScript übernehmen kann. In JavaScript können Sie per `throw` jedoch alles Mögliche zurückgeben: einen String, eine Funktion, ein Array, ein `Promise` – aber nicht unbedingt einen `Error`. Daher können wir nicht davon ausgehen, dass eine Ablehnung immer einen Subtyp von `Error` zum Ergebnis hat. Dieses Opfer müssen wir leider bringen, damit Consumer nicht jede Promise-Kette per `try`/`catch` absichern müssen (was sich schnell über mehrere Dateien oder Module erstrecken kann).

Also lockern wir unsere Definition von `Promise` ein wenig und verzichten auf die Typisierung von Fehlern:

```
type Executor<T> = (
  resolve: (result: T) => void,
  reject: (error: unknown) => void
) => void

class Promise<T> {
  constructor(f: Executor<T>) {}
  then<U>(g: (result: T) => Promise<U>): Promise<U> {
    // ...
  }
  catch<U>(g: (error: unknown) => Promise<U>): Promise<U> {
    // ...
  }
}
```

Und damit haben wir ein ausgewachsenes `Promise`-Interface.

Ich überlasse es Ihnen als Übung, die Einzelteile mit Implementierungen für `then` und `catch` zu verbinden. Es ist ziemlich schwierig, die Implementierung von `Promise` richtig zu schreiben. Wenn Sie gerade sehr motiviert sind und ein paar Stunden Zeit übrig haben, werfen Sie einen Blick auf die ES2015-Spezifikation (*http://bit.ly/2JT3KUh*). Dort finden Sie genauere Informationen dazu, wie die Zustandsmaschine von `Promise` im Einzelnen funktionieren sollte.

async und await

Promises bieten eine mächtige Form der Abstraktion für die Arbeit mit asynchronem Code. Sie sind so beliebt, dass es in JavaScript (und damit auch in TypeScript) eine eigene Syntax dafür gibt: `async` und `await`. Über diese Syntax können Sie mit asynchronen Operationen genauso arbeiten wie mit synchronen.

Stellen Sie sich `await` als syntaktischen Zucker für `.then` auf Sprachebene vor. Wenn Sie per `await` auf ein `Promise` warten, müssen Sie dies in einem `async`-Block tun. Anstelle von `.catch` können Sie Ihr `await` mit einem einfachen `try`/`catch`-Block umgeben.

Angenommen, Sie haben das folgende Promise (wir haben `finally` im vorigen Abschnitt nicht behandelt, es verhält sich aber genau so, wie Sie denken: Es wird ausgeführt, nachdem `then` und `catch` eine Chance zur Ausführung hatten):

```
function getUser() {
  getUserID(18)
    .then(user => getLocation(user))
    .then(location => console.info('got location', location))
    .catch(error => console.error(error))
    .finally(() => console.info('done getting location'))
}
```

Um diesen Code für die Verwendung von `async` und `await` anzupassen, müssen Sie ihn in eine `async`-Funktion verpacken und dann per `await` auf das Ergebnis des Promises warten:

```
async function getUser() {
  try {
    let user = await getUserID(18)
    let location = await getLocation(user)
    console.info('got location', user)
  } catch(error) {
    console.error(error)
  } finally {
    console.info('done getting location')
  }
}
```

Da `async` und `await` Teile von JavaScript sind, werden wir sie hier nicht weiter behandeln. Sie werden vollständig von TypeScript unterstützt und sind komplett typsicher. Benutzen Sie sie, wann immer Sie mit Promises arbeiten, um verkettete

Operationen transparenter zu machen und sich eine Menge thens zu sparen. Weitere Informationen zu async und await finden Sie im MDN (*https://mzl.la/2TJLFYt*).

Asynchrone Streams

Promises eignen sich hervorragend für die Modellierung, Sequenzierung und Komposition zukünftiger Werte. Was machen Sie aber, wenn Sie mehrere Werte haben, die zu verschiedenen Zeiten in der Zukunft zur Verfügung stehen können? Das ist weniger exotisch, als es klingt. Stellen Sie sich das als Bits einer Datei vor, die aus einem Dateisystem gelesen werden, oder als Pixel eines Videos, das vom Netflix-Server über das Internet auf Ihren Laptop gestreamt wird, oder die Tastatureingaben beim Ausfüllen eines Webformulars, ein paar Freunde, die zum Abendessen kommen oder Wahlzettel, die im Laufe eines Tages in einer Urne landen. Auch wenn Sie oberflächlich scheinbar keine Gemeinsamkeiten haben, stellen alle eine Form asynchroner Streams dar: Sie alle sind Listen von Ereignissen, die nach und nach irgendwann in der Zukunft passieren.

Das lässt sich auf verschiedene Weise abbilden. Meistens benutzt man hier einen Event-Emitter (z.B. EventEmitter in NodeJS) oder eine reaktive Programmierbibliothek wie RxJS (*https://www.npmjs.com/package/@reactivex/rxjs*).[3] Der Unterschied zwischen beiden ähnelt dem Unterschied zwischen Callbacks und Promises: Events sind schnell und schlank, während reaktive Programmierbibliotheken vielseitiger sind und die Möglichkeit bieten, Event-Streams zu komponieren und zu sequenzieren.

Im folgenden Abschnitt geht es um Event-Emitter. Weitere Informationen zu reaktiver Programmierung finden Sie jeweils in der Dokumentation zu Ihrer bevorzugten Bibliothek, zum Beispiel RxJS (*https://www.npmjs.com/package/@reactivex/rxjs*), MostJS (*https://github.com/mostjs/core*) oder xstream (*https://www.npmjs.com/package/xstream*).

Event-Emitter

An der Oberfläche stellen Event-Emitter APIs zur Verfügung, die Events auf einem Kanal senden (»emittieren«) und auf dem Kanal auf eingehende Events »lauschen« können:

```
interface Emitter {

  // Ein Event senden
  emit(channel: string, value: unknown): void
```

3 Observables sind in der reaktiven Programmierung ein Hauptbestandteil, Dinge über einen bestimmten Zeitraum zu verarbeiten. Ein Vorschlag zur Standardisierung von Observables ist in Arbeit und kann unter *https://tc39.github.io/proposal-observable/* öffentlich eingesehen werden. Sobald dieser Vorschlag eine größere Unterstützung durch die JavaScript-Engines erhält, werden wir in zukünftigen Versionen dieses Buchs natürlich darauf eingehen.

```
  // Etwas tun, wenn ein Event gesendet wurde
  on(channel: string, f: (value: unknown) => void): void
}
```

Event-Emitter sind ein in JavaScript beliebtes Entwurfsmuster. Vielleicht sind sie Ihnen bei der Arbeit mit DOM-Events, JQuery-Events oder dem `EventEmitter`-Modul von NodeJS schon einmal begegnet.

In den meisten Sprachen sind solche Event-Emitter unsicher, weil der Typ von `value` vom jeweiligen Kanal (`channel`) abhängt und es in den meisten Sprachen nicht möglich ist, diese Beziehung mit Typen abzubilden. Sofern Ihre Sprache nicht überladene Funktionssignaturen und literale Typen unterstützt, wird es schwierig, zu sagen: »Auf diesem Kanal wird genau dieser Typ von Event gesendet«. Das Problem wird dann oft mit Makros umgangen. Diese erzeugen Methoden, die wiederum Events senden und auf jedem Kanal »lauschen«. In TypeScript können Sie das dagegen natürlich und typsicher über das Typsystem ausdrücken.

Angenommen, wir verwenden den NodeRedis-Client (*https://github.com/NodeRedis/node_redis*), eine NodeJS-API für die beliebte In-Memory-Datenbank Redis. Dann könnten wir so vorgehen:

```
import Redis from 'redis'

// Neue Instanz eines Redis-Clients erzeugen
let client = redis.createClient()

// Auf ein paar vom Client gesendete Events lauschen
client.on('ready', () => console.info('Client is ready'))
client.on('error', e => console.error('An error occurred!', e))
client.on('reconnecting', params => console.info('Reconnecting...', params))
```

Als Programmierer, die die Redis-Bibliothek nutzen, wollen wir wissen, welche Typen von Argumenten wir bei der Verwendung der `on`-API in unseren Callbacks erwarten können. Da der Typ der Argumente jedoch davon abhängt, auf welchem Kanal Redis »sendet«, reicht ein einzelner Typ hier nicht aus. Wären wir die Autoren der Bibliothek, könnten wir die Sicherheit am einfachsten durch einen überladenen Typ herstellen:

```
type RedisClient = {
  on(event: 'ready', f: () => void): void
  on(event: 'error', f: (e: Error) => void): void
  on(event: 'reconnecting',
     f: (params: {attempt: number, delay: number}) => void): void
}
```

Das funktioniert schon recht gut, ist aber noch ziemlich wortreich. Versuchen wir, das anhand eines abgebildeten Typs (siehe »Abgebildete Typen« auf Seite 139) auszudrücken, indem wir die Event-Definitionen in einen eigenen Typ namens `Events` auslagern:

```
type Events = { ❶
  ready: void
  error: Error
  reconnecting: {attempt: number, delay: number}
}

type RedisClient = { ❷
  on<E extends keyof Events>(
    event: E,
    f: (arg: Events[E]) => void
  ): void
}
```

❶ Wir beginnen mit der Definition eines einzelnen Objekttyps, der alle Events auflistet, die der Redis-Client senden könnte, sowie die jeweiligen Argumente für das jeweilige Event.

❷ Wir gehen den `Events`-Typ durch und teilen TypeScript mit, dass `on` mit jedem der von uns definierten Events aufgerufen werden kann.

Danach können wir diesen Typ verwenden, um die Node-Redis-Bibliothek besser abzusichern, indem wir beide Methoden, `emit` und `on`, so sicher wie möglich typisieren:

```
// ...
type RedisClient = {
  on<E extends keyof Events>(
    event: E,
    f: (arg: Events[E]) => void
  ): void
  emit<E extends keyof Events>(
    event: E,
    arg: Events[E]
  ): void
}
```

Das Vorgehen, Eventnamen und Argumente in eine eigene Form auszulagern und darüber zu iterieren, um Listener und Emitter zu erzeugen, ist in echtem TypeScript-Code ziemlich verbreitet. Es ist zudem knapp und sehr sicher. Wird ein Emitter auf diese Weise typisiert, sind Tippfehler bei den Schlüsseln, falsche Typisierung von Argumenten oder das Vergessen der Übergabe eines Arguments nicht möglich. Gleichzeitig dient dieses Muster als Dokumentation für Programmierer, die Ihren Code benutzen, weil ihre Codeeditoren ihnen vorschlagen, welche möglichen Events und Parametertypen in den Callbacks des Events zu erwarten sind.

Emitter in freier Wildbahn

Die Verwendung abgebildeter Typen für die Erstellung typsicherer Event-Emitter ist recht beliebt. Auf diese Weise werden in TypeScripts Standardbibliothek beispielsweise die DOM-Events typisiert. `WindowEventMap` ist eine Abbildung von Eventnamen auf Eventtypen, die von den APIs .addEventListener und .removeEventListener verwendet werden, um bessere und genauere Eventtypen zu erzeugen als der Standard-Eventtyp:

```
// lib.dom.ts
interface WindowEventMap extends GlobalEventHandlersEventMap {
  // ...
  contextmenu: PointerEvent
  dblclick: MouseEvent
  devicelight: DeviceLightEvent
  devicemotion: DeviceMotionEvent
  deviceorientation: DeviceOrientationEvent
  drag: DragEvent
  // ...
}

interface Window extends EventTarget, WindowTimers, WindowSessionStorage,
  WindowLocalStorage, WindowConsole, GlobalEventHandlers, IDBEnvironment,
  WindowBase64, GlobalFetch {
  // ...
  addEventListener<K extends keyof WindowEventMap>(
    type: K,
    listener: (this: Window, ev: WindowEventMap[K]) => any,
    options?: boolean | AddEventListenerOptions
  ): void
  removeEventListener<K extends keyof WindowEventMap>(
    type: K,
    listener: (this: Window, ev: WindowEventMap[K]) => any,
    options?: boolean | EventListenerOptions
  ): void
}
```

Typsicheres Multithreading

Bisher haben wir nur von asynchronen Programmen gesprochen, die auf einem einzelnen CPU-Thread laufen. Zu dieser Klasse von Programmen gehören die meisten JavaScript- und TypeScript-Applikationen. Für sehr CPU-intensive Aufgaben wird manchmal aber echte Parallelität gebraucht. Damit meine ich die Fähigkeit, die Arbeit auf mehrere Threads zu verteilen, um diese schneller ausführen zu können und die Antwortzeiten des Haupt-Threads kurz zu halten. In diesem Abschnitt erforschen wir verschiedene Muster zum Schreiben sicherer paralleler Programme im Browser und auf dem Server.

Im Browser: Mit Web Workers

Web Workers sind ein gut unterstützter Mechanismus, Multithreading im Browser zu realisieren. Hierfür erstellen Sie eine Reihe von Workers, spezielle beschränkte Hintergrund-Threads. Diese werden vom Haupt-JavaScript-Thread »abgezweigt«

und können für Dinge verwendet werden, die den Haupt-Thread ansonsten blockieren und die Antwortzeiten der Benutzerschnittstelle zu stark erhöhen würden (z.B. CPU-intensive Aufgaben). Mit Web Workers können Sie Code im Browser mit echter Parallelität ausführen. Während asynchrone APIs wie `Promise` oder `setTimeout` den Code in Konkurrenz (oder »nebenläufig«) ausführen, können Web Workers parallel auf einem anderen CPU-Thread laufen. Web Workers können mit nur wenigen Einschränkungen Netzwerkanfragen senden, ins Dateisystem schreiben und vieles mehr.

Da Web Workers eine vom Browser bereitgestellte API sind, haben ihre Entwickler großen Wert auf die Sicherheit gelegt. Damit ist nicht die von uns so geschätzte Typsicherheit gemeint, sondern *Speichersicherheit*. Jeder, der schon einmal in C, C++, Objective C oder Multithreaded Java programmiert hat, kennt die Fallstricke beim gleichzeitigen Zugriff auf geteilten Speicher. Wenn mehrere Threads den gleichen Speicherbereich lesen und schreiben, kann es schnell zu Problemen durch die Nebenläufigkeit wie Nichtdeterminismus oder Blockaden kommen.

Da Browsercode besonders sicher sein muss, um Browserabstürze und damit eine schlechte Nutzererfahrung zu verhindern, kommt als wichtigstes Kommunikationswerkzeug zwischen dem Haupt-Thread und den Web Workers das *Message Passing* zum Einsatz.

Um die Beispiele in diesem Abschnitt selbst auszuprobieren, müssen Sie TSC mitteilen, dass Sie diesen Code in einem Browser ausführen wollen. Aktivieren Sie hierfür die `dom`-Bibliothek in Ihrer *tsconfig.json*:

```
{
  "compilerOptions": {
    "lib": ["dom", "es2015"]
  }
}
```

Für den Code, der in einem Web Worker laufen soll, verwenden Sie außerdem die `webworker`-Bibliothek:

```
{
  "compilerOptions": {
    "lib": ["webworker", "es2015"]
  }
}
```

Wenn Sie eine einzelne *tsconfig.json* für das Web-Worker-Skript und Ihren Haupt-Thread benutzen, sollten Sie beides gemeinsam aktivieren.

Die API für das Message Passing funktioniert so: Zuerst zweigen Sie aus einem Thread einen neuen Web Worker ab:

```
// MainThread.ts
let worker = new Worker('WorkerScript.js')
```

Dann übergeben Sie Nachrichten (messages) an den Worker:

```
// MainThread.ts
let worker = new Worker('WorkerScript.js')

worker.postMessage('some data')
```

Mithilfe der `postMessage`-API können Sie fast jede Art von Daten an einen anderen Thread übergeben.[4]

Bevor die Daten an den Worker-Thread übergeben werden, erstellt der Haupt-Thread einen Klon davon.[5] Auf der Seite des Web Workers lauschen Sie auf eingehende Evens mit der global verfügbaren `onmessage`-API:

```
// WorkerScript.ts
onmessage = e => {
  console.log(e.data) // Gibt 'some data' auf der Konsole aus
}
```

Um in der anderen Richtung zu kommunizieren, also vom Worker zum Haupt-Thread, können Sie das global verfügbare `postMessage` verwenden, um eine Nachricht an den Haupt-Thread zu senden. Im Haupt-Thread kommt wiederum die globale `.onmessage`-Methode zum Einsatz, um auf eingehende Nachrichten zu lauschen. Zusammengefasst sieht das jetzt so aus:

```
// MainThread.ts
let worker = new Worker('WorkerScript.js')
worker.onmessage = e => {
  console.log(e.data) // Gibt 'Ack: "some data"' auf der Konsole aus
}
worker.postMessage('some data')

// WorkerScript.ts
onmessage = e => {
  console.log(e.data) // Gibt 'some data' auf der Konsole aus
  postMessage(Ack: "${e.data}")
}
```

Diese API hat große Ähnlichkeit mit der Event-Emitter-API aus »Event-Emitter« auf Seite 186. Sie bietet eine einfache Möglichkeit, Nachrichten auszutauschen. Ohne Typisierung wissen wir jedoch nicht, ob wirklich alle möglichen Nachrichten-Typen korrekt behandelt werden.

Da diese API eigentlich auch nur ein Event-Emitter ist, können wir hier die gleichen Techniken zur Typisierung verwenden. Zur Illustration erstellen wir ein einfaches

---

4 Außer Funktionen, Fehlern, DOM-Knoten, Eigenschaften-Deskriptoren, Getter, Setter sowie Prototyp-Methoden und -eigenschaften. Weitere Informationen hierzu finden Sie in der HTML5-Spezifikation (*http://w3c.github.io/html/infrastructure.html#safe-passing-of-structured-data*).

5 Um bestimmte Daten (z.B. `ArrayBuffer`) zwischen Threads per Referenz zu übergeben, können Sie außerdem die `Transferable`-API verwenden. In diesem Abschnitt setzen wir `Transferable` nicht ein, um die Objekt-Eigentümerschaft zwischen Threads explizit zu übertragen. Das ist aber nur ein Implementierungsdetail. Wenn Sie `Transferable` verwenden, ist der Ansatz aus Sicht der Typsicherheit identisch.

Messaging-Layer für einen Chat-Client, das wir in einem Worker-Thread ausführen wollen. Das Messaging-Layer gibt mögliche Aktualisierungen an den Haupt-Thread zurück. Um das Beispiel einfach zu halten, kümmern wir uns hier nicht um Dinge wie Fehlerbehandlung, Benutzerrechte etc. Wir beginnen mit der Definition einiger ein- und ausgehender Nachrichtentypen (der Haupt-Thread schickt `Commands` an den Worker-Thread, und dieser schickt `Events` an den Haupt-Thread zurück).

```
// MainThread.ts
type Message = string
type ThreadID = number
type UserID = number
type Participants = UserID[]

type Commands = {
  sendMessageToThread: [ThreadID, Message]
  createThread: [Participants]
  addUserToThread: [ThreadID, UserID]
  removeUserFromThread: [ThreadID, UserID]
}

type Events = {
  receivedMessage: [ThreadID, UserID, Message]
  createdThread: [ThreadID, Participants]
  addedUserToThread: [ThreadID, UserID]
  removedUserFromThread: [ThreadID, UserID]
}
```

Wie können wir diese Typen auf die Web-Worker-Nachrichten-API anwenden? Am einfachsten scheint es, eine Vereinigungsmenge aller möglichen Nachrichten-Typen zu definieren und diese anhand einer `switch`-Anweisung für den Typ `Message` zu unterscheiden.| (Pipe-Zeichen), für Vereinigungstypen Das kann jedoch ziemlich mühsam werden. Für unseren `Command`-Typ könnte das etwa so aussehen:

```
// WorkerScript.ts
type Command = ❶
  | {type: 'sendMessageToThread', data: [ThreadID, Message]} ❷
  | {type: 'createThread', data: [Participants]}
  | {type: 'addUserToThread', data: [ThreadID, UserID]}
  | {type: 'removeUserFromThread', data: [ThreadID, UserID]}

onmessage = e => ❸
  processCommandFromMainThread(e.data)

function processCommandFromMainThread( ❹
  command: Command
) {
  switch (command.type) { ❺
    case 'sendMessageToThread':
      let [threadID, message] = command.data
      console.log(message)
    // ...
  }
}
```

❶ Wir definieren die Vereinigungsmenge aller möglichen Befehle und der dazugehörigen Argumente, die der Haupt-Thread an den Worker-Thread senden könnte.

❷ Dies ist ein ganz normaler Vereinigungstyp. Bei der Definition von Vereinigungstypen kann das Voranstellen eines Pipe-Zeichens (|) die Lesbarkeit dieser Typen erhöhen.

❸ Wir übernehmen die über die (nicht typisierte) `onmessage`-API geschickten Nachrichten und delegieren ihre Behandlung an unsere typisierte `processCommandFromMainThread`-API.

❹ `processCommandFromMainThread` übernimmt die Verarbeitung aller vom Haupt-Thread eintreffenden Nachrichten. Dies ist ein sicherer, typisierter Wrapper für die nicht typisierte `onmessage`-API.

❺ Da `Command` ein unterschiedener Vereinigungstyp ist (siehe »Unterscheidung von Vereinigungstypen« auf Seite 130), verwenden wir `switch`, um auf jeden möglichen Nachrichtentyp vorbereitet zu sein, den der Haupt-Thread uns schicken könnte.

Diese schlichte Web-Worker-API wollen wir nun hinter einer bekannten `EventEmitter`-basierten API verstecken. So halten wir die Typen unserer ein- und ausgehenden Nachrichten möglichst kurz.

Wir beginnen mit der Erstellung eines typsicheren Wrappers für die NodeJS-`EventEmitter`-API (die für Browser über das events-Package (*https://www.npmjs.com/package/events*) im NPM zur Verfügung steht):

```
import EventEmitter from 'events'

class SafeEmitter<
  Events extends Record<PropertyKey, unknown[]>  ❶
> {
  private emitter = new EventEmitter  ❷
  emit<K extends keyof Events>(  ❸
    channel: K,
    ...data: Events[K]
  ) {
    return this.emitter.emit(channel, ...data)
  }
  on<K extends keyof Events>(  ❹
    channel: K,
    listener: (...data: Events[K]) => void
  ) {
    return this.emitter.on(channel, listener)
  }
}
```

❶ `SafeEmitter` deklariert den generischen Typ `Events`, einen `Record`, der einen `PropertyKey` (TypeScripts eingebauter Typ für gültige Objektschlüssel: `string`, `number` oder `Symbol`) auf eine Liste mit Parametern abbildet.

❷ Wir deklarieren emitter als privates Member für SafeEmitter. Anstatt Safe Emitter zu erweitern, benutzen wir hier diese Vorgehensweise, weil unsere Signaturen für emit und on restriktiver sind als ihre überladenen Gegenstücke in EventEmitter. Und da Funktionen in ihren Parametern kontravariant sind, erlaubt es uns TypeScript nicht, diese Überladungen zu definieren. (Sie erinnern sich: Damit eine Funktion a auf eine Funktion b zuweisbar ist, müssen ihre Parameter Supertypen ihrer Gegenstücke in b sein.)

❸ emit übernimmt einen channel und Argumente, die der im Events-Typ definierten Parameterliste entsprechen.

❹ Auf ähnliche Weise übernimmt on einen channel und einen listener. listener übernimmt eine variable Anzahl von Argumenten, die der im Events-Typ definierten Parameterliste entsprechen.

Mithilfe von SafeEmitter können wir die für eine sichere Implementierung des Listener-Layers nötige Codemenge deutlich verringern. Auf der Worker-Seite delegieren wir alle onmessage-Aufrufe an unseren Emitter, während Consumer eine bequeme und sichere Listener-API nutzen können:

```
// WorkerScript.ts
type Commands = {
  sendMessageToThread: [ThreadID, Message]
  createThread: [Participants]
  addUserToThread: [ThreadID, UserID]
  removeUserFromThread: [ThreadID, UserID]
}

type Events = {
  receivedMessage: [ThreadID, UserID, Message]
  createdThread: [ThreadID, Participants]
  addedUserToThread: [ThreadID, UserID]
  removedUserFromThread: [ThreadID, UserID]
}

// Auf Events aus dem Haupt-Thread lauschen
let commandEmitter = new SafeEmitter    <Commands>()

// Events an den Haupt-Thread zurückschicken
let eventEmitter = new SafeEmitter      <Events>()

// Eingehende Befehle vom Haupt-Thread anhand unseres
// typsicheren Event-Emitters mit einem Wrapper umgeben
onmessage = command =>
  commandEmitter.emit(
    command.data.type,
    ...command.data.data
  )

// Auf Events vom Worker lauschen und an den Haupt-Thread zurückschicken
eventEmitter.on('receivedMessage', data =>
  postMessage({type: 'receivedMessage', data})
)
eventEmitter.on('createdThread', data =>
```

```
    postMessage({type: 'createdThread', data})
  )
  // etc.

  // Auf einen sendMessageToThread-Befehl aus dem Haupt-Thread reagieren
  commandEmitter.on('sendMessageToThread', (threadID, message) =>
    console.log(OK, I will send a message to threadID ${threadID})
  )

  // Ein Event an den Haupt-Thread zurückschicken
  eventEmitter.emit('createdThread', 123, [456, 789])
```

Auf der anderen Seite können wir ebenfalls eine `EventEmitter`-basierte API verwenden, um Befehle vom Haupt-Thread an den Worker-Thread zurückzuschicken. Wenn Sie dieses Muster in Ihrem eigenen Code verwenden, sollten Sie vermutlich einen Emitter mit vollem Funktionsumfang verwenden (wie beispielsweise Paolo Fragomenis ausgezeichneten `EventEmitter2` (*https://www.npmjs.com/package/eventemitter2*)), der übrigens auch Wildcard-Listener unterstützt, wodurch Sie nicht für jeden möglichen Eventtyp manuell einen eigenen Listener definieren müssen:

```
// MainThread.ts
type Commands = {
  sendMessageToThread: [ThreadID, Message]
  createThread: [Participants]
  addUserToThread: [ThreadID, UserID]
  removeUserFromThread: [ThreadID, UserID]
}

type Events = {
  receivedMessage: [ThreadID, UserID, Message]
  createdThread: [ThreadID, Participants]
  addedUserToThread: [ThreadID, UserID]
  removedUserFromThread: [ThreadID, UserID]
}

let commandEmitter = new SafeEmitter    <Commands>()
let eventEmitter = new SafeEmitter      <Events>()

let worker = new Worker('WorkerScript.js')

// Auf vom Worker kommende Events lauschen und
// anhand unseres typsicheren Event-Emitters neu versenden
worker.onmessage = event =>
  eventEmitter.emit(
    event.data.type,
    ...event.data.data
  )

// Auf von diesem Thread verschickte Befehle lauschen und an den Worker weiterleiten
commandEmitter.on('sendMessageToThread', data =>
  worker.postMessage({type: 'sendMessageToThread', data})
)
commandEmitter.on('createThread', data =>
```

```
  worker.postMessage({type: 'createThread', data})
)
// etc.

// Etwas tun, wenn der Worker uns mitteilt, dass ein neuer Thread erzeugt wurde
eventEmitter.on('createdThread', (threadID, participants) =>
  console.log('Created a new chat thread!', threadID, participants)
)

// Einen Befehl an den Worker schicken
commandEmitter.emit('createThread', [123, 456])
```

Das war schon alles! Wir haben einen einfachen, typsicheren Wrapper für die bekannte Event-Emitter-Abstraktion erstellt, den wir in verschiedenen Szenarien einsetzen können. Das können beispielsweise Cursor-Events im Browser sein oder auch die sichere Kommunikation zwischen verschiedenen Threads. Dieses Muster kommt in TypeScript recht oft vor: Selbst wenn etwas unsicher ist, lässt es sich oft mit einer typsicheren API umgeben.

Typsichere Protokolle

Bisher haben wir uns mit dem Nachrichtenaustausch zwischen zwei Threads beschäftigt. Wie müssen wir diese Technik erweitern, damit ein bestimmter Befehl immer ein bestimmtes Event als Antwort erhält?

Wir wollen jetzt ein einfaches Frage-Antwort-Protokoll erstellen, mit dem wir die Auswertung von Funktionen auf verschiedenen Threads laufen lassen können. Funktionen selbst können nur schwer zwischen Threads ausgetauscht werden. Aber Sie können Funktionen in einem Worker-Thread definieren, ihnen Argumente übergeben und dann die Ergebnisse zurückschicken. Als Beispiel erstellen wir eine Matrizen-Engine, die drei Operationen unterstützt: das Ermitteln der Determinante der Matrix, die Berechnung des Skalarprodukts und die Invertierung der Matrix.

Wir gehen vor wie üblich. Zunächst skizzieren wir die Typen für die drei Operationen:

```
type Matrix = number[][]

type MatrixProtocol = {
  determinant: {
    in: [Matrix]
    out: number
  }
  'dot-product': {
    in: [Matrix, Matrix]
    out: Matrix
  }
  invert: {
    in: [Matrix]
    out: Matrix
  }
}
```

Die Matrizen werden in unserem Haupt-Thread definiert. Die Berechnungen werden dagegen in Worker-Threads ausgeführt. Auch hier wollen wir unsichere Operationen (den Austausch unsicherer Nachrichten mit einem Worker) mit einem sicheren Wrapper umgeben, der Consumern eine klar definierte API zur Verfügung stellt. In dieser recht einfachen Implementierung definieren wir zuerst ein schlichtes Frage-Antwort-Protokoll namens `Protocol`. Zu Beginn gibt es einfach eine Liste der möglichen Operationen inklusive der erwarteten Ein- und Ausgabetypen für einen Worker aus.[6] Dann erstellen wir eine generische `createProtocol`-Funktion, die ein `Protocol` und einen Dateipfad zu einem Worker übernimmt und eine Funktion zurückgibt. Sie übernimmt einen Befehl (`command`) in diesem Protokoll und gibt ihrerseits eine finale Funktion zurück, mit der wir den Befehl für einen bestimmten Satz an Argumenten tatsächlich ausführen können. Los geht's:

```
type Protocol = { ❶
  [command: string]: {
    in: unknown[]
    out: unknown
  }
}

function createProtocol<P extends Protocol>(script: string) { ❷
 return <K extends keyof P>(command: K) => ❸
   (...args: P[K]['in']) => ❹
    new Promise<P[K]['out']>((resolve, reject) => { ❺
      let worker = new Worker(script)
      worker.onerror = reject
      worker.onmessage = event => resolve(event.data.data)
      worker.postMessage({command, args})
    })
}
```

❶ Wir beginnen mit der Definition eines allgemeinen Typs `Protocol`, der nicht für unser `MatrixProtocol` spezifisch ist.

❷ Dann rufen wir `createProtocol` auf und übergeben in `script` einen Dateipfad zu einem Worker sowie ein spezifisches `Protocol`.

❸ `createProtocol` gibt eine anonyme Funktion zurück, die wir mit einem `command` aufrufen können. Dabei ist `command` ein Schlüssel in dem gerade eingebundenen `Protocol` ❷.

❹ Dann rufen wir die Funktion mit dem `in`-Typ auf, der in ❸ übergeben wurde.

❺ Dadurch erhalten wir ein `Promise` für den spezifischen `out`-Typ zu diesem Befehl, der in diesem spezifischen Protokoll definiert ist. Hierbei müssen wir explizit einen Typparameter an `Promise` binden, sonst wird standardmäßig `{}` verwendet.

6 Diese Implementierung ist naiv, weil für jeden ausgegebenen Befehl ein neuer Worker erzeugt wird. Im wahren Leben verwenden Sie wahrscheinlich eher einen Pooling-Mechanismus, der eine Reihe frischer Workers bereithält und nicht mehr Gebrauchte wieder freigibt.

Jetzt können wir createProtocol mit unserem MatrixProtocol und dem Pfad zu unserem Web-Worker-Skript aufrufen (wir ersparen uns hier die Details und gehen davon aus, dass Sie die Determinantenberechnung in *MatrixWorkerScript.ts* implementiert haben). Wir erhalten eine Funktion zurück, mit der wir einen bestimmten Befehl des Protokolls ausführen können:

```
let runWithMatrixProtocol = createProtocol<MatrixProtocol>(
  'MatrixWorkerScript.ts'
)
let parallelDeterminant = runWithMatrixProtocol('determinant')

parallelDeterminant([[1, 2], [3, 4]])
  .then(determinant =>
    console.log(determinant) // -2
  )
```

Ziemlich cool, oder? Wir haben etwas vollkommen Unsicheres – untypisierten Nachrichtenaustausch zwischen Threads – mit einem vollkommen typsicheren Frage-Antwort-Protokoll abstrahiert. Alle ausführbaren Befehle befinden sich an einem Platz (MatrixProtocol), wobei die Kernlogik (createProtocol) von unserer konkreten Protokollimplementierung (runWithMatrixProtocol) getrennt ist.

Sobald Sie zwischen zwei Prozessen kommunizieren müssen – ob auf dem gleichen Rechner oder in einem Netzwerk –, sind typsichere Protokolle ein gutes Mittel, um die Kommunikation abzusichern. Auch wenn dieses Kapitel geholfen hat, ein Verständnis für die Probleme zu bekommen, die mit Protokollen gelöst werden können, greifen Sie für eine tatsächliche Applikation vermutlich besser zu Werkzeugen wie Swagger, gRPC, Thrift oder GraphQL. Einen Überblick finden Sie unter »Typsichere APIs« auf Seite 212.

In NodeJS: Mit Kindprozessen

Um diese Beispiele selbst auszuprobieren, müssen Sie zunächst die Typdeklarationen für NodeJS aus dem NPM installieren:

```
npm install @types/node --save-dev
```

Mehr über die Verwendung von Typdeklarationen finden Sie unter »JavaScript, für das es Typdeklarationen auf DefinitelyTyped gibt« auf Seite 249.

Typsicherer Parallelismus funktioniert in NodeJS auf die gleiche Weise wie Web-Worker-Threads im Browser (siehe »Typsichere Protokolle« auf Seite 196). Auch wenn die Schicht für den Nachrichtenaustausch an sich unsicher ist, kann sie leicht mit einer typsicheren API umgeben. Die Kindprozess-API von NodeJS sieht so aus:

```
// MainThread.ts
import {fork} from 'child_process'

let child = fork('./ChildThread.js') ❶
```

```
child.on('message', data => ❷
  console.info('Child process sent a message', data)
)

child.send({type: 'syn', data: [3]}) ❸
```

❶ Um einen neuen Kindprozess zu erzeugen, verwenden wir die NodeJS-API `fork`.

❷ Mithilfe der `on`-API lauschen wir auf eingehende Nachrichten vom Kindprozess. Es gibt nur wenige Nachrichten, die ein NodeJS-Kindprozess an seinen Elternprozess übergeben kann. In unserem Beispiel kümmern wir uns nur um Nachrichten der Kategorie `'message'`.

❸ Wir verwenden die `send`-API, um dem Kindprozess eine Nachricht zu schicken.

In unserem Kind-Thread benutzen wir die `process.on`-API, um auf Nachrichten vom Haupt-Thread zu lauschen. Um Nachrichten zurückzuschicken, benutzen wir `process.send`:

```
// ChildThread.ts
process.on('message', data => ❶
  console.info('Parent process sent a message', data)
)

process.send({type: 'ack', data: [3]}) ❷
```

❶ Um auf eingehende Nachrichten des Eltern-Threads zu lauschen, benutzen wir die `on`-API am global definierten `process`.

❷ Wir verwenden die `send`-API an `process`, um eine Nachricht an den Elternprozess zu senden.

Die Funktionsweise hat große Ähnlichkeit mit Web-Workers. Daher überlasse ich es Ihnen als Übung, ein typsicheres Protokoll zu implementieren, das die Interprozesskommunikation in NodeJS abstrahiert.

Zusammenfassung

In diesem Kapitel haben wir die Grundlagen von JavaScripts Eventschleife kennengelernt. Danach haben wir uns mit den wichtigsten Bausteinen für asynchronen Code in JavaScript beschäftigt und gesehen, wie diese sicher in TypeScript ausgedrückt werden können: mit Callbacks, Promises, `async`/`await` und Event-Emittern. Daraufhin haben wir uns das Multithreading angesehen, den Nachrichtenaustausch zwischen Threads erforscht (im Browser und im Server) und komplette Protokolle für die Kommunikation zwischen Threads erstellt.

Wie in Kapitel 7 bleibt es letztlich Ihnen überlassen, wie Sie die hier vorgestellten Konzepte nutzen:

- Für einfache asynchrone Aufgaben sind Callbacks unschlagbar.

- Bei komplexeren Aufgaben, die sequenziert und parallelisiert werden müssen, sind Promises und async/await vermutlich am besten geeignet.
- Wenn ein Promise nicht ausreicht (z. B. weil Sie ein Event mehrmals auslösen müssen), greifen Sie zu Event-Emittern oder Bibliotheken für reaktive Streams wie RxJS.
- Um diese Techniken auf mehrere Threads zu erweitern, verwenden Sie Event-Emitter, typsichere Protokolle und typsichere APIs (siehe »Typsichere APIs« auf Seite 212).

Übungen

1. Implementieren Sie eine allgemeine promisify-Funktion, die eine beliebige Funktion übernimmt, die wiederum genau ein Argument und ein Callback übernimmt und beides in eine Funktion verpackt, die ein Promise zurückgibt. Am Ende sollte promisify funktionieren, wie hier gezeigt (vergessen Sie nicht, vorher per npm install @types/node --save-dev die Typdeklarationen für NodeJS zu installieren):

```
import {readFile} from 'fs'

let readFilePromise = promisify(readFile)
readFilePromise('./myfile.ts')
  .then(result => console.log('success reading file', result.toString()))
  .catch(error => console.error('error reading file', error))
```

2. Im Abschnitt »Typsichere Protokolle« auf Seite 196 haben wir eine Hälfte eines Protokolls für die Berechnung von Matrizen entwickelt. Diese Hälfte soll im Haupt-Thread laufen. Implementieren Sie, basierend auf diesen Annahmen, die andere Hälfte, die im Worker-Thread läuft.
3. Verwenden Sie einen abgebildeten Typ (wie in »Im Browser: Mit Web Workers« auf Seite 189 gezeigt), um ein typsicheres Protokoll für den Nachrichtenaustausch für NodeJSs child_process zu implementieren.

KAPITEL 9

Frontend- und Backend-Frameworks

Natürlich können Sie alle Teile Ihrer Applikation von Grund auf selbst erstellen – die Netzwerk- und Datenbankschichten auf dem Server, ein Framework für die Benutzerschnittstelle und die Zustandsverwaltung im Frontend. Tun Sie das besser nicht, denn die Details sind nicht immer einfach umzusetzen. Zum Glück haben andere Programmierer die schweren Probleme bei Front- und Backend bereits gelöst. Durch die Verwendung bestehender Werkzeuge, Bibliotheken und Frameworks können wir in der Entwicklung schnell iterieren und eigene Applikationen mit wenig Aufwand auf ein stabiles Fundament stellen.

In diesem Kapitel geht es um einige der beliebtesten Werkzeuge und Frameworks, die häufige Probleme bei Client und Server lösen. Wir besprechen, welches Framework für welche Aufgaben am besten geeignet ist und wie Sie es sicher in Ihre TypeScript-Applikation integrieren können.

Frontend-Frameworks

TypeScript ist von Natur aus gut für Frontend-Applikationen geeignet. Durch seine reichhaltige Unterstützung für JSX und seine Fähigkeit, Mutabilität sicher zu modellieren, versorgt TypeScript Ihre Applikation mit Struktur und Sicherheit und erleichtert es so, auch in der schnelllebigen Welt der Frontend-Entwicklung korrekten und wartbaren Code zu schreiben.

Natürlich sind alle eingebauten DOM-APIs typsicher. Um sie aus TypeScript zu verwenden, müssen Sie nur die nötigen Typdeklarationen in die *tsconfig.json*: Ihres Projekts einbinden:

```
{
  "compilerOptions": {
    "lib": ["dom", "es2015"]
  }
}
```

Hiermit weisen Sie TypeScript an, die Datei *lib.dom.d.ts* – also die eingebauten Browser- und DOM-Typdeklarationen – beim Typechecking Ihres Codes zu verwenden.

Die `lib`-Option in *tsconfig.json* weist TypeScript an, bei der Verarbeitung des Codes in Ihrem Projekt bestimmte Typdeklarationen einzubinden. Hierdurch wird kein zusätzlicher Code oder JavaScript erzeugt, der zur Laufzeit existiert. Die Option kann beispielsweise nicht dafür sorgen, dass das DOM auf magische Weise in einer NodeJS-Umgebung funktioniert (Ihr Code wird kompiliert, aber zur Laufzeit fehlschlagen) – Sie müssen selbst dafür sorgen, dass Ihre Typdeklarationen mit den Dingen zusammenpassen, die Ihre JavaScript-Umgebung zur Laufzeit tatsächlich unterstützt. Weitere Informationen finden Sie unter »Das TypeScript-Projekt erstellen« auf Seite 253.

Sobald die DOM-Typdeklarationen aktiviert sind, können Sie DOM- und Browser-APIs sicher nutzen, um Dinge zu tun wie das hier:

```
// Eigenschaften des globalen window-Objekts lesen
let model = {
  url: window.location.href
}

// Ein <input />-Element erzeugen
let input = document.createElement('input')

// Das Element mit ein paar CSS-Klassen versehen
input.classList.add('Input', 'URLInput')

// Das Modell aktualisieren, wenn der Benutzer etwas eingibt
input.addEventListener('change', () =>
  model.url = input.value.toUpperCase()
)

// Das <input />-Element ins DOM einfügen
document.body.appendChild(input)
```

Danach wird der gesamte Code dem Typechecking unterzogen und besitzt interne Leckerbissen wie die automatische Vervollständigung im Editor. Hier ein Beispiel:

```
document.querySelector('.Element').value // Error TS2339: Property 'value' does
                                         // not exist on type 'Element'.
```

TypeScript löst einen Fehler aus, weil der Rückgabetyp von `querySelector` nicht nullwertfähig ist.

Für einfache Frontend-Applikationen reichen diese schlichten DOM-APIs aus und geben Ihnen, was Sie brauchen, um sicher und typgetrieben für den Browser zu programmieren. In der wahren Welt verwenden Frontend-Applikationen dagegen ein Framework, um das DOM-Rendering (und Re-rendering), Datenbindungen und Events zu abstrahieren. In den folgenden Abschnitten finden Sie Hinweise zur effektiven Verwendung von TypeScript mit einigen der beliebten Browser-Frameworks.

React

React ist aktuell eines der beliebtesten Frontend-Frameworks und eine sehr gute Wahl, wenn es um Typsicherheit geht.

Der Grund für die Sicherheit ist, dass die React-Komponenten, also die Grundbausteine von React-Applikationen, in TypeScript nicht nur definiert, sondern auch verwendet (»konsumiert«) werden, wodurch beide Bereiche dem Typechecking unterzogen werden. Diese Eigenschaft gibt es bei Frontend-Frameworks eher selten. Sie können Typen verwenden, um z. B. zu sagen: »Diese Komponente übernimmt eine Benutzer-ID und eine Farbe.« oder »Diese Komponente kann nur Listenelemente als Kindelemente haben.« Diese Beschränkungen werden dann von TypeScript erzwungen, das sicherstellt, dass Ihre Komponenten wirklich tun, was sie sollen.

Die Sicherheit um Komponentendefinitionen und -consumer – die *View-Schicht* einer Frontend-Applikation – ist ein echtes Killerfeature. Der View ist üblicherweise der Teil, in dem Tippfehler, fehlende Attribute, falsch geschriebene Parameter und falsch verschachtelte Elemente dafür sorgen, dass Programmierer Tausende Stunden damit verbringen, sich die Haare auszureißen, während die Browserfenster immer wieder neu geladen werden. Sobald Sie Ihre Views mit TypeScript und React typisieren, wird sich Ihre Produktivität (und die Ihres Teams) verdoppeln.

Ein paar JSX-Grundlagen

Bei der Verwendung von React definieren Sie Ihre Views mit einer speziellen DSL namens *JavaScript XML* (JSX), die direkt in den JavaScript-Code eingebettet wird. Das sieht ein wenig wie HTML in Ihrem JavaScript aus. Danach schieben Sie Ihr JavaScript durch den JSX-Compiler, der die JSX-Syntax in reguläre JavaScript-Funktionsaufrufe umwandelt.

Dazu ein Beispiel. Angenommen, Sie brauchen eine Menü-App für das Restaurant eines englischen Freunds und erstellen mit folgendem JSX eine Liste mit ein paar Gerichten vom Brunch-Menü:

```
<ul class='list'>
  <li>Homemade granola with yogurt</li>
  <li>Fantastic french toast with fruit</li>
  <li>Tortilla Española with salad</li>
</ul>
```

Nachdem Sie den Code mit einem JSX-Compiler behandelt haben, z. B. Babels `transform-react-jsx`-Plug-in (*http://bit.ly/2uENY4M*), erhalten Sie folgende Ausgabe:

```
React.createElement(
  'ul',
  {'class': 'list'},
  React.createElement(
    'li',
```

```
      null,
      'Homemade granola with yogurt'
    ),
    React.createElement(
      'li',
      null,
      'Fantastic French toast with fruit'
    ),
    React.createElement(
      'li',
      null,
      'Tortilla Española with salad'
    )
);
```

TSC-Flag: esModuleInterop

Da JSX zu einem Aufruf von `React.createElement` kompiliert wird, sollten Sie unbedingt dafür sorgen, dass die React-Bibliothek in jede Datei importiert wird, in der Sie JSX verwenden. Dadurch stellen Sie sicher, dass sich eine Variable namens `React` im aktuellen Geltungsbereich befindet:

```
import React from 'react'
```

Keine Sorge. Falls nicht, wird TypeScript Sie warnen:

```
<ul /> // Error TS2304: Cannot find name 'React'.
```

Beachten Sie außerdem, dass ich in meiner *tsconfig.json* die Einstellung `{"esModuleInterop": true}` vorgenommen habe, damit `React` ohne die Verwendung des Wildcard-Zeichens (*) importiert werden kann. Ohne diese Anweisung sähe der Import von React so aus:

```
import * as React from 'react'
```

Das Gute an JSX ist, dass Ihr Code wie normales HTML aussieht und Sie diesen automatisch in ein JavaScript-Engine-freundliches Format kompilieren können. Als Programmierer verwenden Sie nur die deklarative High-Level-DSL und müssen sich nicht mit Implementierungsdetails herumschlagen.

Um mit React zu arbeiten, brauchen Sie kein JSX (Sie können den kompilierten Code auch selbst schreiben, und er funktioniert genauso gut). Anders herum können Sie JSX auch ohne React verwenden (der Funktionsaufruf `React.createElement`, zu dem die JSX-Tags kompiliert werden, ist konfigurierbar). Die Kombination aus beiden ist dagegen geradezu magisch und macht das Schreiben von Views zu einem Vergnügen und zudem noch sehr, sehr sicher.

TSX = JSX + TypeScript

Dateien, die JSX enthalten, verwenden die Dateiendung *.jsx*. TypeScript-Dateien, die JSX enthalten, verwenden die Endung *.tsx*. TSX verhält sich zu JSX wie TypeScript zu JavaScript: Es ist eine Sicherheits- und Hilfsschicht, die während der Kompilierung greift und Ihnen hilft, produktiver zu sein und weniger Fehler zu machen. Um die TSX-Unterstützung für Ihr Projekt zu aktivieren, fügen Sie folgende Zeilen zu Ihrer *tsconfig.json* hinzu:

```
{
  "compilerOptions": {
    "jsx": "react"
  }
}
```

Die `jsx`-Direktive besaß beim Schreiben dieses Buchs drei verschiedene Modi:

`react`
: JSX wird unter Verwendung des JSX-Pragmas (standardmäßig `React.createElement`) zu einer *.js*-Datei kompiliert.

`react-native`
: JSX ohne Kompilierung erhalten, aber eine Datei mit *.js*-Endung ausgeben.

`preserve`
: Typechecking für JSX durchführen, aber nicht wegkompilieren. Datei mit *.jsx*-Endung ausgeben.

Hinter den Kulissen stellt TypeScript einige leicht integrierbare Hooks für die Typisierung von TSX bereit. Dies sind spezielle Typen im `global.JSX`-Namensraum, den TypeScript als »Quelle der Wahrheit« für TSX-Typen in Ihrem Programm betrachtet. Wenn Sie nur React verwenden, müssen Sie gar nicht so tief gehen. Wenn Sie dagegen eine eigene TypeScript-Bibliothek erstellen, die TSX (aber nicht React) verwendet – oder wenn Sie einfach nur neugierig sind, wie die React-Typdeklarationen funktionieren –, dann finden Sie weitere Informationen unter Anhang G.

TSX mit React verwenden

Mit React können zwei Arten von Komponenten deklariert werden: Funktionskomponenten und Klassenkomponenten. Beide Arten übernehmen bestimmte Eigenschaften und rendern TSX. Aus Sicht des Consumers sind sie identisch.

Die Deklaration und das Rendern von Funktionskomponenten sieht so aus:

```
import React from 'react' ❶

type Props = { ❷
  isDisabled?: boolean
  size: 'Big' | 'Small'
  text: string
  onClick(event: React.MouseEvent<HTMLButtonElement>): void ❸
}

export function FancyButton(props: Props) { ❹
  const [toggled, setToggled] = React.useState(false) ❺
  return <button
    className={'Size-' + props.size}
    disabled={props.isDisabled || false}
    onClick={event => {
      setToggled(!toggled)
```

```
      props.onClick(event)
    }}
  >{props.text}</button>
}

let button = <FancyButton ❻
  size='Big'
  text='Sign Up Now'
  onClick={() => console.log('Clicked!')}
/>
```

❶ Um TSX mit React nutzen zu können, müssen wir zuerst die React-Variable in den aktuellen Geltungsbereich bringen. Da TSX in React.createElement-Funktionsaufrufe kompiliert wird, müssen wir React importieren, damit es zur Laufzeit auch definiert ist.

❷ Wir beginnen mit der Deklaration bestimmter »Props« (»Requisiten«), die wir unserer FancyButton-Komponente übergeben können. Props ist dabei immer ein Objekttyp, der per Konvention Props genannt wird. Für unseren FancyButton ist isDisabled optional, während alle anderen Props erforderlich sind.

❸ React besitzt eigene Wrapper-Typen für DOM-Events. Wenn Sie React-Events verwenden, müssen Sie sicherstellen, dass die Event-Typen von React verwendet werden und *nicht* die regulären DOM-Event-Typen.

❹ Eine Funktionskomponente ist eine einfache Funktion, die maximal einen Parameter besitzt (das props-Objekt) und einen von React renderbaren Typ zurückgibt. React ist dabei freizügig und kann eine Vielzahl von Typen rendern: TSX, Strings, Zahlen, boolesche Werte, null und undefined.

❺ Wir verwenden den React-Hook useState, um einen lokalen Zustand für eine Funktionskomponente zu deklarieren. useState gehört zu einer Reihe von React-Hooks, die Sie zu neuen, eigenen Hooks kombinieren können. Da wir hier false als Startwert für useState übergeben haben, konnte TypeScript ableiten, dass der Zustand den Typ boolean hat. Hätten wir dagegen einen Typ benutzt, den TypeScript nicht ableiten kann – etwa ein Array –, hätten wir den Typ explizit binden müssen (z.B. mit useState<number[]>;([])).

❻ Wir benutzen TSX, um eine Instanz von FancyButton zu erstellen. Die <FancyButton />-Syntax ist fast identisch mit dem Aufruf von FancyButton, aber die Verwaltung des Lebenszyklus von FancyButton erledigt React für uns.

Das ist alles. TypeScript sorgt dabei für Folgendes:

- JSX ist korrekt formatiert. Tags sind geschlossen und korrekt verschachtelt. Tag-Namen sind korrekt geschrieben.
- Bei der Instanziierung eines <FancyButton /> werden alle nötigen und optionalen Props an FancyButton übergeben (size, text und onClick). Alle Props sind korrekt typisiert.
- Es werden keine überflüssigen Props an FancyButton übergeben, sondern nur die wirklich benötigten.

Eine Klassenkomponente sieht so ähnlich aus:

```
import React from 'react' ❶
import {FancyButton} from './FancyButton'

type Props = { ❷
  firstName: string
  userId: string
}

type State = { ❸
  isLoading: boolean
}

class SignupForm extends React.Component<Props, State> { ❹
  state = { ❺
    isLoading: false
  }
  render() { ❻
    return <> ❼
      <h2>Sign up for a 7-day supply of our tasty
          toothpaste now, {this.props.firstName}.</h2>
      <FancyButton
        isDisabled={this.state.isLoading}
        size='Big'
        text='Sign Up Now'
        onClick={this.signUp}
      />
    </>
  }
  private signUp = async () => { ❽
    this.setState({isLoading: true})
    try {
      await fetch('/api/signup?userId=' + this.props.userId)
    } finally {
      this.setState({isLoading: false})
    }
  }
}

let form = <SignupForm firstName='Albert' userId='13ab9g3' /> ❾
```

❶ Wie zuvor importieren wir `React`, um es in den aktuellen Geltungsbereich zu bringen.

❷ Wie zuvor deklarieren wir einen `Props`-Typ, um zu definieren, welche Daten bei der Erzeugung von `<SignupForm />` übergeben werden müssen.

❸ Wir deklarieren den Typ `State` (Zustand), um den lokalen Zustand unserer Komponente abzubilden.

❹ Um eine Klassenkomponente zu deklarieren, erweitern wir die Basisklasse `React.Component`.

❺ Wir verwenden einen Property-Initializer, um Standardwerte für den lokalen Zustand zu deklarieren.

❻ Wie bei Funktionskomponenten gibt die `render`-Methode einer Klassenkomponente etwas zurück, das von React gerendert werden kann: TSX, einen String, eine Zahl, einen booleschen Wert, `null` oder `undefined`.

❼ Mithilfe der speziellen `<>...</>`-Schreibweise unterstützt TSX die Verwendung von *Fragmenten*. Ein Fragment ist ein namenloses TSX-Element, das anderen TSX-Code umgibt. Hiermit kann das Rendern zusätzlicher DOM-Elemente verhindert werden, falls nur ein einzelnes TSX-Element zurückgegeben werden soll. So muss beispielsweise die `render`-Methode einer React-Komponente ein einzelnes TSX-Element zurückgeben. Hierfür könnten wir unseren Code mit einem `<div>` oder irgendeinem anderen Element umgeben. Das hätte aber einen unnötigen Aufwand beim Rendering bedeutet.

❽ Um sicherzustellen, dass `this` in der Funktion nicht neu gebunden wird, definieren wir `signUp` hier mit einer Pfeil-Funktion.

❾ Zum Schluss instanziieren wir unser `SignupForm`. Bei der Instanziierung von Funktionskomponenten hätten wir das auch direkt per `new` machen können: `new SignupForm({firstName: 'Albert', userId: '13ab9g3'})`. Dann wäre React allerdings nicht in der Lage, den Lebenszyklus der `SignupForm`-Instanz für uns zu verwalten.

Wie Sie sehen, haben wir in unserem Beispiel wertbasierte (`FancyButton`, `SignupForm`) und intrinsische Komponenten (`section`, `h2`) miteinander vermischt. Dabei benutzen wir TypeScript, um zum Beispiel Folgendes zu verifizieren:

- dass alle erforderlichen Zustandsfelder entweder im `state`-Initializer oder im Konstruktor definiert wurden.
- dass alle Dinge, auf die wir an `props` und `state` zugreifen, tatsächlich existieren und den erwarteten Typ haben.
- dass wir `this.state` nicht direkt schreiben, weil Zustandsaktualisierungen in React durch die `setState`-API ausgeführt werden müssen.
- dass der Aufruf von `render` wirklich JSX zurückgibt.

Mit TypeScript können Sie Ihren React-Code sicherer machen. Das wird Sie zwangsläufig zu einem besseren und glücklicheren Menschen machen.

Wir haben hier nicht das `PropTypes`-Feature von React genutzt. Dies ist eine Möglichkeit, Prop-Typen während der Laufzeit zu deklarieren und zu überprüfen. Da TypeScript die Typen für uns bereits bei der Kompilierung überprüft, müssen wir das nicht noch einmal tun.

Angular 6/7

Ein Beitrag von Shyam Seshadri

Angular hat einen größeren Funktionsumfang als React. Es kann nicht nur Views rendern, es ist auch in der Lage, Netzwerkanfragen zu verschicken und zu verwalten, es beherrscht Routing und Dependency Injection. Es wurde von Grund auf für die Zusammenarbeit mit TypeScript entwickelt (tatsächlich ist das Framework selbst in TypeScript geschrieben).

Ein zentraler Bestandteil der Arbeitsweise von Angular ist der in Angular CLI (die Kommandozeilen-Schnittstelle) integrierte *Ahead-of-Time-(AoT-)Compiler*. Er benutzt die von Ihnen übergebenen Typinformationen, um den Code in reguläres JavaScript zu kompilieren. Anstatt TypeScript direkt aufzurufen, wendet Angular einen ganzen Sack voller Optimierungen und Transformierungen auf Ihren Code an, bevor es schließlich an TypeScript übergibt und ihn in JavaScript kompiliert.

Wir wollen einmal sehen, wie Angular TypeScript und seinen AoT-Compiler benutzt, um ein sicheres Schreiben von Frontend-Applikationen zu ermöglichen.

Das Grundgerüst

Um ein neues Angular-Projekt zu initialisieren, muss zunächst global das Angular-CLI über NPM installiert werden:

```
npm install @angular/cli --global
```

Danach können Sie das Angular-CLI benutzen, um eine neue Angular-Applikation zu initialisieren:

```
ng new my-angular-app
```

Wenn Sie den Anweisungen folgen, richtet Angular-CLI ein einfaches Angular-Applikations-Grundgerüst (»scaffold«) für Sie ein.

Wir werden hier nicht im Einzelnen auf die Struktur, Konfiguration oder Ausführung einer Angular-Applikation eingehen. Detaillierte Informationen finden Sie in der offiziellen Angular-Dokumentation (*https://angular.io/docs*).

Komponenten

Jetzt wollen wir eine Angular-Komponente erstellen. Sie haben große Ähnlichkeit mit React-Komponenten und können für die Beschreibung der DOM-Struktur, Stildefinitionen und des Controllers der Komponente verwendet werden. Bei Angular erzeugen Sie das Grundgerüst der Komponente mit dem Angular CLI und ergänzen die Details danach von Hand. Eine Angular-Komponente besteht aus mehreren Dateien:

- Ein Template, das das von der Komponente gerenderte DOM beschreibt
- CSS-Stildefinitionen
- Eine Komponentenklasse. Dies ist eine TypeScript-Klasse, die die Anwendungslogik Ihrer Komponente definiert.

Wir beginnen mit der Komponentenklasse:

```
import {Component, OnInit} from '@angular/core'

@Component({
```

```
  selector: 'simple-message',
  styleUrls: ['./simple-message.component.css'],
  templateUrl: './simple-message.component.html'
})
export class SimpleMessageComponent implements OnInit {
  message: string
  ngOnInit() {
    this.message = 'No messages, yet'
  }
}
```

Im Großen und Ganzen ist das eine ziemlich normale TypeScript-Klasse. Allerdings gibt es auch ein paar Unterschiede dabei, wie Angular TypeScript nutzt. Das sind:

- Angulars Lifecyle-Hooks stehen als TypeScript-Interfaces zur Verfügung. Sie brauchen nur anzugeben, welche Sie `implementieren` wollen (`ngOnChanges`, `ngOnInit` etc.). Danach sorgt TypeScript dafür, dass Sie Methoden implementieren, die mit den gewünschten Lifecycle-Hooks zusammenpassen. In diesem Beispiel haben wir das `OnInit`-Interface implementiert, für das wiederum die Implementierung der `ngOnInit`-Methode erforderlich ist.
- Um Metadaten für die Angular-Komponenten, -Dienste und -Module zu deklarieren, setzt Angular sehr stark auf TypeScript-Dekoratoren (siehe »Dekoratoren« auf Seite 106). In diesem Beispiel haben wir einen `selector` verwendet, um zu deklarieren, wie unsere Komponente verwendet wird. Außerdem haben wir `templateUrl` und `styleUrls` benutzt, um eine HTML-Schablone und Stylesheets in unsere Komponente einzubinden.

TSC-Flag: fullTemplateTypeCheck

Um das Typechecking für Angular-Templates zu aktivieren (und das sollten Sie!), setzen Sie `fullTemplateTypeCheck` in Ihrer *tsconfig.json* auf `true`:

```
{
  "angularCompilerOptions": {
    "fullTemplateTypeCheck": true
  }
}
```

Beachten Sie, dass `angularCompilerOptions` keine Optionen für TSC selbst festlegt. Stattdessen werden hiermit Compiler-Flags für den AoT-Compiler von Angular definiert.

Dienste

Angular besitzt einen eingebauten *Dependency Injector* (DI, ein »Abhängigkeits-Einfüger«). Dadurch kann das Framework Dienste instanziieren und als Argumente an abhängige Komponenten und Dienste weitergeben. Das kann die Instanziierung und das Testen von Diensten erleichtern.

Zur Illustration wollen wir `SimpleMessageComponent` so erweitern, dass eine Abhängigkeit namens `MessageService` eingefügt wird, die Nachrichten vom Server holt:

```
import {Component, OnInit} from '@angular/core'
import {MessageService} from '../services/message.service'

@Component({
  selector: 'simple-message',
  templateUrl: './simple-message.component.html',
  styleUrls: ['./simple-message.component.css']
})
export class SimpleMessageComponent implements OnInit {
  message: string
  constructor(
    private messageService: MessageService
  ) {}
  ngOnInit() {
    this.messageService.getMessage().subscribe(response =>
      this.message = response.message
    )
  }
}
```

Der Angular-AoT-Compiler sieht sich die Parameter des Konstruktors Ihrer Komponente an und pflückt sich ihre Typen heraus (z.B. `MessageService`). Dann durchsucht er die Abhängigkeitsliste des entsprechenden Dependency Injectors nach einer Abhängigkeit des angegebenen Typs. Falls noch nicht geschehen, instanziiert er daraufhin diese Abhängigkeit (per `new`) und übergibt sie an den Konstruktor der `SimpleMessageComponent`-Instanz. Dieses ganze DI-Zeug ist ziemlich kompliziert. Es kann aber sehr bequem sein, wenn Ihre Applikation wächst und Sie, je nach ihrer Konfiguration, mehrere verschiedene Abhängigkeiten verwenden (z.B. `ProductionAPIService` oder `DevelopmentAPIService`) oder die Applikation testen wollen (`MockAPIService`).

Werfen wir schnell noch einen Blick darauf, wie ein Dienst definiert wird:

```
import {Injectable} from '@angular/core'
import {HttpClient} from '@angular/common/http'

@Injectable({
  providedIn: 'root'
})
export class MessageService {
  constructor(private http: HttpClient) {}
  getMessage() {
    return this.http.get('/api/message')
  }
}
```

Immer wenn wir in Angular einen Dienst erstellen, benutzen wir erneut TypeScript-Dekoratoren, um sie als etwas zu registrieren, dass `Injectable` (einfügbar) ist. Außerdem definieren wir, ob der Dienst auf Root-Ebene oder als Submodul bereitgestellt wird. Hier haben wir den Dienst `MessageService` registriert. Dadurch können wir ihn an beliebiger Stelle in die Applikation einfügen. Im Konstruktor einer beliebigen Komponente oder eines Diensts können wir einfach einen `MessageService` anfordern, und Angular kümmert sich auf magische Weise um seine Integration.

Nachdem wir diese beiden beliebten Frontend-Frameworks aus dem Weg geschafft haben, können wir uns jetzt darum kümmern, die Schnittstelle zwischen Front- und Backend zu typisieren.

Typsichere APIs

Ein Beitrag von Nick Nance

Unabhängig davon, für welche Front- und Backend-Frameworks Sie sich entscheiden, werden Sie auf sichere Weise zwischen Rechnern kommunizieren wollen – von Client zu Server, von Server zu Client, von Server zu Server, von Client zu Client.

In diesem Bereich sind die Softwarewerkzeuge eher dünn gesät. Bevor wir darauf eingehen, welche das sind, wollen wir überlegen, wie wir unsere eigene Lösung erstellen würden und welche Vor- und Nachteile das haben würde (schließlich sind wir Software-Ingenieure).

Wir wollen folgendes Problem lösen: Selbst wenn unsere Clients und Server 100 % typsicher sind – wahre Bastionen der Sicherheit –, müssen sie irgendwann über untypisierte Netzwerkprotokolle wie HTTP, TCP oder andere Socket-basierte Protokolle miteinander kommunizieren. Wie können wir diese Kommunikation typsicher machen?

Ein guter Startpunkt könnte ein typsicheres Protokoll sein, z. B. das in »Typsichere Protokolle« auf Seite 196 entwickelte. Eine Möglichkeit könnte so aussehen:

```
type Request =
  | {entity: 'user', data: User}
  | {entity: 'location', data: Location}

// client.ts
async function get<R extends Request>(entity: R['entity']): Promise<R['data']> {
  let res = await fetch(/api/${entity})
  let json = await res.json()
  if (!json) {
    throw ReferenceError('Empty response')
  }
  return json
}

// app.ts
async function startApp() {
  let user = await get('user')  // User
}
```

Sie könnten aufeinander abgestimmte `post`- und `put`-Funktionen schreiben, die mit Ihrer REST-API kommunizieren und für jede vom Server unterstützte Entity einen passenden Typ hinzufügen. Im Backend implementieren Sie für jede Entity einen entsprechenden Handler, der dem jeweiligen Client die gewünschten Daten aus der Datenbank zurückgibt.

Was passiert aber, wenn Ihr Server nicht in TypeScript geschrieben ist oder Sie Ihren `Request`-Typ nicht zwischen Client und Server austauschen können (wodurch beide nach und nach die Synchronisierung verlieren). Was passiert, wenn Sie nicht REST, sondern beispielsweise GraphQL verwenden, oder wenn zusätzliche Clients unterstützt werden müssen, zum Beispiel Swift-Clients unter iOS oder Java-Clients unter Android?

An dieser Stelle kommen typisierte, Code-generierte APIs ins Spiel. Es gibt sie in vielen verschiedenen Geschmacksrichtungen. Jede besitzt Bibliotheken in verschiedenen Sprachen (inklusive TypeScript), beispielsweise:

- Swagger (*https://github.com/swagger-api/swagger-codegen*) für REST-APIs
- Apollo (*https://www.npmjs.com/package/apollo*) und Relay (*https://facebook.github.io/relay/*) für GraphQL
- gRPC (*https://grpc.io/*) und Apache Thrift (*https://thrift.apache.org/*) für RPC

Diese Werkzeuge verlassen sich auf eine »gemeinsame Quelle der Wahrheit« für Server und Clients – Datenmodelle für Swagger, GraphQL-Schemata für Apollo, Protokollpuffer für gRPC –, die dann in sprachspezifische Bindungen für die jeweils verwendete Sprache kompiliert werden (in unserem Fall TypeScript).

Diese Codeerzeugung verhindert, dass weder Client noch Server (oder mehrere Clients) die Synchronisierung verlieren. Da alle Plattformen ein gemeinsames Schema nutzen, wird der Fall nicht mehr auftreten, in dem Sie Ihre iOS-App aktualisiert haben, um ein bestimmtes Feld zu unterstützen, aber vergessen haben, beim Pull-Request »Merge« anzuklicken, um auch die nötige Server-Unterstützung hinzuzufügen.

Um jedes Framework im Detail zu betrachten, bräuchten wir ein eigenes Buch. Suchen Sie sich ein Framework für Ihr Projekt aus und lesen Sie die jeweilige Dokumentation, um mehr zu erfahren.

Backend-Frameworks

Soll eine Applikation mit einer Datenbank kommunizieren, könnten Sie mit ein paar einfachen SQL- oder API-Aufrufen anfangen, die erst einmal nicht typisiert sind:

```
// PostgreSQL, verwendet hier node-postgres
let client = new Client
let res = await client.query(
  'SELECT name FROM users where id = $1',
  [739311]
) // 'any'

// MongoDB, verwendet hier node-mongodb-native
db.collection('users')
  .find({id: 739311})
  .toArray((err, user) =>
    // user ist 'any'
  )
```

Mit nur wenig Tipparbeit können Sie diese APIs absichern und die meisten der anys loswerden:

```
db.collection('users')
  .find({id: 739311})
  .toArray((err, user: User) =>
    // user ist 'any'
  )
```

Trotzdem sind reine SQL-APIs ziemlich krude. Leicht verwendet man den falschen Typ oder vergisst ihn ganz, und schon hat man eine Reihe von anys.

Und da kommen *objektrelationale Mapper* (ORMs) ins Spiel. ORMs verwenden Ihr Datenbankschema, um daraus Code zu erzeugen. Dadurch erhalten Sie eine High-Level-API, über die Abfragen, Aktualisierungen und Löschungen etc. vorgenommen werden können. In statisch typisierten Sprachen sind diese APIs typsicher, und Sie müssen sich nicht darum kümmern, ob etwas korrekt typisiert ist oder generische Typparameter manuell gebunden werden müssen.

Wenn Sie über TypeScript auf Ihre Datenbank zugreifen, sollten Sie überlegen, einen ORM zu verwenden. Beim Schreiben dieses Buchs ist TypeORM (*https://www.npmjs.com/package/typeorm*) von Umed Khudoiberdiev der vollständigste ORM für TypeScript. Er unterstützt MySQL, PostgreSQL, Microsoft SQL Server, Oracle und sogar MongoDB. Eine Abfrage nach dem Vornamen eines Benutzer könnte mit TypeORM etwa so aussehen:

```
let user = await UserRepository
  .findOne({id: 739311}) // User | undefined
```

Beachten Sie die High-Level-API, die sicher (indem sie beispielsweise SQL-Injection-Angriffe verhindert) und typsicher ist (weil wir wissen, was der Typ `findOne` zurückgibt, ohne es manuell annotieren zu müssen). Verwenden Sie bei der Arbeit mit Datenbanken grundsätzlich einen ORM. Es ist bequemer, und Sie werden seltener um vier Uhr morgens aus dem Bett geklingelt, wenn das `saleAmount`-Feld `null` ist, weil Sie es die Nacht zuvor mit `orderAmount` aktualisiert haben und ein Mitarbeiter Ihre Datenbankmigration schon mal durchgeführt hat, weil er schon auf Ihren Pull Request gewartet hat, während Sie unterwegs waren. Gegen Mitternacht ist der Pull Request dann fehlgeschlagen, obwohl die Migration erfolgreich war, und das Sales-Team in New York wachte auf, nur um festzustellen, dass sämtliche Kundenbestellungen genau *null* Dollar betragen (das ist einem ...»Freund«... wirklich passiert).

Zusammenfassung

In diesem Kapitel haben wir eine Vielzahl an Punkten behandelt: das direkte Verändern des DOM, die Verwendung von React und Angular, die Verwendung von Werkzeugen, um APIs typsicher zu machen, wie Swagger, gRPC und GraphQL, sowie die Verwendung von TypeORM für sichere Interaktionen mit Ihrer Datenbank.

JavaScript-Frameworks ändern sich sehr schnell. Wenn Sie das hier lesen, sind die beschriebenen APIs und Frameworks vielleicht schon auf dem Weg, Museumsstücke zu werden. Benutzen Sie Ihre neu gefundene Intuition, um *herauszufinden, welche Probleme typsichere Frameworks lösen*. So können Sie die Arbeit anderer Leute zu Ihrem Vorteil nutzen und Ihren Code sicherer, abstrakter und modularer machen. In diesem Kapitel geht es nicht darum, zu zeigen, welches Framework 2019 das beste ist, sondern welche Art von Problemen besser mit Frameworks gelöst werden können.

Mit der Kombination aus typsicherem UI-Code, einer typisierten API-Schicht und einem typsicheren Backend können Sie ganze Kategorien von Fehlern aus Ihrer Applikation ausschließen und im Ergebnis nachts besser schlafen.

KAPITEL 10

Namensräume.Module

Wenn Sie ein Programm schreiben, können Sie die Verkapselung auf verschiedenen Ebenen umsetzen. Auf unterster Eben verkapseln Funktion bestimmtes Verhalten und Datenstrukturen wie Objekte, während Listen Daten verkapseln. Danach können Sie die Funktionen und Daten zu Klassen gruppieren oder sie als Hilfsfunktionen mit einem eigenen Namensraum, mit eigener Datenbank oder als Datenspeicher auslagern. Üblicherweise verwendet man dabei eine einzelne Klasse oder einen Satz von Hilfsfunktionen pro Datei. Auf höherer Ebene könnten Sie mehrere Klassen oder Hilfsfunktionen zu einem Package zusammenfassen, das Sie per NPM veröffentlichen.

Wenn wir von Modulen sprechen, müssen wir unterscheiden, wie der Compiler (TSC) oder Ihr Build-System (Webpack, Gulp etc.) Module auflöst und wie die Module zur Laufzeit tatsächlich in Ihrer Applikation geladen werden (`<script />`-Tags, SystemJS etc.). In JavaScript werden diese Aufgaben üblicherweise von separaten Programmen erledigt. Dadurch werden Erwägungen zu Modulen nicht unbedingt einfacher. Die Modulstandards CommonJS und ES2015 erleichtern die Zusammenarbeit der drei Programme, während Modul-Bundler wie Webpack helfen, die drei Arten der Auflösung, die hinter den Kulissen passieren, zu abstrahieren.

In diesem Kapitel geht es hauptsächlich um die erste Form dieser drei Programme: die Auflösung und Kompilierung von Modulen durch TypeScript. Eine detaillierte Diskussion über die Funktionsweise von Build-Systemen und Runtime-Loadern im Bezug auf Module finden Sie in Kapitel 12. Hier geht es um folgende Themen:

- Die verschiedenen Wege, Ihren Code mit bestimmten Namensräumen zu versehen und zu modularisieren.
- Die verschiedenen Möglichkeiten, Code zu im- und exportieren.
- Die Skalierung dieser Ansätze, wenn Ihre Codebasis wächst.
- Modulmodus im Vergleich mit Skriptmodus.
- Was kombinierte Deklarationen (»declaration merging«) sind und was Sie damit tun können.

Aber zuerst ein bisschen Hintergrundinformation.

Eine kurze Geschichte der JavaScript-Module

Da TypeScript zu JavaScript kompiliert und damit interoperabel ist, muss es auch die verschiedenen von JavaScript-Programmierern verwendeten Modulstandards unterstützen.

Am Anfang (1995) besaß JavaScript noch keinerlei Unterstützung für Modulsysteme. Ohne Module wurde alles im globalen Namensraum deklariert. Dadurch wurden die Erstellung und das Skalieren von Applikation stark erschwert. Schnell konnten Variablennamen knapp werden, oder es kam zu Kollisionen zwischen verschiedenen Namen. Ohne explizite APIs für jedes Modul ist es schwer, herauszufinden, welche Teile des Moduls Sie tatsächlich benutzen sollen und welche Teile private Implementierungsdetails sind.

Um diese Probleme zu lösen, simulierte man Module entweder anhand von Objekten oder über *sofort ausgeführte Funktionsausdrücke* (*Immediately Invoked Function Expressions*, IIFEs). Anschließend wurden sie der globalen Variablen `window` zugewiesen, wodurch sie von anderen Modulen einer Applikation (bzw. anderen auf der gleichen Webseite gehosteten Applikationen) genutzt werden konnten. Das sah ungefähr so aus:

```
window.emailListModule = {
  renderList() {}
  // ...
}

window.emailComposerModule = {
  renderComposer() {}
  // ...
}

window.appModule = {
  renderApp() {
    window.emailListModule.renderList()
    window.emailComposerModule.renderComposer()
  }
}
```

Da das Laden und Ausführen von JavaScript das UI des Browsers blockiert, wurde der Browser des Benutzers mit dem Wachsen einer Applikation und ihres Codes immer langsamer. Daher begannen schlaue Programmierer, JavaScript nach dem Laden der eigentlichen Seite bei Bedarf dynamisch nachzuladen und nicht mehr alles auf einmal vorzuhalten. Fast 10 Jahre nach der ersten Veröffentlichung von JavaScript enthielten Dojo (Alex Russell, 2004), YUI (Thomas Sha, 2005) und LABjs (Kyle Simpson, 2009) Modul-Loader, mit denen JavaScript-Code erst nach dem Laden der Seite selbst, bei Bedarf – »lazy« (und oftmals asynchron) eingebunden werden konnte. Dieses »faule« und asynchrone Laden von Modulen hatte drei Konsequenzen:

1. Module mussten gut verkapselt sein. Ansonsten konnte es passieren, dass eine Seite beim Laden von Abhängigkeiten abstürzt.
2. Die Abhängigkeiten zwischen Modulen mussten explizit sein. Ansonsten konnte man nicht herausfinden, welche Module in welcher Reihenfolge geladen werden müssen.
3. Jedes Modul brauchte einen einmaligen Identifier innerhalb der Applikation. Ansonsten gibt es keinen verlässlichen Weg, anzugeben, welche Module geladen werden müssen.

Das Laden eines Moduls mit LABjs sah beispielsweise so aus:

```
$LAB
  .script('/emailBaseModule.js').wait()
  .script('/emailListModule.js')
  .script('/emailComposerModule.js')
```

Ungefähr zur gleichen Zeit wurde NodeJS (Ryan Dahl, 2009) entwickelt. Seine Entwickler hatten aus den wachsenden Problemen von JavaScript und anderen Sprachen gelernt. Daher entschieden sie sich, ein Modulsystem direkt in die Plattform zu integrieren. Wie bei jedem guten Modulsystem musste es die gleichen drei Kriterien erfüllen wie die Loader von LABjs und YUI. NodeJS verwendete hier den CommonJS-Modulstandard, der so aussah:

```
// emailBaseModule.js
var emailList = require('emailListModule')
var emailComposer = require('emailComposerModule')

module.exports.renderBase = function() {
  // ...
}
```

In der Zwischenzeit gewann der von Dojo und RequireJS vorangetriebene AMD-Modulstandard (James Burke, 2008) an Fahrt. Er unterstütze eine ähnliche Funktionalität und besaß ein eigenes Build-System für das Bundling von JavaScript-Code:

```
define('emailBaseModule',
  ['require', 'exports', 'emailListModule', 'emailComposerModule'],
  function(require, exports, emailListModule, emailComposerModule) {
    exports.renderBase = function() {
      // ...
    }
  }
)
```

Ein paar Jahre später kam Browserify heraus (James Halliday, 2011). Dadurch erhielten Frontend-Entwickler die Möglichkeit, CommonJS auch im Frontend zu benutzen. CommonJS wurde der De-facto-Standard für das Bundling von Modulen sowie als Syntax für Importe und Exporte.

In einigen Bereichen gab es mit CommonJS allerdings Probleme. Hierzu gehört, dass `require`-Aufrufe grundsätzlich synchron ablaufen und dass der CommonJS-Algorithmus für das Auflösen der Module für das Web nicht ideal ist. Hinzu kommt, dass Code, der CommonJS verwendet, in manchen Fällen nicht statisch analysierbar ist (als TypeScript-Programmierer sollten Sie an dieser Stelle besonders hellhörig werden). Der Grund ist, dass `module.exports` überall vorkommen kann (selbst in toten Codezweigen, die niemals erreicht werden). Aufrufe von `require` können ebenfalls an beliebiger Stelle vorkommen und beliebige Strings und Ausdrücke enthalten. Dadurch ist es unmöglich, ein JavaScript-Programm statisch zu linken und zu verifizieren, ob all die referenzierten Dateien tatsächlich existieren und exportieren, was sie vorgeben zu exportieren.

Vor diesem Hintergrund führte ES2015, die sechste Ausgabe der Sprache ECMAScript, einen neuen Standard für Im- und Exporte ein. Er besaß eine klare Syntax und konnte statisch analysiert werden. Das sah dann so aus:

```
// emailBaseModule.js
import emailList from 'emailListModule'
import emailComposer from 'emailComposerModule'

export function renderBase() {
  // ...
}
```

Dies ist der Standard, der heute in JavaScript und TypeScript verwendet wird. Beim Schreiben dieses Buchs wurde der Standard allerdings noch nicht nativ von jeder JavaScript-Runtime unterstützt. Daher müssen wir den Code bei Bedarf in ein unterstütztes Format herunterkompilieren (CommonJS für NodeJS-Umgebungen, globale Variablen oder ein Modul-ladefähiges Format für Browser-Umgebungen).

TypeScript bietet mehrere Möglichkeiten, den Code eines Moduls einzubinden und zu exportieren: mit globalen Deklarationen, über die standardmäßigen `import`- und `export`-Anweisungen aus ES2015 und mit rückwärtskompatiblen `import`-Aufrufen aus CommonJS-Modulen. Zusätzlich können wir mit dem Build-System von TSC Module für eine Vielzahl von Umgebungen kompilieren: globale Variablen, ES2015, CommonJS, AMD, SystemJS oder UMD (eine Mischung aus CommonJS und AMD – je nachdem, was in der Umgebung des Consumers zur Verfügung steht).

import, export

Solange Sie nicht vor einem Rudel Wölfe um Ihr Leben laufen, sollten Sie in Ihrem TypeScript-Code die `import`- und `export`-Anweisungen aus ES2015 verwenden und auf die Benutzung von CommonJS-, globalen oder Namensraum-basierten Modulen verzichten. Sie sehen aus wie ganz normaler JavaScript-Code:

```
// a.ts
export function foo() {}
export function bar() {}

// b.ts
import {foo, bar} from './a'
foo()
export let result = bar()
```

Der ES2015-Modulstandard unterstützt Standard-(»default«-)Exporte:

```
// c.ts
export default function meow(loudness: number) {}

// d.ts
import meow from './c' // Note the lack of {curlies}
meow(11)
```

Außerdem wird die Wildcard-Schreibweise (*) unterstützt, mit der alles aus einem Modul importiert werden kann:

```
// e.ts
import * as a from './a'
a.foo()
a.bar()
```

Und das Re-Exportieren einiger (oder aller) Exporte eines Moduls:

```
// f.ts
export * from './a'
export {result} from './b'
export meow from './c'
```

Da wir TypeScript und nicht JavaScript schreiben, können wir Typen und Interfaces genauso exportieren wie Werte. Und da Typen und Werte in eigenen Namensräumen leben, ist es vollkommen in Ordnung, zwei Dinge mit dem gleichen Namen zu exportieren: eines auf Wertebene und eines auf Typebene. Wie bei anderem Code auch, leitet TypeScript selbstständig ab, ob Sie bei der Verwendung den Typ oder den Wert gemeint haben:

```
// g.ts
export let X = 3
export type X = {y: string}

// h.ts
import {X} from './g'

let a = X + 1          // X bezieht sich auf den Wert X
let b: X = {y: 'z'}    // X bezieht sich auf den Typ X
```

Modulpfade sind Dateinamen im Dateisystem. Das verknüpft die Module mit ihrer Position im Dateisystem, ist aber ein wichtiges Merkmal für Modul-Loader, die diese Organisation kennen müssen, um Modulnamen auf bestimmte Dateien umsetzen zu können.

Dynamische Importe

Je größer Ihre Applikation wird, desto länger dauert es bis zur initialen Darstellung.Das gilt besonders für Frontend-Applikationen, bei denen der Flaschenhals oftmals durch das Netzwerk bestimmt wird. Er kann aber auch bei Backend-Applikationen auftreten, die länger zum Starten brauchen, wenn Sie auf der oberen Ebene mehr Code importieren, der aus dem Dateisystem geladen, geparst, kompiliert und ausgewertet werden muss, während anderer Code am Laufen gehindert wird.

Im Frontend lässt sich das Problem zum Beispiel durch *Code Splitting* lösen (mal abgesehen davon, einfach weniger Code zu schreiben): Der Code wird auf eine Reihe automatisch erzeugter JavaScript-Dateien verteilt, anstatt alles in eine große Datei zu verpacken. Durch das Aufteilen können außerdem mehrere Stücke parallel geladen werden, wodurch einzelne Netzwerkanfragen nicht mehr so groß ausfallen (siehe Abbildung 10-1).

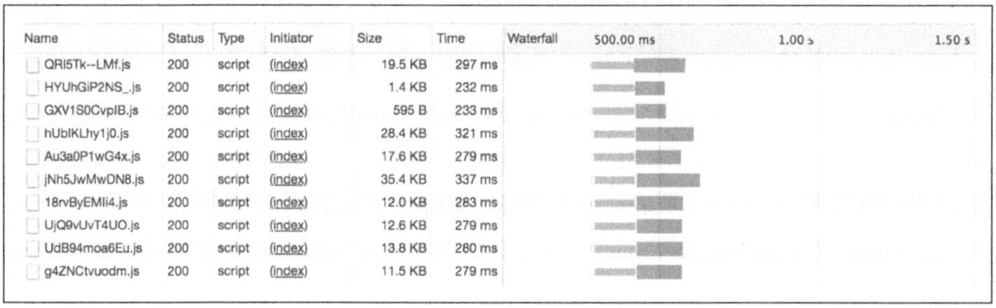

Name	Status	Type	Initiator	Size	Time	Waterfall 500.00 ms 1.00 s 1.50 s
QRI5Tk--LMf.js	200	script	(index)	19.5 KB	297 ms	
HYUhGiP2NS_.js	200	script	(index)	1.4 KB	232 ms	
GXV1S0CvpIB.js	200	script	(index)	595 B	233 ms	
hUbIKLhy1j0.js	200	script	(index)	28.4 KB	321 ms	
Au3a0P1wG4x.js	200	script	(index)	17.6 KB	279 ms	
jNh5JwMwDN8.js	200	script	(index)	35.4 KB	337 ms	
18rvByEMIi4.js	200	script	(index)	12.0 KB	283 ms	
UjQ9vUvT4UO.js	200	script	(index)	12.6 KB	279 ms	
UdB94moa6Eu.js	200	script	(index)	13.8 KB	280 ms	
g4ZNCtvuodm.js	200	script	(index)	11.5 KB	279 ms	

Abbildung 10-1: Netzwerk-Wasserfalldiagramm für JavaScript-Code, der von facebook.com geladen wird

Eine weitere Optimierung ist das »lazy loading« von Codestücken, die erst geladen werden, wenn sie tatsächlich gebraucht werden. Wirklich große Frontend-Applikationen, wie beispielsweise Facebook oder Google, verwenden diese Optimierung standardmäßig. Ansonsten könnte es passieren, dass Clients beim ersten Laden der Seite Gigabytes an JavaScript-Code laden, was Minuten oder gar Stunden dauern kann (einmal abgesehen von Nutzern, die auf die Verwendung solcher Dienste verzichten, sobald sie ihre Handyrechnung sehen).

Das »lazy loading« ist auch noch aus anderen Gründen sinnvoll. Die beliebte Bibliothek Moment.js (*https://momentjs.com*) für die Arbeit mit Kalenderdaten und Uhrzeiten enthält Pakete für jedes auf der Welt verwendete Datumsformat, nach locale getrennt. Jedes Paket ist ungefähr 3 KB groß. Das Laden aller Pakete für einen Benutzer würde die Performance und Bandbreite unnötig beeinträchtigen. Stattdessen ist es sinnvoll, die locale des Benutzers zu ermitteln und nur das wirklich benötigte Datumspaket zu laden.

LABjs und seine Geschwister haben das Konzept des »lazy loading« (Laden bei Bedarf) eingeführt. Durch *dynamische Importe* wurde es formalisiert. Es sieht so aus:

```
let locale = await import('locale_us-en')
```

Sie können `import` entweder als Anweisung verwenden, um Code statisch einzubinden (wie wir es bisher getan haben), oder als Funktion, die ein Promise für Ihr Modul zurückgibt (wie im oben stehenden Beispiel).

Wenn Sie `import` einen beliebigen Ausdruck übergeben, der zu einem String ausgewertet wird, verlieren Sie Ihre Typsicherheit. Um dynamische Importe sicher zu nutzen, müssen Sie mindestens einen der folgenden Schritte ausführen:

1. Ein Stringliteral direkt an `import` übergeben, ohne den String zuvor einer Variablen zuzuweisen.
2. Einen Ausdruck an `import` übergeben und die Signatur des Moduls manuell annotieren.

Wenn Sie die zweite Option verwenden, wird das Modul häufig statisch importiert, aber nur an einer Typposition verwendet. Dadurch kompiliert TypeScript den statischen Import weg (weitere Informationen finden Sie unter »Die types-Direktive« auf Seite 267). Zum Beispiel:

```
import {locale} from './locales/locale-us'

async function main() {
  let userLocale = await getUserLocale()
  let path = ./locales/locale-${userLocale}
  let localeUS: typeof locale = await import(path)
}
```

Hier haben wir `locale` aus *./locales/locale-us* importiert, es aber nur für seinen Typ verwendet, den wir per `typeof locale` ausgelesen haben. Das mussten wir tun, weil TypeScript den Typ von `import(path)` nicht statisch ermitteln konnte, denn `path` ist ein berechneter Wert und kein statischer String. Da wir `locale` nicht als Wert benutzt haben, sondern nur um ihren Typ zu ermitteln, hat TypeScript den statischen Import wegkompiliert (tatsächlich erzeugt TypeScript in diesem Beispiel überhaupt keine Top-Level-Exporte). So erhalten wir ausgezeichnete Typsicherheit und einen dynamisch berechneten Import.

TSC-Setting: module

TypeScript unterstützt dynamische Imports nur im `esnext`-Modulmodus. Um dynamische Imports nutzen zu können, verwenden Sie in den `compilerOptions` Ihrer *tsconfig.json* die Einstellung `{"module": "esnext"}`. Weitere Informationen finden Sie unter »TypeScript auf dem Server ausführen« auf Seite 263 und »TypeScript im Browser ausführen« auf Seite 263.

CommonJS und AMD Code verwenden

Wenn Sie ein JavaScript-Modul einbinden, das den CommonJS- oder AMD-Standard verwendet, können Sie die gewünschten Namen auf die gleiche Art wie bei ES2015-Modulen einfach importieren:

```
import {something} from './a/legacy/commonjs/module'
```

Normalerweise sind die Standardexporte von CommonJS nicht mit den Standardimporten von ES2015 interoperabel. Sie müssen also einen Wildcard-Import verwenden:

```
import * as fs from 'fs'
fs.readFile('some/file.txt')
```

Um die Kanten ein wenig zu glätten, können Sie in den `compilerOptions` Ihrer *tsconfig.json* die Einstellung `{"esModuleInterop": true}` angeben. Dadurch kann das Wildcard-Zeichen weggelassen werden:

```
import fs from 'fs'
fs.readFile('some/file.txt')
```

Wie zu Beginn des Kapitels gesagt: Selbst wenn dieser Code kompiliert, heißt das nicht, dass er auch zur Laufzeit funktioniert. Unabhängig davon, welche Modulstandard Sie verwenden – `import`/`export`, CommonJS, AMD, UMD oder globale Browservariablen –, Ihr Modul-Bundler und -Loader müssen das Format kennen, damit Sie Ihren Code bei der Kompilierung korrekt verpacken und aufteilen bzw. zur Laufzeit korrekt laden können. Mehr hierzu finden Sie unter Kapitel 12.

Modulmodus oder Skriptmodus

TypeScript kennt beim Parsen Ihrer TypeScript-Dateien zwei Modi: den *Modulmodus* und den *Skriptmodus*. TypeScript verwendet hier genau einen Anhaltspunkt: Enthält Ihre Datei irgendwelche `import`- oder `export`-Anweisungen? Falls ja, wird der Modulmodus verwenden.

Bisher haben wir den Modulmodus verwendet, und das werden Sie auch die meiste Zeit tun. Im Modulmodus benutzen Sie `import` oder `import()`, um Code aus anderen Dateien einzubinden, und `export`, um Ihren Code anderen Dateien zur Verfügung zu stellen. Sofern Sie UMD-Module von Drittherstellern verwenden (zur Erinnerung, UMD versucht, sich an die jeweilige Umgebung anzupassen, indem es, je nach Bedarf, CommonJS, RequireJS oder globale Browservariablen verwendet), können Sie deren globale Exporte nicht direkt nutzen, sondern müssen diese zuerst `import`ieren.

Im Skriptmode stehen auf der obersten Ebene deklarierte Variablen anderen Dateien Ihres Projekts ohne explizite Importe zur Verfügung. Gleichzeitig können Sie globale Exporte aus UMD-Modulen von Drittherstellern sicher einbinden, ohne sie vorher explizit zu importieren. Ein paar Anwendungsfälle sind:

- Schnelles Prototyping von Browsercode, den Sie komplett ohne Modulsystem kompilieren (`{"module": "none"}` in Ihrer *tsconfig.json*) und als reine `<script />`-Tags in Ihre HTML-Dateien einbinden wollen.
- Die Erstellung von Typdeklarationen (siehe »Typdeklarationen« auf Seite 234).

Sie werden fast immer den Modulmodus verwenden wollen. TypeScript wählt ihn automatisch für Sie aus, wenn Sie echten Code schreiben, der anderen Code per `import` einbindet oder anderen Dateien per `export` zur Verfügung stellt.

Namensräume

In TypeScript gibt es noch eine weitere Möglichkeit, Code zu verkapseln: mit dem Schlüsselwort `namespace` (»Namensraum«). Das Konzept der Namensräume dürfte Java-, C#-, C++-, PHP- und Python-Programmierern bekannt sein.

Wenn Sie von einer Sprache kommen, die Namensräume verwendet, sollten Sie wissen, dass TypeScript Namensräume zwar unterstützt, sie aber nicht der bevorzugte Weg für die Verkapselung von Code sind. Wenn Sie nicht sicher sind, ob Sie Namensräume oder Module verwenden sollen, verwenden Sie Module.

Namensräume abstrahieren die feinen Details, z.B. wie Dateien im Dateisystem organisiert sind. Sie müssen nicht wissen, dass Ihre `.mine`-Funktion im Ordner `schemes/scams/bitcoin/apps` liegt. Stattdessen können Sie auf einen kurzen, bequemen Namensraum darauf zugreifen, zum Beispiel: `Schemes.Scams.Bitcoin.Apps.mine`.[1]

Angenommen, wir haben zwei Dateien: ein Modul zum Ausführen von HTTP-GET-Requests und einen Consumer, der das Modul für die Durchführung von Requests nutzt:

```
// Get.ts
namespace Network {
  export function get<T>(url: string): Promise<T> {
    // ...
  }
}

// App.ts
namespace App {
  Network.get<GitRepo>('https://api.github.com/repos/Microsoft/typescript')
}
```

Ein Namensraum braucht einen Namen (z.B. `Network`) und kann Funktionen, Variablen, Typen, Interfaces und andere Namensräume exportieren. Sämtlicher Code innerhalb eines `namespace`-Blocks, der nicht explizit exportiert wird, ist für diesen Block privat. Da Namensräume andere Namensräume exportieren können, ist es einfach, verschachtelte Namensräume zu modellieren. Vielleicht wird unser `Network`-Modul langsam zu groß, und Sie wollen es in kleinere Submodule aufteilen. Das können wir über Namensräume erledigen:

1 Ich hoffe inständig, dass dieser Witz in Würde altert und ich es nicht bereue, nicht in Bitcoin investiert zu haben.

```
namespace Network {
  export namespace HTTP {
    export function get<T>(url: string): Promise<T> {
      // ...
    }
  }
  export namespace TCP {
    listenOn(port: number): Connection {
      //...
    }
    // ...
  }
  export namespace UDP {
    // ...
  }
  export namespace IP {
    // ...
  }
}
```

Jetzt liegen alle unsere Netzwerk-Hilfsfunktionen in eigenen Unter-Namensräumen unter `Network`. Diese lassen sich nun aus jeder anderen Datei als `Network.HTTP.get` oder `Network.TCP.listenOn` aufrufen. Interfaces können auf die gleiche Weise wie Namensräume erweitert (augmented) werden, wodurch sie leicht auf mehrere Dateien verteilt werden können. TypeScript fügt identisch benannte Namensräume rekursiv für uns zusammen:

```
// HTTP.ts
namespace Network {
  export namespace HTTP {
    export function get<T>(url: string): Promise<T> {
      // ...
    }
  }
}

// UDP.ts
namespace Network {
  export namespace UDP {
    export function send(url: string, packets: Buffer): Promise<void> {
      // ...
    }
  }
}

// MyApp.ts
Network.HTTP.get<Dog[]>('http://url.com/dogs')
Network.UDP.send('http://url.com/cats', new Buffer(123))
```

Wenn Ihre Namensraum-Hierarchien zu lang werden, können Sie *Aliase* verwenden, um eine Hierarchie zur leichteren Benutzung zu verkürzen. Beachten Sie, dass die Destrukturierung (wie beim Import von ES2015-Modulen) für Aliase nicht unterstützt wird.

```
// A.ts
namespace A {
  export namespace B {
    export namespace C {
      export let d = 3
    }
  }
}

// MyApp.ts
import d = A.B.C.d

let e = d * 3
```

Kollisionen

Kollisionen zwischen identisch benannten Exporten sind nicht erlaubt:

```
// HTTP.ts
namespace Network {
  export function request<T>(url: string): T {
    // ...
  }
}

// HTTP2.ts
namespace Network {
  // Error TS2393: Duplicate function implementation.
  export function request<T>(url: string): T {
    // ...
  }
}
```

Die Ausnahme für die »Keine Kollisionen«-Regel sind überladene ambiente Funktionsdeklarationen, die Sie zum Verfeinern von Funktionstypen verwenden können.

```
// HTTP.ts
namespace Network {
  export function request<T>(url: string): T
}

// HTTP2.ts
namespace Network {
  export function request<T>(url: string, priority: number): T
}

// HTTPS.ts
namespace Network {
  export function request<T>(url: string, algo: 'SHA1' | 'SHA256'): T
}
```

Kompilierte Ausgaben

Im Gegensatz zu Im- und Exporten haben die `module`-Einstellungen aus *tsconfig.json*'s für Namensräume keine Wirkung, die grundsätzlich zu globalen Variablen kompiliert werden. Wir begeben uns kurz hinter die Kulissen, um einen Blick auf die erzeugten Ausgaben zu werfen. Angenommen, wir haben folgendes Modul:

```
// Flowers.ts
namespace Flowers {
  export function give(count: number) {
    return count + ' flowers'
  }
}
```

`TSC` macht daraus die folgenden JavaScript-Ausgaben:

```
let Flowers
(function (Flowers) { ❶
  function give(count) {
    return count + ' flowers'
  }
  Flowers.give = give ❷
})(Flowers || (Flowers = {})) ❸
```

❶ `Flowers` wird innerhalb einer IIFE – einer Funktion, die sich sofort selbst aufruft – deklariert, um eine Closure zu erzeugen. Dadurch wird verhindert, dass nicht explizit exportierte Variablen aus dem `Flowers`-Modul »überlaufen«.

❷ TypeScript weist die exportierte `give`-Funktion dem Namensraum `Flowers` zu.

❸ Falls der `Flowers`-Namensraum bereits global definiert ist, erweitert TypeScript ihn (`Flowers`). Ansonsten erzeugt TypeScript den Namensraum und erweitert diesen (`Flowers = {}`).

Benutzen Sie nach Möglichkeit Module anstelle von Namensräumen

Anstelle von Namensräumen sollten Sie reguläre Module verwenden (die per `import` und `export` benutzt werden können). So halten Sie sich besser an die JavaScript-Standards und machen Ihre Abhängigkeiten expliziter.

Explizite Abhängigkeiten haben eine Menge Vorteile, wie bessere Lesbarkeit, das Erzwingen von Modul-Isolation (weil Namensräume automatisch zusammengefasst werden, Module aber nicht) und statischer Analyse. Das ist besonders für große Frontend-Projekte wichtig, bei denen das Entfernen von totem Code und das Aufteilen des kompilierten Codes auf mehrere Dateien für die Performance eine besonders große Rolle spielt.

Sollen TypeScript-Programme in einer NodeJS-Umgebung ausgeführt werden, sind Module ebenfalls die richtige Wahl, weil in NodeJS die Unterstützung für CommonJS bereits eingebaut ist. In Browserumgebungen bevorzugen manche Programmierer aus Gründen der Einfachheit Namensräume. Für mittlere bis große Projekte sollten Sie aber auch hier auf jeden Fall Module verwenden.

Deklarationsverschmelzung (declaration merging)

Bisher haben wir drei Arten kennengelernt, auf die TypeScript Dinge für uns kombiniert:

- Die Kombination von Werten und Typen, wodurch je nach Verwendung über den gleichen Namen auf einen Wert oder einen Typ zugegriffen werden kann (siehe »Das Companion-Objektmuster« auf Seite 141)
- Das Kombinieren mehrerer Namensräume zu einem
- Das Kombinieren mehrerer Interfaces zu einem (siehe auch unter »Deklarationen verschmelzen« auf Seite 94)

Wie Sie sich vermutlich gedacht haben, sind dies drei Sonderfälle eines viel allgemeineren Verhaltens von TypeScript. TypeScript besitzt einen großen Schatz an Verhaltensweisen, mit denen Namen auf verschiedene Weise kombiniert werden können. Das ermöglicht die Verwendung verschiedener Muster, die sonst nur schwer ausgedrückt werden können (siehe Tabelle 10-1).

Tabelle 10-1: Können die Deklarationen verschmolzen werden?

		Zu							
		Wert	Klasse	Enum	Funktion	Typalias	Interface	Namensraum	Modul
	Wert	Nein	Nein	Nein	Nein	Ja	Ja	Nein	–
	Klasse	–	Nein	Nein	Nein	Nein	Ja	Ja	–
	Enum	–	–	Ja	Nein	Nein	Nein	Ja	–
Von	Funktion	–	–	–	Nein	Ja	Ja	Ja	–
	Typalias	–	–	–	–	Nein	Nein	Ja	–
	Interface	–	–	–	–	–	Ja	Ja	–
	Namensraum	–	–	–	–	–	–	Ja	–
	Modul	–	–	–	–	–	–	–	Ja

Wenn Sie beispielsweise einen Wert und ein Typalias im gleichen Geltungsbereich deklarieren, erlaubt TypeScript das und leitet ab, ob Sie den Typ oder den Wert meinten – je nachdem, ob Sie den Namen an der Position eines Werts oder eines Typs benutzen. Auf diese Weise lässt sich das in »Das Companion-Objektmuster« auf Seite 141 beschriebene Entwurfsmuster implementieren. Das bedeutet auch, dass Sie ein Interface und einen Namensraum verwenden können, um Companion-Objekte zu implementieren. Sie sind also nicht auf Werte und Typaliase beschränkt. Oder Sie können das »module merging« nutzen, um die Moduldeklaration eines Drittherstellers zu erweitern (mehr dazu unter »Ein Modul erweitern« auf Seite 282). Oder Sie können ein Enum mit statischen Methoden versehen, indem Sie das Enum mit einem Namensraum kombinieren (probieren Sie das ruhig einmal aus!).

Das moduleResolution-Flag

Aufmerksamen Lesern ist bereits das `moduleResolution`-Flag in ihrer *tsconfig.json* aufgefallen. Es steuert den von TypeScript verwendeten Algorithmus zum Auflösen von Modulnamen Ihrer Applikation. Das Flag unterstützt zwei Modi:

- `node`: Verwenden Sie grundsätzlich diesen Modus. Hiermit werden Module auf die gleiche Weise aufgelöst wie durch NodeJS. Modulnamen mit dem Präfix `.`, `/` oder `~` (z.B. `./my/file`) werden aus dem lokalen Dateisystem aufgelöst. Je nachdem, welches Präfix verwendet wird, wird der Pfad relativ zur aktuellen Datei oder als absoluter Pfad (d.h. relativ zum Verzeichnis `/` bzw. dem in *tsconfig.json* definierten Wert für `baseUrl`) interpretiert. Modulpfade ohne Präfix lädt TypeScript aus dem Ordner *node_modules*, der auch von NodeJS verwendet wird. TypeScript setzt auf zwei Arten auf die Modulstrategie von NodeJS auf:
    1. Während NodeJS das `main`-Field in der *package.json* eines Packages verwendet, um die standardmäßig importierbaren Dateien in einem Verzeichnis zu finden, greift TypeScript zusätzlich auf die Eigenschaft `types` zurück (mehr dazu unter »Typermittlung für JavaScript« auf Seite 246).
    2. Wurde für den Import keine explizite Dateiendung angegeben, sucht TypeScript zuerst nach einer Datei dieses Namens mit der Dateiendung *.ts*, gefolgt von *.tsx*, *.d.ts* und schließlich *.js*.
- `classic`: Diesen Modus sollten Sie nie benutzen. In diesem Modus werden relative Pfade wie im `node`-Modus aufgelöst. Für Dateien ohne Präfix sucht TypeScript dagegen nach einer Datei des angegebenen Namens im aktuellen Ordner. Konnte nichts gefunden werden, arbeitet sich TypeScript den Verzeichnisbaum Ordner für Ordner hoch, bis eine passende Datei gefunden wurde. Dieses Verhalten ist für jemanden, der von NodeJS oder JavaScript kommt, ziemlich überraschend und funktioniert mit anderen Build-Werkzeugen nicht gut zusammen.

Zusammenfassung

In diesem Kapitel ging es um das Modulsystem von TypeScript. Wir haben mit einer kurzen Geschichte der JavaScript-Modulsyteme begonnen. Danach ging es um ES2015-Module, das sichere »lazy loading« (Nachladen bei Bedarf) von Code mithilfe dynamischer Importe, die Zusammenarbeit mit CommonJS- und AMD-

Modulen sowie den Vergleich zwischen Modul- und Skriptmodus. Im Anschluss haben wir uns mit Namensräumen, der Kombination von Namensräumen und dem Verschmelzen von Deklarationen in TypeScript beschäftigt.

Wenn Sie Applikationen in TypeScript entwickeln, sollten Sie sich möglichst strikt an ES2015-Module halten. TypeScript ist es zwar egal, welches Modulsystem Sie einsetzen, aber die Verwendung von ES2015 macht die Integration mit Build-Werkzeugen deutlich leichter (mehr dazu auch unter Kapitel 12).

Übung

1. Spielen Sie mit der Deklarationsverschmelzung, um:
   a. Namensräume und Interfaces (anstelle von Namen und Typen) zu verwenden, um Companion-Objekte (from »Das Companion-Objektmuster« auf Seite 141) zu reimplementieren.
   b. Versehen Sie ein Enum mit statischen Methoden.

KAPITEL 11

Zusammenarbeit mit JavaScript

Unsere Welt ist nicht perfekt. Ihr Kaffee kann zu heiß sein und Ihnen beim Trinken den Mund verbrühen, Ihre Eltern rufen etwas zu oft an oder hinterlassen Nachrichten auf dem Anrufbeantworter, das Schlagloch vor Ihrer Einfahrt ist immer noch da, egal wie oft Sie beim Bauamt anrufen, und Ihr Code ist vermutlich nicht vollständig statisch typisiert.

Die meisten von uns kennen dieses Szenario: Wenn es nicht möglich ist, ein Projekt von Anfang an in TypeScript umzusetzen, beginnt die Benutzung oft auf einer kleinen Insel der Sicherheit in einer größeren, weniger sicheren, Codebasis. Vielleicht gibt es eine gut isolierte Komponente, an der Sie TypeScript ausprobieren wollen, auch wenn Ihr Unternehmen überall sonst normales ES6-JavaScript einsetzt. Oder es geht Ihnen auf die Nerven, um sechs Uhr morgens aus dem Bett geklingelt zu werden, weil wieder jemand Ihren Code »refaktoriert« und vergessen hat, auch den Aufrufer zu aktualisieren. (Es ist inzwischen 7 Uhr, und Sie bauen noch schnell TSC in Ihre Codebasis ein, bevor die Mitarbeiter aufwachen.) So oder so werden Sie wahrscheinlich mit einer TypeScript-Insel weit draußen im untypisierten Ozean beginnen.

Bisher habe ich Ihnen gezeigt, wie man TypeScript richtig schreibt. In diesem Kapitel geht es darum, TypeScript praktisch einzusetzen, in echten Codebasen, die gerade von nicht typisierten Sprachen migriert werden, die Drittanbieter-JavaScript-Bibliotheken verwenden, die manchmal die Typsicherheit opfern, um schnell einen Patch einzuspielen, damit die Produktion weitergehen kann. In diesem Kapitel geht es um JavaScript. Wir erforschen:

- die Verwendung von Typdeklarationen,
- die schrittweise Migration von JavaScript zu TypeScript und
- die Verwendung von Drittanbieter-JavaScript und -TypeScript.

Typdeklarationen

Eine *Typdeklaration* ist eine Datei mit der Endung *.d.ts*. Zusammen mit JSDoc-Annotationen (siehe »Schritt 2b: Add JSDoc Annotations (Optional)« auf Seite 243) können hiermit TypeScript-Typen an JavaScript-Code gebunden werden, der ansonsten nicht typisiert wäre.

Typdeklarationen verwenden größtenteils die normale TypeScript-Syntax. Allerdings gibt es auch ein paar Unterschiede:

- Typdeklarationen können nur Typen enthalten, aber keine Werte. Das heißt: keine Implementierung von Funktionen, Klassen, Objekten und Variablen und keine Standardwerte für Parameter.
- Obwohl Typdeklarationen selbst keine konkreten Werte definieren können, sind sie aber in der Lage zu deklarieren, dass irgendwo in Ihrem JavaScript ein definierter Wert *existiert*. Hierfür verwenden wir das spezielle Schlüsselwort `declare`.
- Typdeklarationen können nur Typen für etwas deklarieren, das für Consumer sichtbar ist. Typen, die ohnehin nicht exportiert werden, oder Typen für lokale Variablen innerhalb von Funktionskörpern müssen nicht verwendet werden.

Sehen wir uns hierzu gleich einmal ein Beispiel für ein Stück TypeScript-Code (*.ts*) und die dazugehörige Typdeklaration (*.d.ts*) an. Es ist ein ziemlich häufig benutztes Codestück aus der beliebten RxJS-Bibliothek. Es reicht, wenn Sie die Details nur überfliegen und sich stattdessen auf die hier verwendeten Sprachmerkmale (Importe, Klassen, Interfaces, Klassenfelder, Funktionsüberladungen etc.) konzentrieren:

```
import {Subscriber} from './Subscriber'
import {Subscription} from './Subscription'
import {PartialObserver, Subscribable, TeardownLogic} from './types'

export class Observable<T> implements Subscribable<T> {
  public _isScalar: boolean = false
  constructor(
    subscribe?: (
      this: Observable<T>,
      subscriber: Subscriber<T>
    ) => TeardownLogic
  ) {
    if (subscribe) {
      this._subscribe = subscribe
    }
  }
  static create<T>(subscribe?: (subscriber: Subscriber<T>) => TeardownLogic) {
    return new Observable<T>(subscribe)
  }
  subscribe(observer?: PartialObserver<T>): Subscription
  subscribe(
    next?: (value: T) => void,
    error?: (error: any) => void,
    complete?: () => void
```

```
  ): Subscription
  subscribe(
    observerOrNext?: PartialObserver<T> | ((value: T) => void),
    error?: (error: any) => void,
    complete?: () => void
  ): Subscription {
    // ...
  }
}
```

Wenn wir diesen Code mit aktiviertem `declarations`-Flag (`tsc -d Observable.ts`) von TSC kompilieren lassen, erhalten wir folgende *Observable.d.ts*-Typdeklaration:

```
import {Subscriber} from './Subscriber'
import {Subscription} from './Subscription'
import {PartialObserver, Subscribable, TeardownLogic} from './types'

export declare class Observable<T> implements Subscribable<T> { ❶
  _isScalar: boolean
  constructor(
    subscribe?: (
      this: Observable<T>,
      subscriber: Subscriber<T>
    ) => TeardownLogic
  );
  static create<T>(
    subscribe?: (subscriber: Subscriber<T>) => TeardownLogic
  ): Observable<T>
  subscribe(observer?: PartialObserver<T>): Subscription
  subscribe(
    next?: (value: T) => void,
    error?: (error: any) => void,
    complete?: () => void
  ): Subscription ❷
}
```

❶ Hier steht das Schlüsselwort `declare` vor `class`. Tatsächlich kann man in einer Typdeklaration keine Klasse definieren. Aber wir können deklarieren, dass wir eine Klasse in der zur *.d.ts*-Datei gehörigen JavaScript-Datei definiert haben. Stellen Sie sich `declare` wie eine Bestätigung vor: »Ich schwöre, dass mein JavaScript eine Klasse dieses Typs exportiert.«

❷ Da Typdeklarationen keine Implementierungen enthalten können, können wir nur die zwei Überladungen für `subscribe` beibehalten, aber nicht die Signatur für ihre Implementierung.

Im Prinzip ist *Observable.d.ts* einfach nur *Observable.ts*, allerdings ohne Implementierung. Anders gesagt: Die Datei enthält nur die Typen aus *Observable.ts*.

Für andere Dateien der RxJS-Bibliothek, die *Observable.ts* nutzen, ist diese Typdeklaration nutzlos, da sie keinen Zugriff auf die *Observable.ts* TypeScript-Quelldatei haben und diese nicht direkt nutzen können. Trotzdem kann die Typdeklaration helfen, wenn Sie RxJS in Ihrer TypeScript-Applikation nutzen wollen.

Stellen Sie sich das so vor: Wollten die Autoren von RxJS im NPM Typinformationen für ihre TypeScript-Nutzer (RxJS kann sowohl in JavaScript- wie auch TypeScript-Applikationen verwendet werden) bereitstellen, hätten sie zwei Optionen: die TypeScript-Quelldateien (für TypeScript-Nutzer) *und* die kompilierten JavaScript-Dateien (für JavaScript-Nutzer) in das Paket zu integrieren oder kompilierte JavaScript-Dateien zusammen mit Typdeklarationen für TypeScript-Nutzer bereitzustellen. Der zweite Weg verringert die Dateigröße und macht unzweifelhaft klar, welcher Import benutzt werden muss. Außerdem kompiliert Ihre Applikation dadurch schneller, weil Ihre TSC-Instanz RxJS nicht jedes Mal rekompilieren muss, wenn Sie Ihre eigene Applikation kompilieren (aus diesem Grund funktioniert die in »Projektreferenzen« auf Seite 260 gezeigte Optimierungsstrategie überhaupt).

Dateien mit Typdeklarationen können auf verschiedene Weise verwendet werden:

1. Verwendet jemand anders kompilierten Code aus Ihrer TypeScript-Applikation, sucht Ihre TSC-Instanz nach *.d.ts*-Dateien, die zu Ihren erzeugten JavaScript-Dateien passen. Diese teilen TypeScript mit, welche Typen in Ihrem Projekt verwendet werden.
2. Codeeditoren mit TypeScript-Unterstützung (z.B. VSCode) lesen diese *.d.ts*-Dateien, um Ihren Benutzern beim Tippen hilfreiche Typ-Tipps zu geben, selbst wenn sie kein TypeScript verwenden.
3. Sie verringern die Kompilierungszeit deutlich, weil das unnötige Rekompilieren Ihres Codes vermieden wird.

Mit einer Typdeklaration können Sie TypeScript mitteilen: »Da gibt es dieses in JavaScript definierte Ding, und ich beschreibe es dir.« Typdeklarationen werden oft als *ambient* bezeichnet, um sie von normalen Deklarationen zu unterscheiden, die Werte enthalten können. *Ambiente Variablendeklarationen* verwenden beispielsweise das Schlüsselwort `declare`, um eine Variable zu deklarieren, die an einem anderen Ort in JavaScript definiert wird, während eine normale, nicht ambiente Variablendeklaration eine schlichte `let`- oder `const`-Deklaration ist, die ohne die Verwendung von `declare` auskommt.

Sie können Typdeklarationen für verschiedene Dinge einsetzen:

- Um TypeScript über eine globale Variable zu informieren, die irgendwo in JavaScript definiert ist. Wenn Sie beispielsweise ein Polyfill für `Promise` verwenden oder `process.env` in einer Browserumgebung definiert haben, können Sie eine *ambiente Variablendeklaration* verwenden, um TypeScript einige hilfreiche Hinweise zu geben.
- Um einen Typ zu definieren, der überall in Ihrem Projekt global zur Verfügung steht und den Sie ihn nicht zuerst importieren müssen (wir nennen das eine *ambiente Typdeklaration*).
- Um TypeScript über ein Dritthersteller-Modul zu informieren, das Sie mit NPM installiert haben (eine *ambiente Moduldeklaration*).

Unabhängig davon, wie Sie Typdeklarationen einsetzen, müssen sie in einer *.ts-* oder *.d.ts*-Datei im Skriptmodus abgelegt werden (mehr hierzu unter »Modulmodus oder Skriptmodus« auf Seite 224). Per Konvention erhält unsere Datei die Endung *.d.ts,* zu der eine entsprechende *.js*-Datei gehört. Ansonsten verwenden wir die Dateiendung *.ts*. Der Dateiname selbst spielt keine Rolle. Ich verwende beispielsweise gern eine einzelne *types.ts*-Datei, solange sie nicht zu unübersichtlich wird. Eine einzelne Typdeklarationsdatei kann beliebig viele Deklarationen enthalten.

Top-Level-Werte müssen in einer Typdeklarationsdatei das Schlüsselwort `declare` verwenden (`declare let`, `declare function`, `declare class` etc.). Für Typen und Interfaces ist das nicht nötig.

Nach diesen Grundregeln kommen wir jetzt zu ein paar Beispielen für die verschiedenen Arten von Typdeklarationen.

Ambiente Variablendeklarationen

Mit einer ambienten Variablendeklaration können Sie TypeScript über eine globale Variable informieren, die in beliebigen *.ts-* oder *.d.ts*-Dateien Ihres Projekts verwendet werden kann, ohne sie explizit importieren zu müssen.

Angenommen, Sie führen ein NodeJS-Programm in Ihrem Browser aus und das Programm überprüft irgendwann den Wert von `process.env.NODE_ENV` (entweder `"development"` oder `"production"`). Wenn Sie das Programm ausführen, erhalten Sie einen hässlichen Laufzeitfehler:

```
Uncaught ReferenceError: process is not defined.
```

Sie stöbern ein bisschen auf Stack Overflow herum und stellen fest, dass der einfachste Hack, um Ihr Programm zum Laufen zu bringen, darin besteht, ein eigenes hartcodiertes Polyfill für `process.env.NODE_ENV` zu verwenden. Also erstellen Sie eine neue Datei namens *polyfills.ts* und definieren ein globales `process.env`.

```
process = {
  env: {
    NODE_ENV: 'production'
  }
}
```

Natürlich eilt Ihnen TypeScript zu Hilfe und hält Sie mit einer roten Unterschlängelung davon ab, den Fehler zu machen und die globale Variable `window` zu erweitern.

```
Error TS2304: Cannot find name 'process'.
```

In diesem Fall ist TypeScript jedoch etwas überängstlich. Schließlich wollen Sie `window` ja wirklich erweitern – und zwar sicher.

Was ist zu tun? Sie öffnen *polyfills.ts* in Vim (Sie merken schon, wohin das führt ...) und geben ein:

```
declare let process: {
  env: {
    NODE_ENV: 'development' | 'production'
  }
}

process = {
  env: {
    NODE_ENV: 'production'
  }
}
```

Sie teilen TypeScript mit, dass es ein globales `process`-Objekt gibt, das eine einzelne Eigenschaft namens `env` besitzt, die ihrerseits die Eigenschaft `NODE_ENV` enthält. Sobald TypeScript das weiß, verschwindet die rote Unterschlängelung, und Sie können Ihre globale Variable `process` sicher deklarieren.

TSC-Einstellung: lib

TypeScript besitzt eine Reihe von Typdeklarationen zur Beschreibung der JavaScript-Standard-Bibliothek. Hierzu gehören die JavaScript-eigenen Typen wie `Array` und `Promise` sowie Methoden für eingebaute Typen wie `''.toUpperCase`. Außerdem sind globale Objekte wie `window`, `document` (in einer Browserumgebung) und `onmessage` (in einer Web-Worker-Umgebung) enthalten.

TypeScripts eingebaute Typdeklarationen können Sie über das `lib`-Feld Ihrer *tsconfig.json* aktivieren. Eine eingehende Diskussion zur Verwendung des `lib`-Felds finden Sie unter »lib« auf Seite 258.

Ambiente Typdeklarationen

Ambiente Typdeklarationen folgen den gleichen Regeln wie ambiente Variablendeklarationen. Die Deklaration muss in einer *.ts*- oder *.d.ts*-Datei im Skriptmodus abgelegt sein und steht anderen Dateien Ihres Projekt ohne expliziten Import zur Verfügung. Als Beispiel deklarieren wir den globalen Hilfstyp `ToArray<T>`, der `T` in ein Array überführt, falls es noch keines ist. Wir können diesen Typ in einer Datei im Skriptmodus in unserem Projekt definieren. Hier verwenden wir eine Datei für alle Top-Level-Deklarationen namens *types.ts*.

```
type ToArray<T> = T extends unknown[] ? T : T[]
```

Jetzt können wir diesen Typ in einer beliebigen Projektdatei verwenden, ohne ihn explizit importieren zu müssen:

```
function toArray<T>(a: T): ToArray<T> {
  // ...
}
```

Sie können ambiente Typdeklarationen einsetzen, um Datentypen zu modellieren, die in Ihrer gesamten Applikation verwendet werden. Ein Beispiel wäre, die in

»Nominale Typen simulieren« auf Seite 154 entwickelte UserID global verfügbar zu machen:

```
type UserID = string & {readonly brand: unique symbol}
```

Jetzt können Sie UserID an beliebiger Stelle in Ihrer Applikation benutzen, ohne sie vorher explizit importieren zu müssen.

Ambiente Moduldeklarationen

Angenommen, Sie wollen ein JavaScript-Modul einbinden und dafür schnell ein paar Typen deklarieren, um sie sicher benutzen zu können. Dabei wollen Sie die Typdeklarationen nicht erst in das GitHub-Repository für das Modul oder für DefinitelyTyped integrieren. In diesem Fall sind ambiente Moduldeklarationen genau das richtige Werkzeug.

Eine ambiente Moduldeklaration ist eine ganz normale Typdeklaration, die mit einer speziellen declare module-Syntax umgeben ist:

```
declare module 'module-name' {
  export type MyType = number
  export type MyDefaultType = {a: string}
  export let myExport: MyType
  let myDefaultExport: MyDefaultType
  export default myDefaultExport
}
```

Ein Modulname (hier: 'module-name') entspricht einem exakten import-Pfad. Wenn Sie diesen Pfad importieren, teilt die ambiente Moduldeklaration TypeScript mit, was zur Verfügung steht:

```
import ModuleName from 'module-name'
ModuleName.a  // string
```

Bei verschachtelten Modulen müssen Sie dafür sorgen, dass die Deklaration den gesamten import-Pfad enthält:

```
declare module '@most/core' {
  // Typdeklaration
}
```

Wenn Sie TypeScript kurz mitteilen wollen: »Ich importieren dieses Modul und werde es später typisieren. Nimm für den Moment einfach an, es ist ein any.«, dann behalten Sie den Header, aber lassen die eigentliche Deklaration weg:

```
// Modul deklarieren, das importiert werden kann, alle Importe haben den Typ 'any'
declare module 'unsafe-module-name'
```

Das Einbinden dieses Moduls ist natürlich nicht mehr so sicher:

```
import {x} from 'unsafe-module-name'
x  // any
```

Sie können also jedem `import`-Pfad, der auf das angegebene Muster passt, einen Typ zuweisen. Verwenden Sie ein Wildcard-Zeichen (*), um einen beliebigen `import`-Pfad festzulegen:[1]

```
// Über Webpacks json-loader importierte JSON-Dateien typisieren
declare module 'json!*' {
  let value: object
  export default value
}

// Über Webpacks style-loader importierte CSS-Dateien typisieren
declare module '*.css' {
  let css: CSSRuleList
  export default css
}
```

Jetzt können Sie die JSON- und CSS-Dateien laden:

```
import a from 'json!myFile'
a // Objekt

import b from './widget.css'
b // CSSRuleList
```

Damit die letzten beiden Beispiele funktionieren, müssen Sie Ihr Build-System so konfigurieren, dass es *.json*- und *.css*-Dateien lädt. Sie können TypeScript mitteilen, dass es sicher ist, diese Pfadmuster zu laden. TypeScript selbst kann sie aber nicht erstellen.

Unter »JavaScript, für das es keine Typdeklarationen auf DefinitelyTyped gibt« auf Seite 249 finden Sie ein Beispiel für die Verwendung ambienter Moduldeklarationen, um Typen für nicht typisiertes JavaScript von Drittherstellern zu deklarieren.

Schrittweise Migration von JavaScript zu TypeScript

TypeScript wurde absichtlich für eine Zusammenarbeit mit JavaScript entwickelt. Das war keine nachträgliche Überlegung. Dadurch ist die Migration zu TypeScript zwar nicht komplett schmerzfrei, aber immerhin fühlt es sich gut an. Sie können Ihre Codebasis Datei für Datei konvertieren und die Sicherheit nach und nach erhöhen. So sehen Ihr Chef und Ihre Mitarbeiter mit jedem Commit, welchen großen Einfluss die statische Typisierung auf die Qualität Ihres Codes hat.

Allgemein betrachtet wollen wir folgende Ziele erreichen: Ihre Codebasis sollte vollständig in TypeScript geschrieben sein. Dabei soll eine strikte Typisierung verwendet werden; JavaScript-Bibliotheken von Drittherstellern sollten selbst einen möglichst hohen Qualitätsstandard besitzen und strikte Typisierung verwenden. Alle Fehler, die bereits beim Kompilieren gefunden werden, und die automatische

1 Das Wildcard-Matching mit * folgt den gleichen Regeln wie die normale Mustererkennung per glob. (*https://en.wikipedia.org/wiki/Glob_(programming)*)

Code-Vervollständigung von TypeScript halbieren die Zeit, die Sie zum Schreiben einer Codezeile benötigen. Um dahin zu kommen, müssen zunächst die folgenden Schritte ausgeführt werden:

- Fügen Sie TSC zu Ihrem Projekt hinzu.
- Beginnen Sie mit dem Typechecking Ihres bereits vorhandenen JavaScript-Codes.
- Migrieren Sie Ihren JavaScript-Code dateiweise zu TypeScript.
- Installieren Sie Typdeklarationen für Ihre Abhängigkeiten. Hierfür können Sie entweder die Typen für Abhängigkeiten ohne Typisierung selbst deklarieren, oder Sie schreiben Typdeklarationen für untypisierte Abhängigkeiten und stellen Sie bei DefinitelyTyped zur Verfügung.[2]
- Aktivieren Sie für Ihre Codebasis den `strict`-Modus.

Dieser Prozess kann einige Zeit dauern. Aber Sie werden sofort merken, wie die Sicherheit und die Produktivität steigen. Weitere Vorteile werden sichtbar, je länger Sie damit arbeiten. Sehen wir uns die Schritte nacheinander im Detail an:

Schritt 1: TSC hinzufügen

Bei der Arbeit mit einer Codebasis, die TypeScript und JavaScript gemeinsam verwendet, sollten Sie damit beginnen, dass TSC Ihre JavaScript-Dateien zusammen mit Ihren TypeScript-Dateien kompiliert. Hierfür schreiben Sie in Ihrer *tsconfig.json*:

```
{
  "compilerOptions": {
  "allowJs": true
}
```

Durch diese eine Änderung kann TSC Ihr JavaScript kompilieren. Fügen Sie TSC einfach zu Ihrem Build-Prozess hinzu. Dabei können Sie entweder bereits vorhandene JavaScript-Dateien von TSC verarbeiten lassen[3] oder ältere JavaScript-Dateien weiterhin mit dem vorigen Build-Prozess verarbeiten und nur die neuen TypeScript-Dateien von TSC kompilieren lassen.

Hat `allowJS` den Wert `true`, führt TypeScript kein Typechecking Ihres existierenden JavaScript-Codes durch, wird diesen aber transkompilieren (zu ES3, ES5 oder was auch immer Sie als `target` in Ihrer *tsconfig.json* angegeben haben). Dabei wird das von Ihnen gewünschte Modulsystem (im `module`-Feld Ihrer *tsconfig.json*) verwendet. Damit ist der erste Schritt schon getan. Machen Sie einen Commit und

2 DefinitelyTyped ist das Open-Source-Repository für JavaScript-Typdeklarationen. Lesen Sie weiter, um mehr zu erfahren.

3 Für wirklich große Projekte kann es ziemlich langsam sein, jede einzelne Datei mit TSC zu verarbeiten. Eine Möglichkeit, die Performance für große Projekte zu steigern, finden Sie unter »Projektreferenzen« auf Seite 260.

klopfen Sie sich auf die Schulter – herzlichen Glückwunsch! Ihre Codebasis verwendet jetzt TypeScript!

Schritt 2a: Typechecking für JavaScript aktivieren (optional)

Nachdem TSC Ihren JavaScript-Code ohnehin schon verarbeitet, können Sie ihn auch gleich einem Typechecking unterziehen. Selbst wenn Ihr JavaScript keine ausdrücklichen Typannotationen enthält, steht TypeScripts Typableitung auch hier zur Verfügung. Es kann Typen auf die gleiche Weise in JavaScript ableiten wie in TypeScript selbst. Um das zu nutzen, müssen Sie das JavaScript-Typechecking in Ihrer `tsconfig.json` aktivieren:

```
{
  "compilerOptions": {
  "allowJs": true,
  "checkJs": true
}
```

Sobald TypeScript eine JavaScript-Datei kompiliert, tut es sein Bestes, um die enthaltenen Typen abzuleiten und dem Typechecking zu unterziehen, wie bei normalem TypeScript-Code auch.

Ist Ihre Codebasis sehr groß und die Aktivierung von `checkJS` erzeugt zu viele Fehlerberichte auf einmal, können Sie das Typechecking auch dateiweise verwenden. Hierfür deaktivieren Sie `checkJS` zunächst und fügen den gewünschten Dateien jeweils eine `// @ts-check`-Direktive hinzu (ein normaler Kommentar am Anfang der Datei). Oder – wenn ein paar sehr große Dateien für die meisten Fehler verantwortlich sind, die Sie noch nicht reparieren wollen – lassen Sie `checkJS` aktiviert und fügen nur diesen Dateien stattdessen die `// @ts-nocheck`-Direktive hinzu.

Da TypeScript nicht alles ableiten kann (z.B. Typen von Funktionsparametern), wird es viele Typen in Ihrem JavaScript-Code als `any` betrachten. Wenn Sie in Ihrer *tsconfig.json* den `strict`-Modus aktiviert haben (und das sollten Sie!), ist es während der Migration eventuell sinnvoll, implizite `any`s zu erlauben. Hierfür erweitern Sie Ihre *tsconfig.json* folgendermaßen:

```
{
  "compilerOptions": {
  "allowJs": true,
  "checkJs": true,
  "noImplicitAny": false
}
```

Vergessen Sie aber nicht, `noImplicitAny` wieder zu aktivieren, sobald Sie die kritische Masse Ihres Codes zu TypeScript migriert haben! Das bringt sehr wahrscheinlich eine Reihe echter Fehler zum Vorschein, die Sie übersehen haben (es sei denn, Sie sind Xenithar, Schüler der großen JavaScript-Hexe Bathmorda, die das Typechecking vor dem inneren Auge und mit der Hilfe eines Kessels voll Beifuß-Sud durchführen kann).

Wenn TypeScript über JavaScript-Code stolpert, verwendet es einen deutlich lockereren Ableitungsalgorithmus als für TypeScript-Code. Das heißt:

- Alle Funktionsparameter sind optional.
- Die Typen von Eigenschaften für Funktionen und Klassen werden anhand ihrer Verwendung abgeleitet (anstatt sie vorher deklarieren zu müssen):

```
class A {
  x = 0 // number | string | string[], inferred from usage
  method() {
    this.x = 'foo'
  }
  otherMethod() {
    this.x = ['array', 'of', 'strings']
  }
}
```

- Nach der Deklaration eines Objekts, einer Klasse oder Funktion können Sie ihnen zusätzliche Eigenschaften zuweisen. Im Hintergrund erzeugt TypeScript hierbei einen passenden Namensraum für jede Klasse und Funktionsdeklaration und eine Indexsignatur für jedes Objektliteral.

Schritt 2b: Add JSDoc Annotations (Optional)

Manchmal muss es schnell gehen, und Sie wollen nur eine einzelne Typ-Annotation für eine neue Funktion in einer vorhandenen JavaScript-Datei hinzufügen. Bis Sie Gelegenheit haben, die Datei in TypeScript zu konvertieren, können Sie eine JSDoc-Annotation verwenden, um die neue Funktion zu typisieren.

Vielleicht haben Sie JSDoc schon gesehen. Das sind diese seltsamen Kommentare oberhalb von JavaScript- oder TypeScript-Code mit `@`-Annotationen wie `@param` oder `@returns` etc. TypeScript versteht JSDoc und verwendet es auf die gleiche Weise als Eingabe für seinen Typechecker wie die expliziten Typ-Annotationen im TypeScript-Code.

Angenommen, Sie haben eine 3.000 Zeilen lange Datei mit Hilfsfunktionen (*utils.js*), die Ihr »Freund« geschrieben hat ... Diese wollen Sie um eine neue Funktion erweitern:

```
export function toPascalCase(word) {
  return word.replace(
    /\w+/g,
    ([a, ...b]) => a.toUpperCase() + b.join('').toLowerCase()
  )
}
```

Ohne *utils.js* vollständig in TypeScript zu konvertieren – was vermutlich eine Reihe von Bugs zutage fördern würde, die Sie dann reparieren müssten –, können Sie eine Insel der Sicherheit in einem Ozean aus untypisiertem JavaScript-Code schaffen, indem Sie nur die `toPascalCase`-Funktion annotieren:

```
/**
 * @param word {string} Zu konvertierender Eingabestring
 * @returns {string} Der String in PascalCase
 */
export function toPascalCase(word) {
  return word.replace(
    /\w+/g,
    ([a, ...b]) => a.toUpperCase() + b.join('').toLowerCase()
  )
}
```

Ohne die JSDoc-Annotation hätte TypeScript den Typ von `toPascalCase` als `(word: any) => string` abgeleitet. Wenn TypeScript Ihren Code kompiliert, weiß es jetzt, dass `toPascalCase` den Typ `(word: string) => string` hat. Als Bonbon wird der Code außerdem gleich noch dokumentiert.

Mehr über die unterstützten JSDoc-Annotationen finden Sie im TypeScript Wiki (*http://bit.ly/2YCTWBf*).

Schritt 3: Versehen Sie Ihre Dateien mit der Endung .ts

Nachdem Sie TSC in Ihren Build-Prozess integriert und Ihren JavaScript-Code nach Möglichkeit dem Typechecking unterziehen und mit Annotationen versehen haben, ist es an der Zeit, den Wechsel zu TypeScript zu vollziehen.

Ändern Sie die Dateiendungen dateiweise von *.js* (oder *.coffee*, *.es6* etc.) in *.ts*. Sobald Sie die Dateien in Ihrem Codeeditor umbenennen, erscheinen die freundlichen roten Unterschlängelungen. Sie weisen Sie auf Typfehler, falsche Groß- und Kleinschreibung, vergessene Überprüfungen auf `null` und falsch geschriebene Variablennamen hin. Für die Behebung dieser Fehler gibt es zwei Strategien:

1. Machen Sie es gleich richtig. Nehmen Sie sich Zeit, um die Formen, Felder und Funktionen korrekt zu typisieren. So können Fehler in allen eingebundenen Dateien gefunden werden. Falls Sie `checkJS` aktiviert haben, sollten Sie auch `noImplicitAny` in Ihrer *tsconfig.json* einschalten, damit `any`s gefunden und korrekt typisiert werden können. Danach deaktivieren Sie die Option wieder, um das Hintergrundrauschen der Typechecking-Ausgaben der verbleibenden JavaScript-Dateien zu verringern.
2. Machen Sie es schnell. Versehen Sie alle JavaScript-Dateien auf einmal mit der Dateiendung *.ts* und verwenden Sie weniger strenge *tsconfig.json*-Einstellungen (d.h., `strict` hat den Wert `false`), um nach der Umbenennung so wenige Fehler wie möglich auszulösen. Typisieren Sie komplexe Typen zunächst als `any`, um den Typechecker zufriedenzustellen. Reparieren Sie die verbleibender Fehler und führen Sie einen Commit durch. Danach aktivieren Sie nacheinander die Flags für den `strict`-Modus (`noImplicitAny`, `noImplicitThis`, `strictNullChecks` etc.) und reparieren die auftretenden Fehler. (Eine komplette Liste der Flags finden Sie in Anhang F.)

Wenn Sie es lieber »quick and dirty« mögen, kann es helfen, eine ambiente Typdeklaration namens `TODO` als Typalias für `any` zu definieren. Diese wird dann anstelle von `any` benutzt, damit fehlende Typen leichter gefunden werden können. Anstelle von `TODO` können Sie natürlich auch einen spezifischeren Namen verwenden, um die Probleme bei einer projektweiten Suche leichter aufzuspüren:

```
// globals.ts
type TODO_FROM_JS_TO_TS_MIGRATION = any

// MyMigratedUtil.ts
export function mergeWidgets(
  widget1: TODO_FROM_JS_TO_TS_MIGRATION,
  widget2: TODO_FROM_JS_TO_TS_MIGRATION
): number {
  // ...
}
```

Beide Wege haben ihre Vor- und Nachteile. Die Entscheidung liegt bei Ihnen. Da TypeScript keine strikt typisierte Sprache ist, wurde sie von Grund auf so konzipiert, dass sie möglichst sicher mit JavaScript zusammenarbeitet. Unabhängig davon, ob strikt typisiertes TypeScript mit untypisiertem JavaScript oder strikt typisiertes TypeScript und mit lose typisiertem TypeScript zusammenarbeiten soll, wird TypeScript versuchen, das Leben auf Ihrer so sorgfältig erbauten, strikt typisierten Insel so sicher wie möglich zu machen.

Schritt 4: Verwenden Sie den strict-Modus

Sobald der größte Teil des JavaScript-Codes zu TypeScript migriert ist, wollen Sie Ihren Code möglichst gut absichern, indem Sie nach und nach strengere TSC-Flags verwenden (eine vollständige Liste finden Sie unter Anhang F).

Schließlich können Sie die Interoperabilitäts-Flags für TSC ganz deaktivieren und dadurch sicherstellen, dass Ihr gesamter Code in strikt typisiertem TypeScript geschrieben ist:

```
{
  "compilerOptions": {
  "allowJs": false,
  "checkJs": false
}
```

Das bringt auch die letzten Typfehler zum Vorschein. Beheben Sie diese, und Sie haben eine makellose Codebasis, für die Sie sogar ein schlachterprobter OCaml-Programmierer auf die Schulter klopfen würde (wenn Sie höflich danach fragen, versteht sich).

Folgen Sie diesen Schritten, werden Sie große Fortschritte machen, wenn es darum geht, von Ihnen kontrolliertes JavaScript mit Typen zu versehen. Was ist aber mit JavaScript, über das Sie keine Kontrolle haben. Das könnte beispielsweise Code sein, den Sie per NPM installiert haben? Um dahin zu kommen, machen wir zunächst einen kleinen Umweg ...

Typermittlung für JavaScript

Wenn Sie aus einer TypeScript-Datei eine JavaScript-Datei importieren, folgt TypeScript einem speziellen Algorithmus, um Typdeklarationen für Ihr JavaScript nachzuschlagen (bedenken Sie, dass die Begriffe »Datei« und »Modul« im TypeScript-Kontext austauschbar sind). Der Algorithmus funktioniert so:[4]

1. Suche auf der gleichen Verzeichnisebene wie die *.js*-Datei nach einer *.d.ts*-Datei gleichen Namens. Existiert diese, verwende sie als Typdeklaration für die *.js*-Datei.

   Angenommen, wir haben folgende Ordnerstruktur:

   ```
   my-app/
   ├──src/
   │  ├──index.ts
   │  └──legacy/
   │     ├──old-file.js
   │     └──old-file.d.ts
   ```

   Danach importieren sie *old-field* aus *index.ts*:

   ```
   // index.ts
   import './legacy/old-file'
   ```

   Dabei verwendet TypeScript *src/legacy/old-file.d.ts* als Quelle der Typdeklarationen für *./legacy/old-file*.

2. Ansonsten leite die Typen der *.js*-Dateien ab (mithilfe möglicher JSDoc-Annotationen in der *.js*-Datei), sofern `allowJS` und `checkJS` den Wert `true` haben.

3. Ansonsten behandle das gesamte Modul als `any`.

Wenn Sie ein Drittanbieter-JavaScript-Modul importieren, also ein in *node_modules* installiertes NPM-Package, verwendet TypeScript einen leicht abgewandelten Algorithmus:

1. Suche nach einer lokalen Typdeklaration für das Modul. Verwende sie, falls vorhanden.

   Angenommen, Ihre Applikation (*my-app*) verwendet folgende Ordnerstruktur:

   ```
   my-app/
   ├──node_modules/
   │  └──foo/
   ├──src/
   │  ├──index.ts
   │  └──types.d.ts
   ```

4 Streng genommen stimmt das nur für Dateien im Modulmodus, aber nicht im Skriptmodus. Mehr hierzu finden Sie unter »Modulmodus oder Skriptmodus« auf Seite 224.

Und *types.d.ts* sieht so aus:

```
// types.d.ts
declare module 'foo' {
  let bar: {}
  export default bar
}
```

Dann wird TypeScript beim Import von foo die ambiente Moduldeklaration in *types.d.ts* als Quelle der Typen für foo verwenden.

```
// index.ts
import bar from 'foo'
```

2. Ansonsten untersuche die *package.json*-Datei für das Modul. Definiert diese ein Feld namens types oder typings, verwende die *.d.ts*-Datei, auf die das Feld verweist, als Quelle der Typen für das Modul.
3. Ansonsten gehe die Verzeichnisse nacheinander durch und suche nach einem Ordner namens *modules/@types*, der die Typdeklarationen für das Modul enthält.

   Angenommen, Sie haben React installiert:

```
npm install react --save
npm install @types/react --save-dev

my-app/
├──node_modules/
│  ├──@types/
│  │  └──react/
│  └──react/
├──src/
│  └──index.ts
```

   Wenn Sie React importieren, findet TypeScript den Ordner *@types/react* und verwendet diesen als Quelle der Typdeklarationen für React:

```
// index.ts
import * as React from 'react'
```

4. Ansonsten mache mit den Schritten 1 bis 3 des Algorithmus zur Typermittlung weiter.

Das waren eine Menge Schritte, aber sie sind erstaunlich intuitiv, sobald Sie sie verinnerlicht haben.

TSC-Einstellungen: types und typeRoots

Standardmäßig sucht TypeScript in *node_modules/@types* Ihres Projektordners (und darüberliegenden Verzeichnissen wie *../node_modules/@types* etc.) nach Typdeklarationen von Drittherstellern. Meistens werden Sie dieses Verhalten nicht ändern wollen.

Um das Standardverhalten für globale Typdeklarationen zu ändern, konfigurieren Sie den Eintrag typeRoots in Ihrer *tsconfig.json* mit einem Array von Ordnern, in denen nach Typdeklarationen gesucht werden soll. So können Sie TypeScript beispielsweise anweisen, neben *node_modules/@types* auch im Ordner *typings* nachzusehen.

```
{
  "compilerOptions": {
    "typeRoots" : ["./typings", "./node modules/@types"]
  }
}
```

Eine feinere Kontrolle erhalten Sie über die types-Option der *tsconfig.json*. Hiermit können Sie angeben, für welche Packages TypeScript die Typen nachschlagen soll. Die folgende Konfiguration ignoriert sämtliche Deklarationen von Drittanbietern außer denen für React:

```
{
  "compilerOptions": {
    "types" : ["react"]
  }
}
```

JavaScript von Drittanbietern verwenden

Ich gehe davon aus, dass Sie einen Paketmanager wie NPM oder Yarn für die Installation von Drittanbieter-JavaScript verwenden. Und wenn Sie zu den Entwicklern gehören, die den Code stattdessen manuell kopieren und einfügen, sollten Sie sich schämen.

Wenn Sie JavaScript-Code von Drittanbietern per `npm install` in Ihr Projekt integrieren, gibt es drei mögliche Szenarien:

1. Der installierte Code bringt seine eigenen Typdeklarationen bereits mit.
2. Der installierte Code verfügt über keine eigenen Typdeklarationen, aber die Deklarationen stehen auf DefinitelyTyped zur Verfügung.
3. Der installierte Code verfügt über keine eigenen Typdeklarationen, und es stehen auch auf DefinitelyTyped keine Deklarationen zur Verfügung.

Sehen wir uns diese drei Szenarien etwas genauer an.

JavaScript mit eigenen Typdeklarationen

Sie wissen, dass ein Package eigene Typdeklarationen mitbringt, wenn Sie den Code mit `{"noImplicitAny": true}` `importieren`, ohne dass TypeScript sie mit roten Unterschlängelungen belästigt.

Wurde der installierte Code mit TypeScript kompiliert oder seine Autoren waren so nett, dem NPM-Package bereits Typdeklarationen beizulegen, dann haben Sie Glück. Sie können den Code einfach installieren und mit vollständiger Typunterstützung nutzen.

Einige Beispiele für NPM-Packages für eingebaute Typdeklarationen sind:

```
npm install rxjs
npm install ava
npm install @angular/cli
```

Sofern der installierte Code nicht von TypeScript kompiliert wurde, besteht immer das Risiko, dass die enthaltenen Typdeklarationen nicht mit dem Code übereinstimmen, den diese Deklarationen beschreiben. Wenn den Typdeklarationen der Quellcode beiliegt, ist dieses Risiko relativ gering (besonders für beliebte Packages). Dennoch sollten Sie darüber Bescheid wissen.

JavaScript, für das es Typdeklarationen auf DefinitelyTyped gibt

Selbst, wenn der zu importierende Drittanbieter-Code keine Typdeklarationen enthält, ist es gut möglich, dass sie auf DefinitelyTyped (*https://github.com/DefinitelyTyped/DefinitelyTyped*) zur Verfügung stehen. DefinitelyTyped ist ein von der Gemeinschaft gepflegtes zentrales TypeScript-Repository für ambiente Moduldeklarationen für Open-Source-Projekte.

Um zu testen, ob für das von Ihnen installierte Package Typdeklarationen auf DefinitelyTyped zur Verfügung stehen, können Sie entweder auf TypeSearch (*https://microsoft.github.io/TypeSearch/*) danach suchen oder versuchen, die Deklarationen auf gut Glück zu installieren. Alle Typdeklarationen von DefinitelyTyped werden auf NPM im Geltungsbereich (scope) `@types` veröffentlicht. Sie können die Deklarationen also über ein einfaches `npm install` installieren.

```
npm install lodash --save            # Lodash installieren
npm install @types/lodash --save-dev # Typdeklarationen für Lodash installieren
```

Meistens wollen Sie das `--save-dev` für `npm install` verwenden, damit die installierten Typdeklarationen dem `devDepencies`-Feld Ihrer *package.json* hinzugefügt werden.

Da die Typdeklarationen auf DefinitelyTyped von der Gemeinschaft gepflegt werden, besteht das Risiko, dass sie unvollständig, ungenau oder veraltet sind. Für die meisten beliebten Packages gibt es gut gepflegte Typdeklarationen. Sollte Ihnen auffallen, dass die von Ihnen verwendeten Deklarationen verbessert werden können, dann nehmen Sie sich die Zeit. Bauen Sie die Korrekturen ein und stellen Sie sie auf DefinitelyTyped zur Verfügung (*http://bit.ly/2U7QYWP*), damit andere TypeScript-Nutzer auch etwas von Ihrer harten Arbeit haben.

JavaScript, für das es keine Typdeklarationen auf DefinitelyTyped gibt

Dies ist der seltenste Fall. Hier haben Sie mehrere Möglichkeiten, von der billigsten und unsichersten bis zur sichersten, aber auch zeitaufwendigsten:

1. *Erstellen Sie eine Ausnahme* für den spezifischen Import. Fügen Sie hierfür eine `// @ts-ignore`-Direktive oberhalb Ihres nicht typisierten Imports ein. TypeScript erlaubt Ihnen die Verwendung des untypisierten Moduls, aber das Modul und sein gesamter Inhalt werden als `any` typisiert.

   ```
   // @ts-ignore
   import Unsafe from 'untyped-module'

   Unsafe  // any
   ```

2. *Erstellen Sie eine Ausnahme für alle Verwendungen dieses Moduls.* Legen Sie hierfür eine leere Typdeklarationsdatei an und deklarieren Sie das Modul ohne weitere Angaben. Wenn Sie beispielsweise das selten verwendete Package `nearby-ferret-alerter` (»Frettchen-in-der-Nähe-Alarm«) installiert haben, könnten Sie eine neue Typdeklaration erstellen (z. B. *types.d.ts*) und folgende ambiente Typdeklaration hinzufügen:

   ```
   // types.d.ts
   declare module 'nearby-ferret-alerter'
   ```

   Dadurch sagen Sie TypeScript, dass es ein importierbares Modul gibt (`import alert from 'nearby-ferret-alerter'`), ohne etwas über die im Modul enthaltenen Typen zu sagen. Dieser Ansatz ist etwas besser als der erste, weil es immerhin eine zentrale *types.d.ts*-Datei gibt. Sie listet alle untypisierten Module Ihrer Applikation auf, ist aber genau so unsicher, weil `nearby-ferret-alerter` und alle seine Exports weiterhin als `any` typisiert werden.

3. *Erstellen Sie eine ambiente Moduldeklaration.* Wie beim vorigen Ansatz erstellen Sie eine Datei namens *types.d.ts* und fügen eine leere Deklaration hinzu (`declare module 'nearby-ferret-alerter'`). Dann füllen Sie die Typdeklaration mit Inhalt. Das könnte beispielsweise so aussehen:

   ```
   // types.d.ts
   declare module 'nearby-ferret-alerter' {
     export default function alert(loudness: 'soft' | 'loud'): Promise<void>
     export function getFerretCount(): Promise<number>
   }
   ```

   Wenn Sie jetzt die Anweisung `import alert from 'nearby-ferret-alerter'` ausführen, weiß TypeScript genau, welchen Typ `alert` hat. Das ist nicht länger `anyx` , sondern `(loudness: 'quiet' | 'loud') => Promise<void>`.

4. *Erstellen Sie eine Typdeklaration und stellen Sie sie im NPM zur Verfügung.* Wenn Sie es bis zur dritten Option geschafft haben und nun eine lokale Typdeklaration für Ihr Modul besitzen, können Sie auch noch den letzten Schritt gehen und Ihre Deklaration im NPM zur Verfügung stellen. So kann die nächste Person, die Typdeklarationen für das wirklich großartige `nearby-ferret-alerter`-Package benötigt, diese ebenfalls nutzen. Eine Möglichkeit ist, einen Pull-Request für das Git-Repository von `nearby-ferret-alerter` durchzuführen und die Typdeklarationen direkt bereitzustellen. Wenn die Betreuer des

Packages sich nicht mit der Pflege von TypeScript-Deklarationen herumschlagen wollen, können Sie die Deklarationen immer noch bei DefinitelyTyped hinterlegen.

Das Schreiben von Typdeklarationen für Drittanbieter-JavaScript funktioniert meist problemlos. Wie das im Einzelnen passiert, hängt davon ab, welche Art von Modul typisiert werden soll. Für die Typisierung von JavaScript-Modulen gibt es einige gängige Muster (von NodeJS-Module über jQuery-Augmentation und Lodash-Mixins bis hin zu React- und Angular-Komponenten). Eine Liste mit Rezepten für die Typisierung von Drittanbieter-JavaScript finden Sie in Anhang D.

Die automatische Erzeugung von Typdeklarationen wird aktiv entwickelt. Eine Möglichkeit, ein Grundgerüst für Typdeklarationen für JavaScript-Module von Drittanbietern automatisch erstellen zu lassen, bietet beispielsweise `dts-gen` (*https://www.npmjs.com/package/dts-gen*) (Mehr dazu im NPM (*https://www.npmjs.com/package/dts-gen*)).

Zusammenfassung

Es gibt verschiedene Möglichkeiten, JavaScript von TypeScript aus zu benutzen. Eine Zusammenfassung der Optionen finden Sie in Tabelle 11-1.

Tabelle 11-1: Möglichkeiten, JavaScript von TypeScript aus zu benutzen

Ansatz	tsconfig.json-Flags	Typsicherheit
Untypisiertes JavaScript importieren	`{"allowJs": true}`	Schlecht
JavaScript importieren und überprüfen	`{"allowJs": true, "checkJs": true}`	Okay
Importieren und JSDoc-annotiertes JavaScript überprüfen	`{"allowJs": true, "checkJs": true, "strict": true}`	Ausgezeichnet
JavaScript mit Typdeklarationen importieren	`{"allowJs": false, "strict": true}`	Ausgezeichnet
TypeScript importieren	`{"allowJs": false, "strict": true}`	Ausgezeichnet

In diesem Kapitel ging es um verschiedene Aspekte der gemeinsamen Verwendung von JavaScript und TypeScript. Wir haben die verschiedenen Arten von Typdeklarationen und ihre Verwendung betrachtet und uns um die schrittweise Migration existierender JavaScript-Projekte zu TypeScript gekümmert. Wir haben gesehen, wie Drittanbieter-JavaScript sicher (und unsicher) verwendet werden kann. Die Zusammenarbeit mit JavaScript kann einer der schwierigsten Aspekte von TypeScript sein. Mit all den hier vorgestellten Werkzeugen sind Sie nun bestens für Ihr eigenes Projekt ausgerüstet.

KAPITEL 12

TypeScript-Projekte erstellen und ausführen

Wenn Sie jemals eine JavaScript-Applikation in einer Produktionsumgebung bereitgestellt haben, wissen Sie bereits, wie man eine TypeScript-Applikation ausführt. Nach der Kompilierung zu JavaScript sind beide nicht besonders verschieden. In diesem Kapitel geht es um die Erstellung von TypeScript-Applikationen und deren Vorbereitung für die Produktion. Dabei gibt es gar nicht so viele Besonderheiten. Dieses Kapitel ist in vier Abschnitte gegliedert:

- Dinge, die Sie benötigen, um irgendeine TypeScript-Applikation zu erstellen.
- Erstellung und Ausführung von TypeScript-Applikationen auf dem Server.
- Erstellung und Ausführung von TypeScript-Applikationen im Browser.
- Ihre TypeScritp-Applikation wird für NPM erstellt und dann dort veröffentlicht.

Das TypeScript-Projekt erstellen

Die Erstellung eines TypeScript-Projekts ist ganz einfach. In diesem Abschnitt decken wir die wichtigsten Punkte ab, die Sie verstehen müssen, um Ihr Projekt für eine beliebige Umgebung zu erstellen.

Projekt-Layout

Ich empfehle Ihnen, für den Quellcode Ihres TypeScript-Projekts ein eigenes Verzeichnis namens *src/* anzulegen und diesen in ein *dist/*-Verzeichnis zu kompilieren. Diese Ordnerstruktur wird per Konvention recht oft genutzt. Sie verteilt den Quellcode und den generierten Code auf zwei Ordner direkt unterhalb des Projektordners (`my-app`) auf. Das erleichtert Ihnen außerdem das Leben, wenn Sie mit externen Werkzeugen arbeiten müssen, und hilft zu kontrollieren, welche erzeugten Dateien (Artefakte) in die Versionierung aufgenommen werden sollen (siehe unten).

Versuchen Sie, sich nach Möglichkeit an diese Ordnerstruktur zu halten:

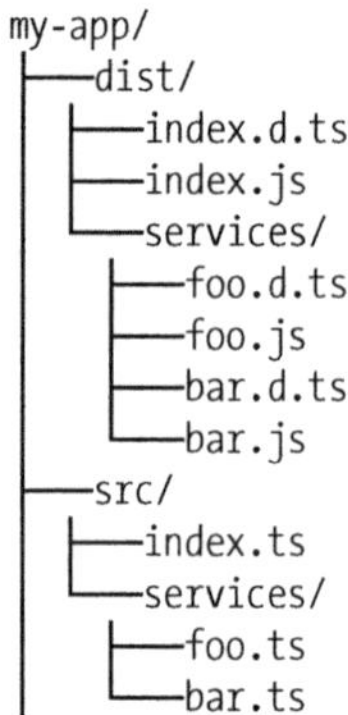

```
my-app/
├──dist/
│  ├──index.d.ts
│  ├──index.js
│  └──services/
│     ├──foo.d.ts
│     ├──foo.js
│     ├──bar.d.ts
│     └──bar.js
├──src/
│  ├──index.ts
│  └──services/
│     ├──foo.ts
│     └──bar.ts
│
```

Artefakte

Wenn Sie ein TypeScript-Programm zu JavaScript kompilieren, kann TSC verschiedene Artefakte für Sie erzeugen (siehe Tabelle 12-1).

Tabelle 12-1: Mögliche von TSC erzeugte Artefakte

Typ	Dateiendung	tsconfig.json-Flag	Standardmäßig erzeugt?
JavaScript	*.js*	`{"emitDeclarationOnly": false}`	Ja
Source-Maps	*.js.map*	`{"sourceMap": true}`	Nein
Typdeklarationen	*.d.ts*	`{"declaration": true}`	Nein
Deklarations-Maps	*.d.ts.map*	`{"declarationMap": true}`	Nein

Die erste Kategorie von Artefakten sollte Ihnen bekannt sein: JavaScript-Dateien. TSC kompiliert Ihren TypeScript zu JavaScript. Diesen können Sie dann auf einer JavaScript-Plattform wie NodeJS oder Chrome ausführen. Wenn Sie den Befehl `tsc ihredatei.ts` aufrufen, führt TSC ein Typechecking für *ihredatei.ts* durch und kompiliert sie zu JavaScript.

Die zweite Artefakt-Kategorie sind Sourcemaps. Dies sind spezielle Dateien, die für jeden Teil der erzeugten JavaScript-Datei eine Verbindung zu der entsprechenden Zeile und Spalte der TypeScript-Datei schaffen, aus der das JavaScript erzeugt wurde. Das hilft beim Debugging Ihres Codes (die Entwicklerwerkzeuge können beispielsweise den ursprünglichen TypeScript-Code anstelle des erzeugen JavaScript-Codes anzeigen). Kommt es bei der Ausführung von JavaScript zu Ausnahmen, lassen sich die Stacktraces zu den entsprechenden TypeScript-Quellen zurückverfolgen. (Durch die Verwendung von Sourcemaps können Werkzeuge, wie die in »Fehlerberichte« auf Seite 262 erwähnten, diese Rückverfolgung automatisch durchführen.)

Die dritte Form der Artefakte sind Typdeklarationen. Hiermit können andere TypeScript-Projekte Ihre erzeugten Typen ebenfalls verwenden.

Abschließend haben wir noch Deklarations-Maps. Sie werden verwendet, um die Kompilierungszeit Ihrer TypeScript-Projekte zu verkürzen. Mehr hierzu finden Sie unter »Projektreferenzen« auf Seite 260. Im übrigen Kapitel geht es darum, wie und warum diese Artefakte erzeugt werden.

Das Kompilierungsziel festlegen

Die Arbeit mit JavaScript hat gewisse Eigenarten. Durch den jährlichen Release-Zyklus entwickelt sich die Spezifikation sehr schnell. Als Programmierer können Sie aber nicht immer kontrollieren, welche JavaScript-Version die Zielplattform für Ihre Programme jeweils implementiert. Dazu kommt, dass JavaScript-Programme *isomorph* sind. Das heißt, Sie können sie entweder auf dem Server oder dem Client ausführen. Zum Beispiel:

- Sie führen ein Backend-JavaScript-Programm auf einem Server unter Ihrer Kontrolle aus. Hier können Sie genau festlegen, unter welcher JavaScript-Version das Programm läuft.
- Wenn Sie Ihr Backend-JavaScript-Programm als Open-Source-Projekt veröffentlichen, wissen Sie nicht, welche JavaScript-Versionen von den JavaScript-Plattformen Ihrer Nutzer verwendet werden. In einer NodeJS-Umgebung können Sie bestenfalls einen Bereich von unterstützten NodeJS-Versionen festlegen. In einer Browserumgebung haben Sie dagegen kein Glück.
- Wird Ihr JavaScript-Code in einem Browser ausgeführt, können Sie nicht wissen, welche Browser Ihre Nutzer für die Ausführung verwenden – die neuesten Versionen von Chrome, Firefox oder Edge, die die neuesten und modernsten JavaScript-Merkmale unterstützen, eine leicht veraltete Version dieser Browser oder etwas Antiquiertes wie Internet Explorer 8 oder vielleicht sogar einen eingebetteten Browser, der auf der PlayStation 4 in Ihrer Garage läuft. Sie können bestenfalls eine Reihe von Features definieren, die Browser unterstützen müssen, um Ihre Applikation ausführen zu können. Sie können Polyfills (alternative Implementierungen) für möglichst viele Merkmale bereitstellen und versuchen, herauszufinden, wenn die Nutzer von veralteten Browsern Ihre Applikation ausführen wollen. Bei Bedarf können Sie gegebenenfalls eine Nachricht anzeigen, die Nutzer zur Aktualisierung ihres Browsers auffordert.
- Wenn Sie eine isomorphe JavaScript-Bibliothek veröffentlichen (z.B. eine Logging-Bibliothek, die im Browser und auf dem Server laufen soll), dann müssen Sie nicht nur eine minimale NodeJS-Version, sondern auch eine Reihe von browserbasierten JavaScript-Engines und -Versionen unterstützen.

Nicht jede JavaScript-Umgebung unterstützt jedes Feature von sich aus. Trotzdem sollten Sie versuchen, den Code in der neuesten Sprachversion zu schreiben. Hierfür gibt es zwei Wege:

1. *Transkompilieren* Sie Applikationen (per automatischer Konvertierung) von der neuesten JavaScript-Version auf die älteste Version, die Ihre Zielplattform unterstützen soll. Wir machen das für Sprachmerkmale wie `for..of`-Schleifen und `async/await`, die automatisch in `for`-Schleifen bzw. `.then`-Aufrufe konvertiert werden können.
2. Stellen Sie *Polyfills* für alle Sprachmerkmale bereit, die in der JavaScript-Runtime fehlen, auf der Ihre Applikation laufen soll. Wir machen das für Features aus der JavaScript-Standardbibliothek (wie `Promise`, `Map` und `Set`) und Prototyp-Methoden (wie `Array.prototype.includes` und `Function.prototype.bind`).

TSC verfügt über eine eingebaute Unterstützung für die Transkompilierung Ihres Codes zu älteren JavaScript-Versionen, es stellt aber nicht automatisch Polyfills zur Verfügung. Noch einmal: TSC transkompiliert die meisten JavaScript-Merkmale für ältere Versionen, stellt aber keine Implementierungen für fehlende Features bereit.

In TSC gibt es drei Einstellungen, mit denen Sie die Zielumgebung festlegen können:

- `target` definiert die JavaScript-Version, zu der transkompiliert werden soll: `es5`, `es2015` etc.
- `module` legt fest, welches Ziel-Modulsystem verwendet werden soll: `es2015`-, `commonjs`-, `systemjs`-Module etc.
- `lib` teilt TypeScript mit, welche JavaScript-Merkmale in der Zielumgebung zur Verfügung stehen: `es5`-Merkmale, `es2015`-Merkmale, das `dom` etc. Es implementiert diese Merkmale nicht selbst – dafür gibt es Polyfills –, aber es teilt TypeScript mit, dass diese Features zur Verfügung stehen (entweder nativ oder über ein Polyfill).

Die geplante Zielumgebung für Ihre Applikation legt fest, zu welcher JavaScript-Version Sie mit `target` transkompilieren und welche Einstellung für `lib` Sie verwenden sollten. Wenn Sie nicht sicher sind, ist `es5` normalerweise eine sichere Standardeinstellung für beide Angaben. Die Einstellung für `module` hängt davon ab, ob Ihr Ziel NodeJS oder eine Browserumgebung ist und welchen Modul-Loader Sie im letzten Fall einsetzen.

Wenn Sie ungewöhnliche Plattformen unterstützen müssen, lohnt es sich, in Juriy Zaytsevs (auch als »Kangax« bekannt) Kompatibilitätstabellen (*http://kangax.github.io/compat-table/es5/*) nachzusehen, welche Merkmale die Zielplattformen jeweils unterstützen.

Wir wollen uns zunächst etwas genauer mit `target` und `lib` beschäftigen. Auf `module` kommen wir in den Abschnitten »TypeScript auf dem Server ausführen« auf Seite 263 und »TypeScript im Browser ausführen« auf Seite 263 zu sprechen.

target

TSC besitzt einen eingebauten *Transpiler* (Transkompilierer), der die meisten JavaScript-Merkmale für ältere JS-Versionen konvertieren kann. Dadurch können Sie

Ihren Code in der aktuellsten TypeScript-Version schreiben und ihn danach in die benötigte JavaScript-Version transkompilieren. Da TypeScript die aktuellsten JavaScript-Merkmale unterstützt (wie `async/wait`, die beim Schreiben dieses Buchs noch nicht von allen großen JavaScript-Plattformen unterstützt werden), werden Sie den eingebauten Transpiler häufig nutzen, um Ihren Code in etwas zu konvertieren, das NodeJS und Browser auch heute schon verstehen.

Sehen wir uns an, welche spezifischen JavaScript-Merkmale TSC für ältere JavaScript-Versionen transkompilieren kann und welche nicht (siehe Tabelle 12-2 und Tabelle 12-3).[1]

In der Vergangenheit wurden neue JavaScript-Revisionen alle paar Jahre mit aufsteigenden Versionsnummern (ES1, ES3, ES5, ES6) veröffentlicht. Ab 2015 verwendet JavaScript jedoch einen jährlichen Release-Zyklus, bei dem die Sprachversionen nach dem Jahr ihrer Veröffentlichung (ES2015, ES2016 etc.) benannt werden. Bestimmte JavaScript-Merkmale werden allerdings von TypeScript unterstützt, bevor sie Teil einer neuen JavaScript-Version sind. Wir bezeichnen diese Merkmale als »ESNext« (d.h. die nächste Revision).

Tabelle 12-2: TSC transkompiliert

Version	Merkmal
ES2015	`const`, `let`, `for..of`-Schleifen, Array-/Objekt-Spreads (`...`), markierte (»tagged«) Template-Strings, Klassen, Generatoren, Pfeil-Funktionen, Standardparameter für Funktionen, Restparameter für Funktionen, Destrukturierung von Deklarationen/Zuweisungen/Parametern
ES2016	Exponential-Operator (`**`)
ES2017	`async`-Funktionen, `await` für Promises
ES2018	`async`-Iteratoren
ES2019	Optionale Parameter in `catch`-Klausel
ESNext	Numerische Trennzeichen (`123_456`)

Tabelle 12-3: TSC nicht transkompiliert

Version	Merkmal
ES5	Getter/Setter für Objekte
ES2015	Die Regex-Flags `y` und `u`
ES2018	Das Regex-Flag `s`
ESNext	BigInt (`123n`)

1 Wenn Sie ein Sprachmerkmal verwenden, das TSC nicht transkompiliert und das auch nicht von Ihrer Zielplattform unterstützt wird, gibt es oft ein Babel-Plug-in, dass die Transkompilierung für Sie übernehmen kann. Um das aktuellste Plug-in zu finden, verwenden Sie die Suchmaschine Ihrer Wahl mit dem Suchbegriff »babel plugin <Name des Merkmals>«.

Um das Ziel einer Transkompilierung festzulegen, öffnen Sie Ihre *tsconfig.json* und geben dem `target`-Feld einen der folgenden Werte:

- `es3` für ECMAScript 3
- `es5` für ECMAScript 5 (dies ist ein guter Standardwert, falls Sie nicht sicher sind, was Sie verwenden sollen)
- `es6` oder `es2015` für ECMAScript 2015
- `es2016` für ECMAScript 2016
- `es2017` für ECMAScript 2017
- `es2018` für ECMAScript 2018
- `esnext` für die jeweils aktuellste ECMAScript-Revision

Um beispielsweise für ES5 zu kompilieren, schreiben Sie:

```
{
  "compilerOptions": {
    "target": "es5"
  }
}
```

lib

Wie gesagt, gibt es bei der Transkompilierung Ihres Codes für ältere JavaScript-Versionen einen Haken: Auch wenn die meisten Sprachmerkmale sicher transkompiliert werden können (`let` wird zu `var`, `classs` zu `function` etc.), müssen Sie immer noch ein *Polyfill* für den Fall bereitstellen, dass Ihre Zielplattform ein neueres Feature der Standardbibliothek nicht unterstützt. Hierzu gehören beispielsweise Hilfskonstrukte wie `Promise` und `Reflect` sowie Datenstrukturen wie `Map`, `Set` und `Symbol`. Ist Ihr Ziel eine der neuesten Chrome-, Firefox- oder Edge-Versionen, werden normalerweise keine Polyfills gebraucht. Wenn Sie auch ältere Browser – oder die meisten NodeJS-Umgebungen – unterstützen müssen, werden Sie diese Merkmale per Polyfill nachrüsten müssen.

Glücklicherweise müssen Sie die Polyfills nicht selbst schreiben. Stattdessen können Sie sie aus einer beliebten Polyfill-Bibliothek wie `core-js` (zu finden im NPM (*https://www.npmjs.com/package/core-js*)) installieren. Oder Sie fügen die Polyfills automatisch hinzu, indem Sie Ihren per Typechecking überprüften Code per `@babel/polyfill` (*https://babeljs.io/docs/en/babel-polyfill*) von Babel bearbeiten lassen.

Soll Ihre Applikation in einem Browser laufen, sollten Sie darauf achten, Ihren JavaScript-Code nicht unnötig aufzublasen. Das kann schnell passieren, wenn Sie Ihrem Paket alle möglichen Polyfills beilegen, ohne darauf zu achten, ob der jeweilige Browser diese wirklich braucht oder nicht. Sehr wahrscheinlich unterstützt Ihre Zielplattform zumindest ein paar der Merkmale, für die Sie Polyfills bereitstellen. Stattdessen sollten Sie einen Dienst wie Polyfill.io (*https://polyfill.io/v2/docs/*) verwenden, um nur die vom Browser wirklich gebrauchten Polyfills zu laden.

Sobald Sie Ihren Code mit Polyfills versehen haben, können Sie TSC mitteilen, dass Ihre Umgebung die per Polyfill ergänzten Merkmale garantiert unterstützt. Hierfür gibt es das `lib`-Feld Ihrer *tsconfig.json*. Folgende Einstellung funktioniert, wenn Sie sämtliche ES2015-Merkmale sowie `Array.prototype.includes` aus ES2016 garantiert unterstützen:

```
{
  "compilerOptions": {
    "lib": ["es2015", "es2016.array.includes"]
  }
}
```

Soll der Code im Browser ausgeführt werden, müssen Sie außerdem die Typdeklarationen für das DOM aktivieren, damit `window`, `document` und all die anderen APIs, die für die Verwendung von JavaScript im Browser gebraucht werden, richtig funktionieren:

```
{
  "compilerOptions": {
  "lib": ["es2015", "es2016.array.include", "dom"]
  }
}
```

Eine komplette Liste der unterstützten Bibliotheken erhalten Sie per `tsc --help`.

Sourcemaps verwenden

Sourcemaps bieten die Möglichkeit, transkompilierten Code zu dem Quellcode zurückzuverfolgen, aus dem er erzeugt wurde. Die meisten Entwicklerwerkzeuge (z.B. die »Entwicklertools« in Chrome), Frameworks für die Erzeugung von Fehlerberichten und Fehlerprotokollierung und Build-Werkzeuge können mit Sourcemaps umgehen. Da ein typischer Build-Prozess oft Code produziert, der sich stark vom Ausgangscode unterscheidet, kann die Verwendung von Sourcemaps in Ihrer Build-Pipeline das Debugging des resultierenden JavaScript-Codes stark vereinfachen. (Ihre Pipeline könnte TypeScript beispielsweise zu ES5-JavaScript kompilieren, »toten« Code per Rollup (*https://rollupjs.org/*) entfernen, diesen mit Prepack (*https://prepack.io*) vorauswerten und ihn dann per Uglify (*https://www.npmjs.com/package/uglify-js*) minifizieren.)

Allgemein ist es eine gute Idee, Sourcemaps sowohl in der Entwicklung zu verwenden als auch in Produktionsumgebungen (sowohl im Browser als auch auf dem Server) zur Verfügung zu stellen. Dabei müssen Sie jedoch eines beachten: Wenn Sie versuchen, die Sicherheit durch unübersichtlichen Code (»security through obscurity«) zu erhöhen, sollten Sie Browsern in der Produktion keine Sourcemaps bereitstellen.

Projektreferenzen

Je stärker Ihre Applikation wächst, desto länger braucht TSC, um das Typechecking und die Kompilierung Ihres Codes durchzuführen. Die benötigte Zeit wächst ungefähr linear mit der Größe Ihrer Codebasis. Wenn Sie lokal entwickeln, kann eine langsame inkrementelle Kompilierungszeit Ihre Entwicklung deutlich verlangsamen. Das kann mit der Zeit ziemlich schmerzhaft werden.

Um das Problem zu beheben, besitzt TypeScript ein Feature namens *Projektreferenzen*, das die Kompilierungszeiten, inklusive inkrementeller Kompilierungen, deutlich verringert. Für jedes Projekt, das länger als ein paar Hundert Zeilen ist, sind Projektreferenzen ein Muss.

Die Verwendung funktioniert so:

1. Teilen Sie Ihr TypeScript-Projekt in mehrere Einzelprojekte auf. Ein Projekt ist einfach ein Ordner, der eine *tsconfig.json* und etwas TypeScript-Code enthält. Versuchen Sie, Ihren Code so aufzuteilen, das Code, der zusammen aktualisiert wird, im gleichen Ordner liegt.
2. Erstellen Sie für jedes Einzelprojekt eine *tsconfig.json*, die mindestens die folgenden Angaben enthält:

```
{
  "compilerOptions": {
    "composite": true,
    "declaration": true,
    "declarationMap": true,
    "rootDir": "."
  },
  "include": [
    "./**/*.ts"
  ],
  "references": [
    {
      "path": "../myReferencedProject",
      "prepend": true
    }
  ],
}
```

Die wichtigen Punkte hierbei sind:

- `composite`. Hiermit teilen Sie TSC mit, dass dieser Ordner ein Subprojekt eines größeren TypeScript-Projekts ist.
- `declaration`. Hiermit wird TSC angewiesen *.d.ts*-Deklarationsdateien für dieses Projekt zu erzeugen. Die Projektreferenzen funktionieren so, dass Projekte auf die Deklarationsdateien und das erzeugte JavaScript der anderen Projekte zugreifen kann, aber nicht auf die TypeScript-Quelldateien. Das schafft eine Abgrenzung, hinter der TSC nicht versucht, Ihren Code erneut einem Typechecking zu unterziehen und ihn zu rekompilie-

ren: Wenn Sie eine Zeile im Unterprojekt *A* aktualisieren, muss TSC das Unterprojekt *B* nicht erneut überprüfen. Es muss nur testen, ob ein Typfehler auf die Typdeklarationen in *B* zurückzuführen ist. Besonders dieses Verhalten macht die Verwendung von Projektreferenzen beim Neuaufbau großer Projekte so effizient.

- `declarationMap`. Hiermit wird TSC angewiesen, Source-Maps für die erzeugten Typdeklarationen zu erstellen.
- `references`. Dies ist ein Array mit weiteren Subprojekten, von denen Ihr Subprojekt abhängt. Die `path`-Angabe jeder Referenz sollte entweder auf einen Ordner, der eine *tsconfig.json* enthält, oder direkt auf eine TSC-Konfigurationsdatei verweisen (falls diese nicht *tsconfig.json* heißt). Die Verwendung von `prepend` sorgt dafür, dass die direkt in Ihrem Subprojekt erzeugten JavaScript-Dateien und Source-Maps mit denen aus dem referenzierten Subprojekt zusammengefasst werden. Die Verwendung von `prepend` ist allerdings nur sinnvoll, wenn Sie `outFile` benutzen. Sonst können Sie die `prepend`-Angaben weglassen.
- Hiermit können Sie explizit angeben, dass dieses Subprojekt relativ zum Hauptprojekt (»root project«, `.`) kompiliert werden soll. Alternativ können Sie ein Ausgabeverzeichnis (`outDir`) angeben, einen Unterordner des `outDir` für das Hauptprojekt.

3. Erstellen Sie eine Haupt-*tsconfig.json*, die alle Subprojekte auflistet, die noch nicht von einem anderen Subprojekt referenziert wurden:

```
{
  "files": [],
  "references": [
    {"path": "./myProject"},
    {"path": "./mySecondProject"}
  ]
}
```

4. Wenn Sie Ihr Projekt mit TSC kompilieren, verwenden Sie das `build`-Flag, um TSC mitzuteilen, dass es die Projektreferenzen berücksichtigen soll:

```
tsc --build # Oder kurz: tsc -b
```

Beim Schreiben dieses Buchs waren Projektreferenzen noch ein recht neues TypeScript-Feature, das noch einige Ecken und Kanten hatte. Wenn Sie Projektreferenzen nutzen, sollten Sie auf folgende Dinge achten:

- Wenn Sie ein Projekt klonen oder neu herunterladen, sollten Sie das gesamte Projekt (per `tsc -b`) neu aufbauen, um möglicherweise fehlende oder veraltete *.d.ts*-Dateien neu zu erzeugen. Alternativ dazu können Sie Ihre erzeugten *.d.ts*-Dateien mit versionieren.
- Verwenden Sie kein `noEmitOnError: false` mit Projektreferenzen – TSC wird diese Option immer zu `true` hartcodieren.

- Stellen Sie manuell sicher, dass ein bestimmtes Subprojekt mit höchstens einem anderen Subprojekt kombiniert (»prepended«) wird. Ansonsten erscheint das doppelt kombinierte Subprojekt in der kompilierten Ausgabe zweimal. Wenn Sie die Unterprojekte nur referenzieren, aber nicht per `prepend` kombinieren, sollte alles in Ordnung sein.

Die Größe der tsconfig.json-Dateien per extends gering halten

Da vermutlich alle Subprojekte die gleichen Compiler-Optionen verwenden sollen, ist es sinnvoll, eine »Haupt«-*tsconfig.json* im Wurzelverzeichnis zu erstellen, die von den *tsconfig.json*-Dateien der Subprojekte erweitert werden kann:

```
{
  "compilerOptions": {
    "composite": true,
    "declaration": true,
    "declarationMap": true,
    "lib": ["es2015", "es2016.array.include"],
    "rootDir": ".",
    "sourceMap": true,
    "strict": true,
    "target": "es5",
  }
}
```

Danach können Sie die *tsconfig.json*-Dateien der Subprojekte mithilfe der `extends`-Option erweitern:

```
{
  "extends": "../tsconfig.base",
  "include": [
    "./**/*.ts"
  ],
  "references": [
    {
      "path": "../myReferencedProject",
      "prepend": true
    }
  ],
}
```

Fehlerberichte

TypeScript warnt Sie vor Fehlern bei der Kompilierung. Sie müssen aber auch von Ausnahmen erfahren können, die zur Laufzeit beim Benutzer auftreten, damit Sie diese bereits bei der Kompilierung verhindern können (oder zumindest das Problem beheben, das den Laufzeitfehler ausgelöst hat). Monitoring-Werkzeuge wie Sentry (*https://sentry.io*) oder Bugsnag (*https://bugsnag.com*) können helfen, Laufzeitfehler zu melden und zusammenzufassen.

TypeScript auf dem Server ausführen

Um TypeScript in einer NodeJS-Umgebung auszuführen, kompilieren Sie Ihren Code einfach zu ES2015-JavaScript (oder ES5, falls eine ältere NodeJS-Version unterstützt werden soll). Das `module`-Flag in *tsconfig.json* benötigt hierbei den Wert `commonjs`:

```
{
  "compilerOptions": {
    "target": "es2015",
    "module": "commonjs"
  }
}
```

Dadurch werden die `import`- und `export`-Anweisungen aus ES2015 in Aufrufe von `require` und `module.exports` umgewandelt, damit Ihr Code ohne weiteres Bundling unter NodeJS läuft.

Falls Sie Sourcemaps verwenden (immer eine gute Idee!), müssen Sie diese dem NodeJS-Prozess übergeben. Laden Sie hierfür einfach das `source-map-support`-Package aus dem NPM und folgen Sie den Anweisungen zur Einrichtung. Die meisten Werkzeuge zur Prozessbeobachtung, Protokollierung und Berichterstattung wie PM2 (*https://www.npmjs.com/package/pm2*), Winston (*https://www.npmjs.com/package/winston*) und Sentry (*https://sentry.io*) unterstützen Sourcemaps bereits »von Haus aus«.

TypeScript im Browser ausführen

Die Kompilierung von TypeScript für die Ausführung im Browser ist etwas aufwendiger als beim Server.

Zu Beginn müssen Sie entscheiden, welches Modulsystem verwendet werden soll. Eine gute Faustregel ist, bei `umd` zu bleiben, um eine Bibliothek für andere zu veröffentlichen (z.B. auf NPM). Das maximiert die Kompatibilität mit den verschiedenen eingesetzten Module-Bundlern.

Wenn Sie Ihren Code nur selbst benutzen wollen, ohne ihn über NPM zu veröffentlichen, hängt das Kompilierungsformat davon ab, welchen Module-Bundler Sie verwenden. Überprüfen Sie hierfür die Dokumentation Ihres Bundlers. Webpack und Rollup funktionieren beispielsweise am besten mit ES2015-Modulen, während Browserify CommonJS-Module benötigt. Hier ein paar Richtlinien:

- Wenn Sie den Modul-Loader SystemJS (*https://github.com/systemjs/systemjs*) benutzen, geben Sie `module` den Wert `systemjs`.
- Wenn Sie Ihren Code mit einem ES2015-fähigen Module-Bundler wie Webpack (*https://webpack.js.org*) oder Rollup (*https://github.com/rollup/rollup*) ausführen, geben Sie `module` den Wert `es2015` oder höher.

- Verwenden Sie einen ES2015-fähigen Module-Bundler und Ihr Code verwendet »Dynamische Importe« auf Seite 222, geben Sie `module` den Wert `esnext`.
- Erstellen Sie eine Bibliothek für die Benutzung durch andere Projekte, ohne dass Ihr Code nach `tsc` zusätzliche Build-Schritte durchläuft, können Sie die Kompatibilität mit verschiedenen Loadern erhöhen, indem Sie `module` den Wert `umd` geben.
- Wenn Sie einen CommonJS-Bundler wie Browserify (*https://github.com/browserify/browserify*) für das Bundling verwenden, geben Sie `module` den Wert `commonjs`.
- Soll Ihr Code mit RequireJS (*https://requirejs.org*) oder einem anderen AMD-Modul-Loader geladen werden, geben Sie `module` den Wert `amd`.
- Sollen die Exporte auf oberster Ebene global im `window`-Objekt verfügbar sein (was passieren kann, wenn Sie eine gewisse sadistische Ader haben), geben Sie `module` den Wert `none`. Beachten Sie, dass TSC versucht, Ihre Begeisterung, anderen Programmierern Schmerzen zuzufügen, zu dämpfen, indem es Ihren Code trotzdem zu `commonjs` kompiliert, sofern Ihr Code den Modulmodus verwendet (siehe »Modulmodus oder Skriptmodus« auf Seite 224).

Danach konfigurieren Sie Ihre Build-Pipeline so, dass der gesamte TypeScript-Code zu einer JavaScript-Datei (dem »Bundle«) oder zu mehreren JavaScript-Dateien kompiliert wird. Für kleine Projekte kann TSC das über das `outFile`-Flag machen. Allerdings ist dieses Flag auf die Erzeugung von SystemJS- und AMD-Bundles beschränkt. Da TSC Build-Plug-ins und intelligente Codetrennung nicht so unterstützt wie ein spezielles Build-Werkzeug, z.B. Webpack, werden Sie sich früher oder später einen leistungsfähigerer Bundler wünschen.

Aus diesen Gründen sollten Sie für Frontend-Projekte von Anfang an ein mächtiges Build-Werkzeug verwenden. Es gibt TypeScript-Plug-ins für die verschiedensten Build-Werkzeuge Ihrer Wahl. Zum Beispiel:

- `ts-loader` (*http://bit.ly/2Gw3uH2*) für Webpack (*https://webpack.js.org*)
- `tsify` (*http://bit.ly/2KOaZgw*) für Browserify (*http://bit.ly/2IDpfGe*)
- `@babel/preset-typescript` (*http://bit.ly/2vc2Sjy*) für Babel (*https://babeljs.io*)
- `gulp-typescript` (*http://bit.ly/2vanubN*) für Gulp (*https://gulpjs.com*)
- `grunt-ts` (*http://bit.ly/2PgUXuq*) für Grunt (*https://gruntjs.com*)

Eine umfassende Diskussion der Optimierung Ihres JavaScript-Bundles würden den Rahmen dieses Buchs sprengen. Daher gebe ich Ihnen hier nur ein paar kurze Ratschläge, die übrigens nicht auf TypeScript beschränkt sind:

- Halten Sie Ihren Code modular und vermeiden Sie implizite Abhängigkeiten (das kann passieren, wenn Sie `window` oder anderen globalen Objekten Dinge zuweisen). Dadurch kann Ihr Build-Werkzeug die verschiedenen Abhängigkeiten besser analysieren.

- Verwenden Sie dynamische Importe, um Code erst dann zu laden, wenn er wirklich gebraucht wird, damit die Darstellung Ihrer Seite nicht unnötig verzögert wird.
- Nutzen Sie die Vorteile Ihres Build-Werkzeugs, Code automatisch aufzuteilen, damit nicht zu viel JavaScript auf einmal geladen wird, was das Laden der Seite unnötig verlangsamen kann.
- Schaffen Sie sich eine Möglichkeit, die Ladezeit Ihrer Seite zu messen. Entweder synthetisch oder – idealerweise – mit echten Nutzerdaten. Je größer Ihre Applikation wird, desto höhere Ladezeiten können Sie erwarten. Sie können die Ladezeiten nur optimieren, wenn Sie sie messen können. Werkzeuge wie New Relic (*https://newrelic.com*) und Datadog (*https://www.datadoghq.com*) sind hierbei von unschätzbarem Wert.
- Sorgen Sie dafür, dass das Build-System in Ihrer Produktionsumgebung eine möglichst große Ähnlichkeit mit Ihrer Entwicklungsumgebung hat. Je größer die Unterschiede, desto mehr schwer behebbare Fehler werden in der Produktionsumgebung auftreten.
- Wenn Sie TypeScript-Code für die Ausführung im Browser veröffentlichen, sollten Sie eine Strategie vorhalten, fehlende Merkmale durch Polyfills nachzurüsten. Vielleicht gibt es einen Standardsatz an Polyfills, den Sie als Teil jedes Bundles mitliefern, oder Sie verwenden einen dynamischen Satz Polyfills, der sich jeweils an den Fähigkeiten des Browsers des Nutzers richtet.

TypeScript-Code über NPM veröffentlichen

TypeScript-Code kann leicht so kompiliert werden, dass andere TypeScript- und JavaScript-Projekte ihn verwenden können. Bei der Kompilierung von TypeScript für die externe Benutzung sollte man allerdings ein paar Regeln beachten:

- Erstellen Sie Sourcemaps, damit Sie Ihren eigenen Code debuggen können.
- Kompilieren Sie zu ES5, damit andere Ihren Code leicht installieren und ausführen können.
- Überlegen Sie gut, für welches Modulformat Sie kompilieren (UMD, CommonJS, ES2015 etc.).
- Erstellen Sie Typdeklarationen, damit andere TypeScript-Benutzer die richtigen Typen für Ihren Code zur Verfügung haben.

Beginnen Sie, indem Sie Ihr TypeScript mit `tsc` zu JavaScript kompilieren, und erzeugen Sie die dazu gehörigen Typdeklarationen. Konfigurieren Sie Ihre *tsconfig.json* so, dass die Kompatibilität mit beliebten JavaScript-Umgebungen und Build-Systemen möglichst groß ist (mehr dazu in »Das TypeScript-Projekt erstellen« auf Seite 253):

```
{
"compilerOptions": {
  "declaration": true,
  "module": "umd",
  "sourceMaps": true,
  "target": "es5"
  }
}
```

Danach legen Sie in Ihrer *.npmignore*-Datei fest, dass Ihr TypeScript-Code nicht per NPM veröffentlicht werden soll. So vermeiden Sie, dass Ihr Package unnötig groß wird. In Ihrer *.gitignore* geben Sie an, dass die erzeugten Artefakte nicht Teil des Git-Repositorys sein sollen, um es nicht zu »verunreinigen«:

```
# .npmignore

*.ts    # .ts-Dateien ignorieren...
!*.d.ts # ...aber .d.ts-Dateien erlauben

# .gitignore

*.d.ts # .d.ts-Dateien ignorieren
*.js   # .js-Dateien ignorieren
```

Wenn Sie sich an das empfohlene Projektlayout (wie zu Beginn dieses Kapitels gezeigt) gehalten und ihre Quelldateien unter *src/* bzw. die erzeugten Dateien unter *dist/* abgelegt haben, sind Ihre *.*ignore*-Dateien sogar noch einfacher:

```
# .npmignore

src/ # Quelldateien ignorieren

# .gitignore

dist/ # Erzeugte Dateien ignorieren
```

Zum Schluss fügen Sie der *package.json* Ihres Projekt ein "types"-Feld hinzu, um darauf hinzuweisen, dass Ihr Package Typdeklarationen enthält (das ist zwar nicht obligatorisch, aber ein hilfreicher Hinweis an TSC für alle TypeScript-Nutzer). Vor der Veröffentlichung geben Sie noch ein Build-Skript (im Feld "scripts") für Ihr Package an, um sicherzustellen, dass der JavaScript-Code, die Typdeklarationen und Sourcemaps immer aktuell und mit dem TypeScript-Code synchron sind, aus dem sie kompiliert wurden:

```
{
  "name": "my-awesome-typescript-project",
  "version": "1.0.0",
  "main": "dist/index.js",
  "types": "dist/index.d.ts",
  "scripts": {
    "prepublishOnly": "tsc -d"
  }
}
```

Und das ist auch schon alles. Wenn Sie Ihr Package per `npm publish` veröffentlichen, wird NPM Ihr TypeScript automatisch in ein Format kompilieren, das sowohl TypeScript-Anwender (mit kompletter Typsicherheit) als auch JavaScript-Anwender (mit einer gewissen Typsicherheit, sofern ihr Codeeditor dies unterstützt) benutzen können.

Triple-Slash-Direktiven (///)

TypeScript besitzt ein wenig bekanntes und benutztes und größtenteils veraltetes Merkmal namens *Triple-Slash-Direktiven* (»Drei Schrägstriche« – keine Fragezeichen, `///`). Diese Direktiven sind speziell formatierte TypeScript-Kommentare, die als Anweisungen für TSC dienen.

Diese Direktiven gibt es in drei Geschmacksrichtungen, hier werden wir aber nur zwei behandeln: `types`, um den Import kompletter Module, die nur Typen enthalten, zu überspringen, und `amd-module` für die Benennung erzeugter AMD-Module. Eine komplette Referenz finden Sie unter Anhang E.

Die types-Direktive

Je nachdem, was Sie aus einem Modul importieren, muss TypeScript bei der Kompilierung Ihres Codes zu JavaScript nicht unbedingt einen `import`- oder `require`-Aufruf erzeugen. Haben Sie beispielsweise eine `import`-Anweisung, deren Export nur in einer Typposition Ihres Moduls benutzt wird (d.h., es wird nur ein Typ aus dem Modul importiert), wird TypeScript keinen JavaScript-Code für diesen Import erzeugen. Der Import existiert quasi nur auf Typebene. Dieses Feature wird *Import-Auslassung* (»import elision«) genannt.

Die Ausnahme zu dieser Regel sind zweckentfremdete Importe: Wenn Sie ein komplettes Modul importieren (ohne einen bestimmten oder einen Wildcard-Export vorzunehmen), erzeugt dieser Import bei der Kompilierung Ihres TypeScript-Codes JavaScript-Code. Das kann etwa dann sinnvoll sein, wenn Sie sicherstellen wollen, dass ein ambienter Typ, der in einem Modul im Skriptmodus definiert wurde, Ihrem Programm zur Verfügung steht (wie wir das in »Prototypen sicher erweitern« auf Seite 156 getan haben). Zum Beispiel:

```
// global.ts
type MyGlobal = number

// app.ts
import './global'
```

Nach der Kompilierung von *app.ts* zu JavaScript mit dem Befehl `tsc app.ts` werden Sie feststellen, dass der Import von *./global* nicht ausgelassen wurde:

```
// app.js
import './global'
```

Bei Importen wie diesem, wollen Sie zu Beginn wahrscheinlich sicherstellen, dass Ihre Importe diese Nebeneffekte wirklich benutzen müssen und dass es keine andere Möglichkeit gibt, in Ihrem Code expliziter zu formulieren, welchen Wert oder Typ Sie importieren (z.B. die Verwendung von `import {MyType} from './global'` – was TypeScript für Sie auslässt – anstelle von `import './global'`). Oder Sie können versuchen, Ihren ambienten Typ im `types`-, `files`- oder `include`-Feld Ihrer *tsconfig.json* unterzubringen und den Import auf diese Weise komplett zu vermeiden.

Manchmal funktioniert keiner dieser Wege, Sie wollen aber trotzdem ein komplettes Modul importieren. Anstatt einen JavaScript-`import`- oder `require`-Aufruf zu erzeugen, können Sie die Triple-Slash-Direktive `types` verwenden. Eine Triple-Slash-Direktive besteht aus drei Schrägstrichen `///`, gefolgt von einem bestimmten XML-Tag, das jeweils bestimmte Attribute benötigt. Für die `types`-Direktive sieht das so aus:

- Eine Abhängigkeit von einer ambienten Typdeklaration deklarieren:

  ```
  /// <reference types="./global" />
  ```

- Eine Abhängigkeit von *@types/jasmine/index.d.ts* deklarieren:

  ```
  /// <reference types="jasmine" />
  ```

Sie werden diese Direktive vermutlich nicht sehr oft benutzen. Und falls doch, sollten Sie überdenken, wie Typen in Ihrem Projekt verwendet werden. Vielleicht müssen Sie ambiente Typen gar nicht so oft einsetzen.

Die amd-module-Direktive

Bei der Kompilierung Ihres TypeScript-Codes in das AMD-Modulformat (erkennbar an `{"module": "amd"}` in Ihrer *tsconfig.json*) erzeugt TypeScript standardmäßig anonyme AMD-Module. Um die erzeugten Module mit Namen zu versehen, können Sie die Triple-Slash-Direktive `amd-module` verwenden.

Angenommen, Sie haben folgenden Code:

```
export let LogService = {
  log() {
    // ...
  }
}
```

Dann erzeugt TSC bei der Kompilierung in ein `amd`-Modulformat folgenden JavaScript-Code:

```
define(['require', 'exports'], function(require, exports) {
  exports.__esModule = true
  exports.LogService = {
    log() {
      // ...
    }
  }
})
```

Wenn Ihnen das AMD-Modulformat bekannt ist, werden Sie bemerkt haben, dass es sich hier um ein anonymes AMD-Modul handelt. Um dem Modul einen Namen zu geben, verwenden Sie die Triple-Slash-Direktive `amd-module` in Ihrem Code wie hier:

```
/// <amd-module name="LogService" /> ❶
export let LogService = { ❷
  log() {
    // ...
  }
}
```

❶ Wir verwenden die `amd-module`-Direktive und definieren daran ein `name`-Attribut.

❷ Der Rest des Codes bleibt unverändert.

Wenn wir das mit TSC erneut ins AMD-Modulformat kompilieren, erhalten wir den folgenden JavaScript-Code:

```
/// <amd-module name='LogService' />
define('LogService', ['require', 'exports'], function(require, exports) {
  exports.__esModule = true
  exports.LogService = {
    log() {
      // ...
    }
  }
})
```

Wenn Sie Ihren Code zu AMD-Modulen kompilieren, können Sie die `amd-module`-Direktive einsetzen, um Ihren Code leichter zu verpacken und zu debuggen. (Oder Sie wechseln gleich zu einem moderneren Modulformat wie ES2015).

Zusammenfassung

In diesem Kapitel haben wir alles behandelt, was Sie für das Erstellen und Ausführen Ihrer TypeScript-Applikation in einer Produktionsumgebung wissen müssen – im Browser oder auf dem Server. Wir haben darüber gesprochen, welche JavaScript-Version am besten für die Kompilierung geeignet ist, welche Bibliotheken in Ihrer Umgebung als verfügbar gekennzeichnet werden sollten (und wie Sie Polyfills verwenden können, falls sie nicht verfügbar sind). Wir haben gezeigt, wie Sie Sourcemaps erstellen und Ihrer Applikation beilegen können, um sie in der Produktion oder bei der lokalen Entwicklung leichter debuggen zu können. Danach haben wir erforscht, wie Sie Ihr TypeScript-Projekt modularisieren können, um die Kompilierungszeiten gering zu halten. Am Ende haben wir uns damit befasst, wie man eine TypeScript-Applikation auf dem Server und im Browser ausführt, wie Sie Ihren TypeScript-Code über den NPM veröffentlichen können, wie Import-Auslassungen (»elisions«) funktionieren und wie Benutzer von AMD Triple-Slash-Direktiven nutzen können, um ihre Module mit Namen zu versehen.

KAPITEL 13
Abschluss

Wir kommen zum Ende unserer gemeinsamen Reise.

Wir haben gesehen, was Typen sind und warum sie nützlich sind, welche Typen TypeScript unterstützt, wie das Typsystem von TypeScript unter anderem mit Ableitung, Zuweisbarkeit, Typverfeinerung und Vollständigkeitsprüfungen umgeht, welche Regeln für kontextabhängige Typisierung gelten, wie Varianz funktioniert und wie Typoperatoren verwendet werden. Wir haben Funktionen, Klassen und Interfaces, Iteratoren, Iterables und Generatoren, Überladungen, polymorphe Typen, Mixins, Dekoratoren und verschiedene Notausgänge kennengelernt, die Sie nutzen können, um Ihren Code auf Kosten von etwas Sicherheit trotzdem noch vor der Deadline fertig zu bekommen. Wir haben die Möglichkeiten sowie die Vor- und Nachteile im sicheren Umgang mit Ausnahmen erforscht und gesehen, wie man mithilfe von Typen nebenläufige, parallele und asynchrone Programme absichern kann. Wir haben uns angesehen, wie TypeScript mit beliebten Frameworks wie Angular und React benutzt werden kann und wie Namensräume und Module funktionieren. Wir haben die Verwendung, den Aufbau, das Building und die Bereitstellung von TypeScript im Front- und im Backend betrachtet und darüber gesprochen, wie Code schrittweise zu TypeScript migriert werden kann. Wir haben uns damit beschäftig, wie Typdeklarationen verwendet werden und wie Sie Code per NPM für die Benutzung durch andere veröffentlichen können. Außerdem haben wir gesehen, wie Sie Drittanbieter-Code sicher nutzen und wie Sie Ihre eigenen TypeScript-Projekte erstellen können.

Ich hoffe, ich konnte Sie von den Vorteilen der statischen Typisierung überzeugen, sodass Sie Ihre Programme vor der Implementierung gelegentlich in Typen skizzieren und ein tiefes und intuitives Verständnis der Verwendung von Typen erlangt haben, um Ihre Applikationen sicherer zu machen. Ich hoffe, Sie haben Ihre Weltsicht geändert – zumindest ein bisschen – und dass Sie beim Schreiben von Code jetzt in Typen denken.

Sie sind jetzt in der Lage, andere in TypeScript zu unterrichten. Setzen Sie sich für Sicherheit ein und helfen Sie dabei, den Code Ihres Unternehmens und Ihrer Freunde zu verbessern und dabei auch noch mehr Spaß zu haben.

Forschen Sie weiter. TypeScript ist wahrscheinlich nicht Ihre erste Sprache, und es wird nicht Ihre letzte sein. Lernen Sie neue Wege des Programmierens, des Nachdenkens über Typen und neue Wege, zwischen Sicherheit und leichter Benutzbarkeit abzuwägen. Vielleicht erfinden Sie das nächste große Ding nach TypeScript und schreiben irgendwann selbst ein Buch darüber ...

ANHANG A
Typoperatoren

TypeScript verfügt über einen reichhaltigen Fundus an Typoperatoren für die Arbeit mit Typen. In Tabelle A-1 finden Sie eine praktische Referenz, für den Fall, dass Sie mehr über einen bestimmten Operator wissen wollen.

Tabelle A-1: Typoperatoren

Typoperator	Syntax	Verwendung mit	Weitere Informationen
Typabfrage	`typeof`, `instanceof`	Beliebige Typen	»Typverfeinerung (refinement)« auf Seite 128, »Klassen deklarieren Werte und Typen« auf Seite 99
Schlüssel	`keyof`	Objekt-Typen	»Der keyof-Operator« auf Seite 136
Eigenschaften abfragen	`O[K]`	Objekt-Typen	»Der Operator für schlüsselbasierten Zugriff« auf Seite 134
Abgebildeter Typ	`[K in O]`	Objekt-Typen	»Abgebildete Typen« auf Seite 139
Additions-Modifier	`+`	Objekt-Typen	»Abgebildete Typen« auf Seite 139
Subtraktions-Modifier	`-`	Objekt-Typen	»Abgebildete Typen« auf Seite 139
Modifier f. Schreibschutz	`readonly`	Objekt-Typen, Array-Typen, Tupel-Typen	»Objekte« auf Seite 25, »Klassen und Vererbung« auf Seite 85, »Immutable (schreibgeschützte) Arrays und Tupel« auf Seite 37
»Optional«- Modifier	`?`	Objekt-Typen, Tupel-Typen, Funktionsparameter-Typen	»Objekte« auf Seite 25, »Tupel« auf Seite 36, »Optionale und Standardparameter« auf Seite 49
Bedingungsabhängiger Typ	`?`	Generische Typen, Typ-Aliase, Funktionsparameter-Typen	»Konditionale Typen« auf Seite 145
Nicht-`null`-Zusicherung	`!`	Nullwertfähige Typen	»Nicht-null-Zusicherungen« auf Seite 150, »Zusicherungen für definitive Zuweisungen« auf Seite 153
Generische Standardparameter	`=`	Generische Typen	»Generische Standardtypen« auf Seite 80

Tabelle A-1: Typoperatoren (Fortsetzung)

Typoperator	Syntax	Verwendung mit	Weitere Informationen
Typ-Zusicherung	`as`, `<>`	Beliebige Typen	»Typzusicherungen (type assertions)« auf Seite 149, »Der Typ const« auf Seite 125
Typschutz (type guard)	`is`	Rückgabetypen von Funktionen	»Benutzerdefinierte Type Guards (Typschutz)« auf Seite 143

ANHANG B

Hilfsfunktionen für Typen

TypeScripts Hilfsfunktionen für Typen sind Teil der Standardbibliothek. In Tabelle B-1 finden Sie eine Liste der Hilfsfunktionen, die beim Schreiben dieses Buchs verfügbar waren.

Eine aktuelle Referenz finden Sie unter *es5.d.ts* (*http://bit.ly/2I0Ve2U*).

Tabelle B-1: Typ-Hilfsfunktionen

Hilfsfunktion	Verwendet für	Beschreibung
`ConstructorParameters`	Klassenkonstruktor-Typen	Ein Tupel mit Parametertypen eines Klassenkonstruktors
`Exclude`	Vereinigungs-Typen	Einen Typ von einem anderen exkludieren
`Extract`	Vereinigungs-Typen	Auswahl eines Subtyps, der auf einen anderen Typ zuweisbar ist
`InstanceType`	Klassenkonstruktor-Typen	Der Instanztyp, den Sie erhalten, wenn Sie einen Klassenkonstruktor per `new` aufrufen
`NonNullable`	Nullwertfähige Typen	Ausnahme von `null` und `undefined` von einem Typ
`Parameters`	Funktionstypen	Ein Tupel mit den Parametertypen einer Funktion
`Partial`	Objekt-Typen	Alle Eigenschaften eines Objekt optional machen
`Pick`	Objekt-Typen	Subtyp eines Objekt-Typs, mit einer Untermenge seiner Schlüssel
`Readonly`	Array-, Objekt-, und Tupel-Typen	Alle Eigenschaften eines Objekts, Arrays oder Tupels als schreibgeschützt
`ReadonlyArray`	Beliebiger Typ	Ein immutables Array des angegebenen Typs erzeugen
`Record`	Objekt-Typen	Ein Mapping von einem Schlüsseltyp auf einen Wertetyp
`Required`	Objekt-Typen	Alle Eigenschaften eines Objekts als erforderlich kennzeichnen
`ReturnType`	Funktionstypen	Der Rückgabetyp einer Funktion

ANHANG C

Geltungsbereiche für Deklarationen

Um Typen und Werte möglichst genau modellieren zu können, verfügen TypeScript-Deklarationen über eine Vielzahl von Verhaltensweisen. Wie in JavaScript können sie auf vielerlei Arten überladen werden. Dieser Abschnitt zeigt zwei dieser Verhaltensweisen und fasst zusammen, welche Deklarationen Typen erzeugen (und welche Werte erzeugen) und welche zusammengefasst (»verschmolzen«) werden können.

Wird ein Typ erzeugt?

Einige TypeScript-Deklarationen erzeugen einen Typ, andere einen Wert und manche auch beides. Eine Übersicht finden Sie in Tabelle C-1.

Tabelle C-1: Erzeugt die Deklaration einen Typ?

Schlüsselwort	Erzeugt einen Typ	Erzeugt einen Wert
`class`	Ja	Ja
`const`, `let`, `var`	Nein	Ja
`enum`	Ja	Ja
`function`	Nein	Ja
`interface`	Ja	Nein
`namespace`	Nein	Ja
`type`	Ja	Nein

Kann zusammengefasst werden?

Das Verschmelzen (»merging«) von Deklarationen gehört zum Grundverhalten von TypeScript. Hiermit können Sie reichhaltige APIs erstellen, Ihren Code besser modularisieren und absichern.

Tabelle C-2 ist eine Wiederholung der Tabelle aus »Deklarationsverschmelzung (declaration merging)« auf Seite 229 und gibt einen Überblick darüber, welche Arten von Deklarationen von TypeScript zusammengefasst werden können.

Tabelle C-2: Kann die Deklaration zusammengefasst werden?

		Zu							
		Wert	Klasse	Enum	Funktion	Typalias	Interface	Namensraum	Modul
	Wert	Nein	Nein	Nein	Nein	Ja	Ja	Nein	–
	Klasse	–	Nein	Nein	Nein	Nein	Ja	Ja	–
	Enum	–	–	Ja	Nein	Nein	Nein	Ja	–
Von	Funktion	–	–	–	Nein	Ja	Ja	Ja	–
	Typalias	–	–	–	–	Nein	Nein	Ja	–
	Interface	–	–	–	–	–	Ja	Ja	–
	Namensraum	–	–	–	–	–	–	Ja	–
	Modul	–	–	–	–	–	–	–	Ja

ANHANG D

Rezepte für das Schreiben von Deklarationsdateien für JavaScript-Module von Drittanbietern

In diesem Anhang finden Sie die Grundbausteine und -muster, die bei der Typisierung von Drittanbieter-Modulen immer wieder auftreten. Eine eingehende Diskussion der Typisierung von Drittanbieter-Code finden Sie unter »JavaScript, für das es keine Typdeklarationen auf DefinitelyTyped gibt« auf Seite 249.

Da sich die Moduldeklarationen in *.d.ts*-Dateien befinden müssen und keine Werte enthalten dürfen, müssen Sie bei der Deklaration von Modultypen das Schlüsselwort `declare` verwenden, damit die vom Modul exportierten Werte tatsächlich den richtigen Typ haben. In Tabelle D-1 finden Sie eine kurze Zusammenfassung üblicher Deklarationen mit den entsprechenden Typdeklarationen.

Tabelle D-1: TypeScript und die entsprechenden Typdeklarationen

.ts	*.d.ts*
`var a = 1`	`declare var a: number`
`let a = 1`	`declare let a: number`
`const a = 1`	`declare const a: 1`
`function a(b) { return b.toFixed() }`	`declare function a(b: number): string`
`class A { b() { return 3 } }`	`declare class A { b(): number }`
`namespace A {}`	`declare namespace A {}`
`type A = number`	`type A = number`
`interface A { b?: string }`	`interface A { b?: string }`

Verschiedene Arten von Exporten

Wie Sie Ihre Deklarationsdateien schreiben, hängt stark davon ab, ob Ihr Modul den globalen Namensraum, ES2015 oder CommonJS für die Exporte verwendet.

Globale Objekte

Wenn Ihr Modul dem globalen Namensraum Werte zuweist, ohne tatsächlich etwas zu exportieren, können Sie einfach eine Datei im Skriptmodus erstellen (mehr dazu unter »Modulmodus oder Skriptmodus« auf Seite 224). Danach stellen Sie Ihren Variablen-, Funktions- und Klassendeklarationen ein declare voran (alle anderen Deklarationen wie enum, type etc. bleiben davon unberührt):

```
// Globale Variable
declare let someGlobal: GlobalType

// Globale Klasse
declare class GlobalClass {}

// Globale Funktion
declare function globalFunction(): string

// Globales Enum
enum GlobalEnum {A, B, C}

// Globaler Namensraum
namespace GlobalNamespace {}

// Globales Typalias
type GlobalType = number

// Globales Interface
interface GlobalInterface {}
```

Alle oben genannten Deklarationen stehen jeder Datei Ihres Projekts global zur Verfügung, ohne dass hierfür ein expliziter Import gebraucht wird. Sie können someGlobal also in Ihrem Projekt benutzen, ohne es erst zu importieren. Allerdings muss someGlobal zur Laufzeit dem globalen Namensraum zugewiesen werden (window für Browser, global für NodeJS).

Verwenden Sie keine import- und export-Anweisungen in Ihren Deklarationsdateien, damit die Datei im Skriptmodus bleibt.

ES2015-Exporte

Verwendet Ihr Modul ES2015-Exporte, also das Schlüsselwort export, können Sie declare (das sicherstellt, dass eine globale Variable definiert ist) einfach durch export (das sicherstellt, dass eine ES2015-Bindung exportiert wird) austauschen:

```
// Standard-Export
declare let defaultExport: SomeType
export default defaultExport

// Benannter Export
export class SomeExport {
  a: SomeOtherType
}
```

```
// Klassen-Export
export class ExportedClass {}

// Funktions-Export
export function exportedFunction(): string

// Enum-Export
enum ExportedEnum {A, B, C}

// Namensraum-Export
export namespace SomeNamespace {
  let someNamespacedExport: number
}

// Typ-Export
export type SomeType = {
  a: number
}

// Interface-Export
export interface SomeOtherType {
  b: string
}
```

CommonJS-Exporte

Vor ES2015 war CommonJS der De-facto-Modulstandard und ist beim Schreiben dieses Buchs immer noch der Standard für NodeJS. Auch er verwendet das Schlüsselwort `export`, allerdings in einer etwas anderen Schreibweise:

```
declare let defaultExport: SomeType
export = defaultExport
```

Hier haben wir unsere Exporte `export` zugewiesen, anstatt es (wie bei ES2015-Exporten) als Modifier zu verwenden.

Eine Typdeklaration für ein Drittanbieter-Modul im CommonJS-Standard kann genau einen Export enthalten. Um mehrere Dinge zu exportieren, nutzen wir zusammengefasste Deklarationen (siehe Anhang C).

Um mehrere Exporte (ohne Standard-Export) zu typisieren, verwenden wir einen einzelnen Namensraum (`namespace`):

```
declare namespace MyNamedExports {
  export let someExport: SomeType
  export type SomeType = number
  export class OtherExport {
    otherType: string
  }
}
export = MyNamedExports
```

Oder wie wäre es mit einem CommonJS-Modul, das einen Standard-Export und benannte Exporte verwendet? Hier können wir die Deklarationsverschmelzung nutzen:

```
declare namespace MyExports {
  export let someExport: SomeType
  export type SomeType = number
}
declare function MyExports(a: number): string
export = MyExports
```

UMD-Exporte

Die Typisierung eines UMD-Moduls ist mit der eines ES2015-Moduls fast identisch. Der einzige Unterschied ist, dass Sie die spezielle `export as namespace`-Syntax verwenden müssen, um Ihr Modul global für Dateien im Skriptmodus verfügbar zu machen (siehe »Modulmodus oder Skriptmodus« auf Seite 224). Zum Beispiel:

```
// Standard-Export
declare let defaultExport: SomeType
export default defaultExport

// Benannter Export
export class SomeExport {
  a: SomeType
}

// Typ-Export
export type SomeType = {
  a: number
}

export as namespace MyModule
```

Beachten Sie die letzte Zeile. Wenn Ihr Projekt eine Datei im Skriptmodus enthält, kann diese Ihr Modul direkt (ohne sie vorher zu importieren) über den globalen Namensraum `MyModule` nutzen.

```
let a = new MyModule.SomeExport
```

Ein Modul erweitern

Die Erweiterung der Typdeklaration eines Moduls ist zwar seltener als die Typisierung eines Moduls, kann aber ein Thema sein, wenn Sie ein JQuery-Plug-in oder ein Lodash-Mixin schreiben. Anstelle eines Lodash-Mixins verwenden Sie in diesem Fall eine reguläre Funktion und anstelle des jQuery-Plug-ins-... – Moment! Warum benutzen Sie eigentlich immer noch jQuery?

Globale Namensräume

Wenn Sie den globalen Namensraum eines anderen Moduls erweitern wollen, erstellen Sie einfach eine Datei im Skriptmodus (siehe »Modulmodus oder Skriptmodus« auf Seite 224) und reichern (»augment«) diese an. Das funktioniert allerdings nur für Interfaces und Namensräume, weil TypeScript hier die Zusammenfassung für Sie übernimmt.

Als Beispiel wollen wir jQuery um eine großartige neue marquee-Methode erweitern. Wir beginnen mit der Installation von jquery:

```
npm install jquery --save
npm install @types/jquery --save-dev
```

Dann erstellen wir in unserem Projekt eine neue Datei, z. B. *jquery-extensions.d.ts,* und fügen dann Ihre marquee-Methode dem globalen JQuery-Interface hinzu (ich habe herausgefunden, dass jQuery seine Methoden am JQuery-Interface definiert, indem es seine Typdeklarationen durchgeht):

```
interface JQuery {
  marquee(speed: number): JQuery<HTMLElement>
}
```

Jetzt können wir die marquee-Methode in allen Dateien verwenden, die jQuery nutzen (natürlich brauchen wir hierfür auch Laufzeit-Implementierungen für marquee):

```
import $ from 'jquery'
$(myElement).marquee(3)
```

Die gleiche Technik verwenden wir übrigens auch bei der Erweiterung der eingebauten globalen Variablen in »Prototypen sicher erweitern« auf Seite 156.

Module

Die Erweiterung von Modulen ist etwas komplizierter und hat viele Fallstricke. Sie müssen Ihre Erweiterung korrekt typisieren und Ihre Module zur Laufzeit in der richtigen Reihenfolge laden. Dabei muss sichergestellt sein, dass die Typen Ihrer Erweiterungen angepasst werden, wenn sich die Struktur der Typdeklarationen für das erweiterte Modul ändert.

Als Beispiel typisieren wir einen neuen Export für React. Wir beginnen mit der Installation von React und seinen Typdeklarationen:

```
npm install react --save
npm install @types/react --save-dev
```

Danach nutzen wir das »Module Merging« (Zusammenfassen von Modulen, siehe »Deklarationsverschmelzung (declaration merging)« auf Seite 229) und deklarieren einfach ein Modul mit dem gleichen Namen wie unser React-Modul:

```
import {ReactNode} from 'react'

declare module 'react' {
  export function inspect(element: ReactNode): void
}
```

Im Gegensatz zu unserem Beispiel zur Erweiterung von globalen Variablen macht es hier keinen Unterschied, ob unsere Erweiterungsdateien sich im Modul- oder im Skriptmodus befinden.

Wie wäre es mit der Erweiterung eines bestimmten Exports aus einem Modul? Angenommen, wir wollen – inspiriert von ReasonReact (*https://reasonml.github.io/reason-react*) – einen eigenen Reducer für unsere React-Komponenten erstellen (mit einem Reducer kann ein expliziter Satz von Zustandsübergängen für eine React-Komponente definiert werden). Beim Schreiben dieses Buchs wurde der Typ `React.Component` in den Typdeklarationen für React als Kombination aus einem Interface und einer Klasse definiert, die in einem einzelnen UMD-Export zusammengefasst wurde:

```
export = React
export as namespace React

declare namespace React {
  interface Component<P = {}, S = {}, SS = any>
    extends ComponentLifecycle<P, S, SS> {}
  class Component<P, S> {
    constructor(props: Readonly<P>)
    // ...
  }
  // ...
}
```

Jetzt wollen wir `Component` mit unserer eigenen `reducer`-Methode erweitern. Hierfür fügen wir folgende Zeile in ein *react-extensions.d.ts*-Datei im Wurzelverzeichnis unseres Projekts ein:

```
import 'react' ❶

declare module 'react' { ❷
  interface Component<P, S> { ❸
    reducer(action: object, state: S): S ❹
  }
}
```

❶ Wir importieren `'react'` und schalten unsere Erweiterungsdatei dadurch in den Skriptmodus, um ein React-Modul einbinden zu können. Wir hätten den Skriptmodus hier auch auf andere Weise aktivieren können, beispielsweise indem wir etwas anderes im- oder exportieren oder durch den Export eines leeren Objekts (`export {}`). Wir hätten `'react'` hier nicht unbedingt importieren müssen.

❷ Wir deklarieren das `'react'`-Modul und zeigen TypeScript dadurch, dass wir Typen für genau diesen `import`-Pfad deklarieren wollen. Da `@types/react` bereits installiert ist (das einen Export für genau diesen `'react'`-Pfad definiert), kombiniert TypeScript diese Moduldeklaration mit der in `@types/react` bereitgestellten.

❸ Wir erweitern das von React bereitgestellte Component-Interface, indem wir ein eigenes Interface gleichen Namens deklarieren. Gemäß den Regeln des »Interface Merging« (siehe »Deklarationen verschmelzen« auf Seite 94) müssen wir exakt die gleiche Signatur wie in @types/react verwenden.

❹ Schließlich deklarieren wir unsere reducer-Methode.

Nachdem diese Typen deklariert sind (wir gehen davon aus, dass das entsprechende Laufzeitverhalten für diese Aktualisierung ebenfalls irgendwo implementiert wurde), können wir unsere reducer-Methode nun direkt in React-Komponenten typsicher nutzen:

```
import * as React from 'react'

type Props = {
  // ...
}

type State = {
  count: number
  item: string
}

type Action =
  | {type: 'SET_ITEM', value: string}
  | {type: 'INCREMENT_COUNT'}
  | {type: 'DECREMENT_COUNT'}

class ShoppingBasket extends React.Component<Props, State> {
  reducer(action: Action, state: State): State {
    switch (action.type) {
      case 'SET_ITEM':
        return {...state, item: action.value}
      case 'INCREMENT_COUNT':
        return {...state, count: state.count + 1}
      case 'DECREMENT_COUNT':
        return {...state, count: state.count - 1}
    }
  }
}
```

Wie bereits zu Beginn dieses Abschnitts gesagt, sollten Sie dieses Muster nach Möglichkeit vermeiden (auch wenn es ziemlich cool ist), weil es Ihre Module spröde und anfällig für Probleme bei der Ladereihenfolge macht. Stattdessen sollten Sie versuchen, Komposition zu nutzen, damit Ihre Modulerweiterungen das Modul, das sie erweitern, konsumieren. Anstatt das Modul selbst zu verändern, sollten Sie besser einen Wrapper exportieren.

ANHANG E

Triple-Slash-Direktiven

Triple-Slash-Direktiven sind einfache JavaScript-Kommentare, nach denen TypeScript sucht, um beispielsweise Compiler-Einstellungen für eine bestimmte Datei anzupassen oder anzuzeigen, dass eine Datei von einer anderen Datei abhängt. Platzieren Sie Ihre Direktiven am Anfang der Datei vor allem anderen Code. Triple-Slash-Direktiven sehen aus wie hier gezeigt (ein dreifacher Schrägstrich `///`, gefolgt von einem XML-Tag):

```
/// <direktive attr="wert" />
```

TypeScript unterstützt verschiedene Triple-Slash-Direktiven. In Tabelle E-1 finden Sie die am häufigsten verwendeten:

`amd-module`
: Nähere Informationen hierzu finden Sie unter »Die amd-module-Direktive« auf Seite 268.

`lib`
: Anhand der `lib`-Direktive können Sie TypeScript mitteilen, von welchen TypeScript-Bibliotheken Ihr Modul abhängt. Sie können diese Methode verwenden, falls Ihr Projekt über keine *tsconfig.json* verfügt. Die Deklaration der benötigten Bibliotheken in Ihrer *tsconfig.json* sollte gegenüber der `lib`-Direktive immer die erste Wahl sein.

`path`
: Wenn Sie TSC-Option `outFile` verwenden, können Sie mithilfe der `path`-Direktive angeben, dass Ihr Modul von einer andere Datei abhängt. Dadurch erscheint die andere Datei früher in den kompilierten Ausgaben als die davon abhängende Datei. Wenn Ihr Projekt `import`- und `export`-Anweisungen verwenden, werden Sie die `path`-Direktive vermutlich nie brauchen.

`types`
: Ausführliche Informationen zur types-Direktive finden Sie unter »Die types-Direktive« auf Seite 267.

Tabelle E-1: Triple-Slash-Direktiven

Direktive	Syntax	Verwendung
amd-module	`<amd-module name="MyComponent" />`	Deklaration von Export-Namen bei der Kompilierung zu AMD-Modulen
lib	`<reference lib="dom" />`	Deklaration von TypeScript-eigenen Bibliotheken, von denen Ihre Typdeklarationen abhängen
path	`<reference path="./path.ts" />`	Deklaration von anderen TypeScript-Dateien, von denen Ihr Modul abhängt
type	`<reference types="./path.d.ts" />`	Deklaration darüber, von welchen Typdeklarationsdateien Ihr Modul abhängt.

Interne Direktiven

Sehr wahrscheinlich werden Sie die `no-default-lib`-Direktive (Tabelle E-2) nie in Ihrem eigenen Code verwenden.

Tabelle E-2: Interne Triple-Slash-Direktiven

Direktive	Syntax	Verwendung
no-default-lib	`<reference no-default-lib="true" />`	Weist TypeScript an, keinerlei externe Bibliotheken für diese Datei einzubinden.

Veraltete Direktiven

Verwenden Sie auf keinen Fall die `amd-dependency`-Direktive (Tabelle E-3). Benutzen Sie stattdessen eine reguläre `import`-Anweisung.

Tabelle E-3: Veraltete Trip-Slash-Direktiven

Direktive	Syntax	Verwenden Sie stattdessen
amd-dependency	`<amd-dependency path="./a.ts" name="MyComponent" />`	import

ANHANG F

TSC-Compiler-Flags für mehr Sicherheit

Eine vollständige Liste der verfügbaren Compiler-Flags finden Sie auf der TypeScript Handbook-Wesite (*http://bit.ly/2JWfsgY*).

Jede TypeScript-Version enthält neue Tests, die Sie aktivieren können, um Ihren Code noch besser abzusichern. Einige dieser Flags können mithilfe des `strict`-Flags gemeinsam aktiviert werden. Alternativ können Sie jedes der `strict`-Flags einzeln ein- und ausschalten. In Tabelle F-1 finden Sie eine Liste der sicherheitsrelevanten Compiler-Flags, die beim Schreiben dieses Buchs zur Verfügung standen.

Tabelle F-1: TSC-Flags

Flag	Beschreibung
`alwaysStrict`	Gibt `'use strict'` aus.
`noEmitOnError`	Keinen JavaScript-Code ausgeben, wenn Typfehler in Ihrem Code gefunden wurden.
`noFallthroughCasesInSwitch`	Sicherstellen, dass jede `switch`-Anweisung entweder einen Wert zurückgibt oder das Schlüsselwort `break` verwendet.
`noImplicitAny`	Löst einen Fehler aus, wenn der Typ einer Variablen als `any` abgeleitet wird.
`noImplicitReturns`	Sicherstellen, dass jeder Codepfad in jeder Funktion einen Rückgabewert hat. Siehe »Totalität« auf Seite 132.
`noImplicitThis`	Löst einen Fehler aus, wenn Sie in einer Funktion `this` verwenden, ohne den Typ `this` explizit zu annotieren. Siehe »this typisieren« auf Seite 52.
`noUnusedLocals`	Warnt vor unbenutzten lokalen Variablen.
`noUnusedParameters`	Vor unbenutzten Funktionsparametern warnen. Um diesen Fehler zu ignorieren, können Sie einem Parameternamen einen Unterstrich (_) voranstellen.
`strictBindCallApply`	Typsicherheit für Aufrufe von `bind`, `call` und `apply` sicherstellen. Siehe »call, apply und bind« auf Seite 52.
`strictFunctionTypes`	Sicherstellen, dass Funktionen in Ihren Parameter- und `this`-Typen kontravariant sind. Siehe »Funktionsvarianz« auf Seite 120.

Tabelle F-1: TSC-Flags (Fortsetzung)

Flag	Beschreibung
`strictNullChecks`	Macht `null` zu einem eigenen Typ. Siehe »null, undefined, void und never« auf Seite 38.
`strictPropertyInitialization`	Sicherstellen, dass Klasseneigenschaften entweder initialisiert oder nullwertfähig sind. Siehe Kapitel 5.

ANHANG G
TSX

Hinter den Kulissen stellt TypeScript eine Reihe von Hooks bereit, mit denen TSX auf konsistent erweiterbare Weise typisiert werden kann. Dies sind besondere Typen im `global.JSX`-Namensraum, die TypeScript in Ihrem Programm als »Quelle der Wahrheit« für TSX-Typen ansieht.

Wenn Sie nur mit React arbeiten, brauchen Sie diese Hooks nicht zu kennen. Sobald Sie aber eine TypeScript-Bibliothek schreiben, die TSX ohne React verwendet, finden Sie in diesem Anhang hilfreiche Hinweise darüber, welche Hooks Sie benutzen können.

TSX unterstützt zwei Arten von Elementen: einbaute (*intrinsiche Elemente*) und benutzerdefinierte (*wertbasierte Elemente*). Intrinsische Elemente werden grundsätzlich in Kleinbuchstaben benannt und beziehen sich auf eingebaute Elemente wie `<li>`, `<h1>` und `<div>`. Die Namen von wertbasierten Elementen werden in PascalCase angegeben. Sie beziehen sich auf Elemente, die Sie mit React (oder einem anderen Framework, das Sie mit TSX verwenden) erstellen. Sie können entweder als Funktionen oder als Klassen definiert werden. Siehe Abbildung G-1.

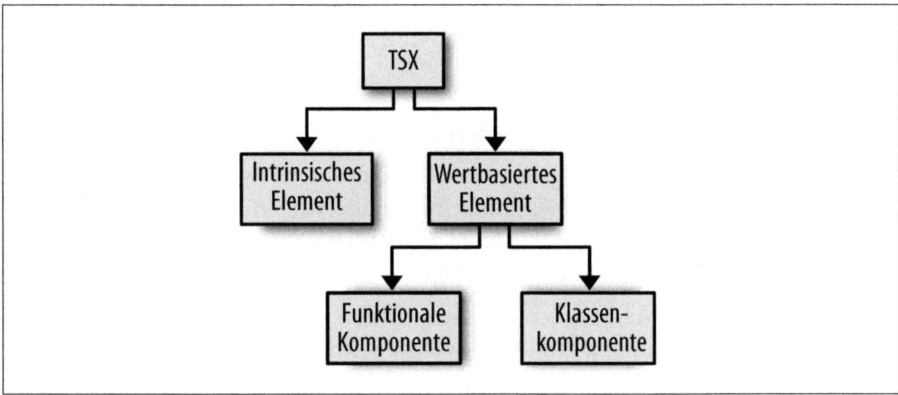

Abbildung G-1: Die Arten der TSX-Elemente

Wir benutzen als Beispiel die Typdeklarationen von React (*http://bit.ly/2CNzeW2*), um Ihnen die von TypeScript verwendeten Hooks vorzustellen, die TypeScript einsetzt, um TSX sicher zu typisieren. Hier sehen Sie, wie React sich in TSX einklinkt, um JSX sicher zu typisieren:

```
declare global {
  namespace JSX {
    interface Element extends React.ReactElement<any> {} ❶
    interface ElementClass extends React.Component<any> { ❷
      render(): React.ReactNode
    }
    interface ElementAttributesProperty { ❸
      props: {}
    }
    interface ElementChildrenAttribute { ❹
      children: {}
    }

    type LibraryManagedAttributes<C, P> = // ... ❺

    interface IntrinsicAttributes extends React.Attributes {} ❻
    interface IntrinsicClassAttributes<T> extends React.ClassAttributes<T> {} ❼

    interface IntrinsicElements { ❽
      a: React.DetailedHTMLProps<
        React.AnchorHTMLAttributes<HTMLAnchorElement>,
        HTMLAnchorElement
      >
      abbr: React.DetailedHTMLProps<
        React.HTMLAttributes<HTMLElement>,
        HTMLElement
      >
      address: React.DetailedHTMLProps<
        React.HTMLAttributes<HTMLElement>,
        HTMLElement
      >
      // ...
    }
  }
}
```

❶ JSX.Element ist der Typ eines wertbasierten TSX-Elements.

❷ JSX.ElementClass ist der Typ einer Instanz einer wertbasierten Klassenkomponente. Sobald Sie eine Klassenkomponente deklarieren, die mit der TSX-eigenen <MyComponent />-Syntax instanziiert werden soll, muss dessen Klasse die Voraussetzungen dieses Interface erfüllen.

❸ JSX.ElementAttributesProperty ist der Namen einer Eigenschaft, die TypeScript untersucht, um zu ermitteln, welche Attribute eine Komponente unterstützt. Für React ist das die props-Eigenschaft. TypeScript sucht diesen Wert an einer Klasseninstanz.

❹ `JSX.ElementChildrenAttribute` ist der Name der Eigenschaft, die TypeScript untersucht, um herauszufinden, welche Typen die Kindelemente einer Komponente unterstützen. Für React ist dies die Eigenschaft `children`.

❺ `JSX.IntrinsicAttributes` ist der Satz an Attributen, die von allen Elementen unterstützt werden. Für React ist dies das Attribut `key`.

❻ `JSX.IntrinsicClassAttributes` ist der Satz an Attributen, die von allen Klassenkomponenten (intrinsisch und wertbasiert) unterstützt werden. Für React ist das `ref`.

❼ `JSX.LibraryManagedAttributes` gibt weitere Orte an, an denen JSX-Elemente Eigenschaftstypen deklarieren und initialisieren können. React verwendet `propTypes` als alternativen Ort zur Deklaration von Eigenschaftstypen und `defaultProps` als Ort für die Deklaration von Standardwerten und -eigenschaften.

❽ `JSX.IntrinsicElements` listet alle Typen von HTML-Elementen auf, die in TSX verwendet werden können. Dabei werden die Tagnamen der Elemente auf die Typen ihrer Attribute und Kindelemente abgebildet. Da JSX kein HTML ist, müssen die Typdeklarationen von React TypeScript genau mitteilen, welche Elemente möglicherweise in einem TSX-Ausdruck benutzt werden können. Und weil Sie beliebige Standard-HTML-Elemente in TSX verwenden dürfen, müssen die Deklarationen für jedes Element, inklusive der Typen möglicher Attribute und Kindelemente, aufgelistet werden (für ein `<a>`-Tag gehören zu den gültigen Attributen beispielsweise `href: string` und `rel: string`, aber nicht `value`).

Durch die Deklaration dieser Typen im globalen `JSX`-Namensraum können Sie TypeScripts Typechecker-Verhalten für TSX anzapfen und es nach Belieben anpassen. Solange Sie keine Bibliothek schreiben, die TSX (aber nicht React) verwendet, werden Sie diese Hooks vermutlich nie anfassen.

Index

Symbole

A

B

F

G

H

I

J

K

L

M

P

R

S

T

U

V

W

X

Y

Z

Über den Autor

Boris Cherny ist Engineering- und Produkt-Leader bei Facebook. Zuvor arbeitete er im Risikokapital- und Ad Tech-Bereich sowie für verschiedene Start-ups. Er interessiert sich für diverse Programmiersprachen und statische Analyse und setzt sich für Produkte und Services mit einer Benutzererfahrung ein, die die Anwender einfach lieben.

In seiner Freizeit betreibt er das San Francisco TypeScript Meetup und schreibt in seinem persönlichen Blog performancejs.com. Auf GitHub ist er zu finden unter *https://github.com/bcherny*.

Kolophon

Das Tier auf dem Cover von *Programmieren in TypeScript* ist ein Guanako (Lama guanicoe). Guanakos sind die wilden Vorfahren der Lamas und mit den Kamelen verwandt. Bevor Schafe auf den Kontinent gebracht wurden, waren Guanakos in weiten Teilen Südamerikas zu finden. Sie leben in den trockenen, steilen, bergigen Regionen, die bis zu 13.000 Fuß über dem Meeresspiegel liegen. Die meisten der 600.000 Guanakos leben heute in Argentinien, insbesondere in der Region Patagonien.

Um im felsigen und steilen Gelände zu überleben, hat ein Guanako zwei gepolsterte Zehen an jedem Fuß, sein Schwerpunkt ist niedrig. Die durchschnittliche Größe eines Guanakos liegt im Schulterbereich bei unter einem Meter. Ihre dicke Wolle ist hell- bis mittelbraun oder rötlichbraun und darunter fast weiß gefärbt. Lange Wimpern schützen ihre Augen vor starken Winden, und große, spitze Ohren helfen ihnen, Bedrohungen rechtzeitig wahrzunehmen.

Guanakos bewegen sich in Herden, zu denen mehrere Weibchen – alle jünger als ein Jahr – und ein fortpflanzungsfähiges männliches Tier gehören. Wenn sie sich bedroht fühlen, warnen Guanakos ihre Herde durch ein hohes Meckern, von dem einige sagen, dass es wie ein bellendes Lachen klingt. Pumas und Füchse jagen Guanakos, deshalb positionieren sich einige Tiere abwechselnd auf Hügeln und stoßen den Warnruf aus, damit der Rest der Herde flüchten kann. Ein Guanako kann bis zu 35 Meilen pro Stunde laufen. Wenn ein Raubtier die Herde jagt, lässt sich das Männchen zur Verteidigung nach hinten zurückfallen.

Die Tragezeit dauert fast zwölf Monate, und bereits fünf Minuten nach der Geburt kann ein Chulengo, wie das Jungtier genannt wird, bereits laufen. Nach einem Jahr bei den Eltern müssen Chulengos ihre eigenen Herden finden. Diese abrupte Ausgliederung trägt zu der niedrigen Überlebensrate unter den Guanako-Jungen bei – nur 30 % erreichen das Erwachsenenalter. Ein erwachsenes Tier kann 15 bis 20 Jahre alt werden.

Auf den zerklüfteten Hängen und im Gestrüpp ihres Lebensraums wachsen vor allem dickblättrige Gräser, die viel Wasser enthalten. Für die Tiere stellen diese Pflanzen eine wichtige Quelle der Flüssigkeitszufuhr dar. Guanakos haben einen

Drei-Kammer-Magen, der ihnen hilft, diese Pflanzen zu verdauen und die Flüssigkeit für längere Zeit zu speichern. Ihre Oberlippen sind in zwei Teile geteilt, was ihnen das Ergreifen der Nahrung erleichtert.

Viele der Tiere auf den O'Reilly-Umschlägen sind gefährdet, alle sind für unsere Welt von großer Bedeutung.

Rezensieren
Sie dieses Buch

Senden
Sie uns Ihre Rezension
unter **www.oreilly.de/rez**

Erhalten
Sie Ihr Wunschbuch aus
unserem Verlagsangebot